国語史
を学ぶ人のために

木田章義［編］

世界思想社

「国語学」という分野

木田章義

「国語学」という研究分野に対する理解は、最近、かなり曖昧になってきているようである。「国語学」は国文学的研究の主要な分析法の一つとして発展してきたものであることを確認しておきたい。

古典作品を理解するために、一つ一つの単語の意味や表現の意味を明らかにする必要がある。用例を調べ、どのような文脈で使用されているか、また、同時代の他の文献での使用法を調査して、その意味を確定した上で、文章の意味を理解する。活用形式からその意味の変化を探ったり、語構成から意味を確かめたりもする。これらは「国語学的方法」と呼ばれることもあるが、通常の国文学の読解法の一つである。これは「注釈」のための作業と共通している。つまり、国語学は、古典をその当時の意味で理解するための、基本的な手続の総称なのである。

ただ、国語学では、その作品の日本語はどういう位相のものであったのか、その時代の文法の体系はどのようなものであったのか、利用した古辞書がどういう性格であったのかなど、国文学的研究では手が回らない面も研究対象とする。それに、国文学では文学性に乏しい資料は扱わないが、国語学では、漢文の読みを記録した訓点資料、古文書、碑文、さらには落書きなどの非文学的な資料も研究対象とする。そのため、研究対象は非常に広範囲のものになる。そういう対象の広狭や研究の方向の違いはあるが、あくまで、国語学は、国文学研究とのつながりの中で、はじめてその特徴が出てくるのである。

言語の研究をするという点から、国語学には言語学との共通点があるが、古典籍そのものを分析し、それを言語・文学・思想などの研究資料とするという点で、むしろ各国の文献学の方が近いだろう。日本ではそれが国学の流れのもと、「国語学」という研究分野として総合されていたのである。そのような総合された国語学を、言語学の一部分であると誤解し、国文学から分離させる傾向が強くなっている。日本学術振興会の分野分類でも、「国語学」は消えてしまい、その研究分野は、言語学の下位におとしめられ、国文学とのつながりが断たれてしまっている。「国語学国文学科」という講座単位が少しずつ減っていることも国語学に対する誤解を助長しているのであろう。国文学と繋がっていた根っこが切られてしまえば、国文学から得ていた栄養分が補充されなくなり、枝も、幹もやせ細ってゆく。国文学とのつながりが弱まり、国語学的資料とされていた辞書や訓点資料、抄物《しょうもの》などの文献学的、あるいは書誌学的研究ができる研究者も激減している。このような資料を扱うためには「国語学的」な、また「国文学的」な知識と訓練が必要なのである。日本人は自国の文化には冷たく、今もなお欧米の枠組みに従うことを学問的と捉える傾向がある。せっかく総合的な分野として発達した「国語学」を解体し、言語学の下位分類に散在させてしまったことなどもその表れであろう。自国語を外国語と同列に扱う国に、どんな未来が待っているのだろうか。

本書は、曖昧になりつつある国語学の研究にはどのような分野があるのか、どこまで研究されているのか、これからどのように研究してゆくべきかを概説したものである。本書を糸口として、多くの若い人々に「国語学」を研究分野として選んでほしいと思う。

第一章の「資料論」では、古い日本語を研究するための資料にはどのようなものがあるのかを挙げ、それぞれの資料の性格、資料として扱うときにはどういう注意が必要かということが概説されている。日本語の歴史の時代区分や日本語を記載した資料の種類や特徴などを明らかにするこの章によって、日本語研究の概略が理解できるであろう。国文学的な知識がどうして必要かという点についても、実感できることと思う。資料論はこれまであまり重視されてこなかったが、資料を正しく理解し、有効に利用し、正しい分析を行う基礎となるものである。この資料論によって、これまでとは違った方向への研究も可能であることなども気づくことがあるだろう。第二章以下では、資料そのものについての説明は省略し、内容に直接言及することが多いので、折に触れ、本章を参照していただきたい。

第二章は「表記史」である。本章では漢字が伝わった当初の漢字の利用法、それを和化して平仮名、片仮名を作り上げてゆく過程、濁点、半濁点などの符号の歴史、句読点の工夫、仮名遣の変遷と、多岐にわたる題材が解説されている。文字・表記論は多くの分野と関連し、資料解読の基本であるから、非常に重要な知識である。表記の形式によって文章・文体を分類することが多かったし、仮名遣から資料の時代を判定することも普通に行われる作業である。ヲコト点、句読点、連綿体、仮名字母など、目に見えるものはほとんど表記の問題に関わると言っても良いくらいである。表記を丁寧に分析するだけでも、さまざまな問題解決の端緒となる。

第三章の「語彙史」では、日本語の語彙の特徴を現代語から解き明かし、各時代の語彙の性格や特色を述べ、語種の比率の変化や借用語などを糸口に日本語の特徴を説明している。語彙は文化と密接に結びついているので、語彙の研究から文化の研究に進むことも可能であるし、「語構成」から語彙に含まれた古い文法形式を摘出することもできる。もちろん思想や習俗を探る糸口にもなる。語構成や派生方法から、名詞と動詞、名詞と形容詞、形容詞と動詞などに、現代語とは異なった相関関係がかつて存在していたことも分かる。本章では、最小限の言及しかないが、参考文献に挙げられた文献を読むことによって、語彙研究が持つ、幅広い応用範囲を知ることができる。

第四章は「音韻史」である。言葉の形を作っている音がどのように発音されていたか、奈良時代から現代まで、どのように変化してきたかを概説している。日本語の発音は変化が少ないため、変化した現象のみを取りあげている。平安朝以降の音韻体系と変化については、大きな流れは明らかになっているが、変化の時期などは更に検討しなければならない。「上代特殊仮名遣」と文法が関連している現象などから、更に古い時代の日本語に遡ることも試みられても良いだろう。

第五章は「文法史」である。この章は、主として外国語の文法概念を利用して、日本語文法を分析する立場から書かれている。この方法の特色は、学校文法を中心とした伝統的文法では個別の記述になりがちであった欠点を補い、文法現象を体系的に記述できるところにある。見慣れない術語や概念が多いことと、紙数の関係で本質的な部分の説明しかできないことなどから、やや難解に感じられるであろうが、記述の背景に、伝統的文法の分析結果が透けて見えるように書いてある。現代語への変化も、機能的な連続性が分かるように記述されている。学校文法の基礎のもとに、参考文献を参照しながら読むことによって、この立場に於ける最先端の研究がどういう地点にあるかが分かるだろう。

第六章は、「敬語史」である。敬語は言葉の使い方という意味では文法の一部であるが、人間関係や社会の構造などを反映するものであり、文化的な側面が強い。特に丁寧語の発達などは、対人関係の中での話し手の意識の変化を示し、人間関係や社会の変容を物語っている。本章の分類の基本は学校文法であるが、古くは、謙譲語には話し手を低めるという働きがなかったことや「非主語尊敬」「被支配者待遇」の用法などに小異がある。尊敬語から対者敬語への変化、「くれる」「もらう」のような受給表現、古典語と現代語との原理の違いなど、また、これから分析する必要がある問題についても触れられているので、あらたに独自の問題を設定して、敬語の研究を始めることができるであろう。

第七章は「文体史」である。文体という分野は、いまだに定まった方法論も、また確定した定義もなく、まとまりのつかない分野である。一般的に表記を基準にして文体を分類することが多かったが、本章では、表記の背景にあった現実の日本語がどのようなものであったのかを、和化漢文・和漢混淆文《わかんこんこうぶん》・和文の三要素に分けて論じている。これまでの研究が奈良・平安時代と近代に集中しており、鎌倉・室町時代がかなり手薄であった。この時代の状況が、もっと明らかになれば、日本語の文体史はかなりなだらかな記述が可能になると思われる。ただ、文体の研究はたいへん労力を必要とする分野なので、個別の作品の分析から始めるか、他の研究と並行して研究を進めてゆくのが良いと思われる。

第八章は「国語学史」である。国語学史は、日本人がこれまでどのように日本語を捉えてきたかを明らかにする分野である。本章では、外国語との接触や古典学の勃興によって日本語研究が行われてきたことや江戸時代に「国学」として日本語研究が高い水準で結実していたこと、その成果は現代の文法学や音韻学の中に生かされていることなどが明らかにされている。国学の根底にあった国語観や学説のプライオリティの問題も指摘されており、この分野でもまだ未解決のところが多くあること、特に、宣長門下や富士谷成章の門下生に研究すべき人物が残っていることも指摘されており、未着手の研究テーマが多くあることが了解されることであろう。

最後に簡単な年表を附した(鈴木功眞氏作成)。

各章の論述の中、『日本古典文学大系』(岩波書店)、『新日本古典文学大系』(岩波書店)、『日本古典文学全集』(小学館)、『新潮日本古典集成』(新潮社)などは、基本的・一般的なものであるので、本文・訓読文として採用しても特に断っていない場合がある。

本書の発行は、諸般の事情によって、大きく遅延しており、表記史・文体史・年表を除く各章の原稿は二〇〇五年九月に完成したものであることをお断りしておく。

国語史を学ぶ人のために ■ 目次

国語史を学ぶ人のために

第一章　資料論

肥爪周二

　言語研究の中心をなすのは、音韻・文法のジャンルである。国語史研究においても、それは例外ではなく、音韻史・文法史が優先的な課題とされ、国語史資料を開拓・分析する際にも、音韻史・文法史の資料としての有益性が、その最大の選択基準であったと言って過言ではない。しかし、国語史研究の進展とともに、表記史・語彙史・文体史・言語生活史などの周辺分野にも多くの力が注がれるようになり、また、文法史研究も、形態論や付属語の個別研究から、統語論・構文論へと、研究の関心を大きく拡張してきた。それにつれて、国語史研究に利用される資料も、その範囲を広げ続けている。

　国語史資料として、これまで重用されてきたのは、資料の成立・書写年代が明確であり、現実の言葉の様相・変化を反映しやすい資料（多くの場合、口語体の資料を意味する）であった。それは、伝統的な国語史研究の主要な関心事が、「ある言語事象がいつごろから存在したか」という、国語史上における出来事の絶対年代の特定にあったからである。そのような研究の重要性は、現在でも変わることはないが、国語史の研究分野の拡張とともに、従来はそれほど重視されていなかった資料にも、国語史の資料として、それぞれの意義が見出されてゆくことになる。資料の年代に関しては、現在でもないがしろにすることは許されないけれども、表記史の場合、（極端に言えば）文字で書かれたものすべてが、国語史の資料となる可能性を有しているし、語彙史・文体史も、漢文訓読体・和漢混淆体《わかんこんこうたい》などの文語文を視野に入れなければ、研究は成り立たない。つまり、研究目的によっては、対象を口語体の資料に限定する必然性がまったくないのである。一方、平安時代語資料として、質の高さが評価されてきた訓点資料（第三節「訓点資料」参照）は、統語論・構文論の主たる資料とはなりにくいので、資料の年代性には多少目をつぶって、他の資料を利用するということも起こってくる。

以上のような事情で、現在の国語史研究において利用される資料は、ジャンルも多彩であれば、その量も膨大なものとなっているのであるが、それらのすべてを限られた紙幅で紹介することは不可能である。取り上げる資料に優先順位を付けざるを得ず、結果的に、伝統的な国語史研究で重視されてきた口語体の資料に、多くの紙数を費やすことになった。

以下、学部学生や大学院生が、すでに学界に紹介されている資料の影印や翻刻を利用して、国語史研究を行うという前提で、それぞれの資料の特質・取り扱い上の注意点を略説する。個々の資料の詳細や、取り上げることのできなかった多くの資料については、『日本語学研究事典』（明治書院、二〇〇七年）、『日本古典文学大辞典　全六巻』（岩波書店、一九八三～五年）などを参照していただきたい。

一　上代語資料

上代語研究の中心となるのは、『古事記』『日本書紀』の歌謡や『万葉集』の歌である。

『古事記』（七一二年成）、『日本書紀』（七二〇年成）の歌謡は、すべて万葉仮名による一音一字表記によっているため、日本語の文をほぼ完全に復元でき、上代語の重要な資料となる（『万葉集』等と異なり、清濁の書き分けもかなり厳密である）。さらに、漢文本文に挿入された万葉仮名書きの訓注の多くは、撰述当時にすでに古語になっていたと解されるもので、語彙史の資料として貴重である。また、『日本書紀』の漢文部分の古訓点（第三節「訓点資料」参照）は、いずれも平安時代以降のものであるが、他の漢籍・仏書の訓点には見えない語彙も多く、上代語の残存と見なされるものも含まれる。

『万葉集』は、国語史の資料の中でも、最も早く校本・索引が整備された作品である。その言語量の豊富さから、上代語資料として特権的な価値を有している。ただし、歌集としての成立過程が複雑であることもあって、歌を記載するスタイルは多彩である。「世の中はむなしきものと知る時しいよよますます悲しかりけり（余能奈可波牟奈之伎母乃等志流等伎子伊与余麻須万須加奈之可利家理）」（七九三番）のように、表記から、ほぼ完全に歌を復元できるものもあれば、「東《ひむかし》の野に陽炎《かぎろひ》の立つ見えて返り見すれば月傾《かたぶ》きぬ（東野炎立所見而反見為者月西渡）」（四八番）のように多くの推定・補読を含むものもある（現在でも注釈書によって訓み方が異なることがあるので注意が必要）。信頼度に大きな差があるため、国語史資料として利用するときには、必ず『万葉集』の原表記を参照する必要がある。また、データを整理する際、巻十四の東歌《あずまうた》、巻二十の防人歌《さきもりうた》は、音韻・語法・語彙など、さまざまな点で大和地方の歌とは異なる性質を示すことがあるので、（少なくとも一旦は）区別して取り扱う必要がある。また、忘れられがちなことであるが、上代特殊仮名遣・清濁に関しても、『万葉集』には用字上の異例が意外に多いことにも注意が必要である。

『万葉集』は、上代語研究の根幹資料であり、その他の資料は補助的な役割を出ないと言っても過言ではない。しかし、すべて歌（長歌・短歌・旋頭《せどう》歌など）である以上、そこに用いられる語彙・表現には、当然ある種の偏りがあり、当時の日本語の全体像を明らかにするには、ほど遠いということを肝に銘じておく必要がある。和歌は基本的には独話（独り言）であり、たとえ相聞歌であっても、日常の会話（対話）とは、異なる表現によっている可能性を、常に考慮しなければならない。

この他、続日本紀宣命《しょくにほんぎせんみょう》も上代語資料として利用できる。『続日本紀』の宣命部分は、天皇による口頭での詔を記載したものとされ、口頭語性の強い和文体によっているものの、漢文の影響を受けた要素も含まれる。「現御神《あきつみかみ》止大八島国所知天皇大命《おほやしまぐにしらしめすすめらがおほみこと》良麻止詔《のりたまふ》　大　命《おほみこと》乎」（一詔）のように、助詞や送り仮名を万葉仮名で小書きする「宣命書《せんみょうがき》」によっているため、文法史の資料として価値がある（第二章「表記史」参照）。また、時代が下る資料であるが、『新訳華厳経音義私記《しんやくけごんきょうおんぎしき》』（七九四年写か）、『新撰字鏡《しんせんじきょう》』（昌泰年間成）などの辞書・音義類も、上代語を研究する上で、欠かせないものである（第十三節「古辞書・音義資料」参照）。

金石文《きんせきぶん》（鉄剣銘・造像銘・石碑など、金属や石などに刻まれた文章）や木簡《もっかん》は、国語史資料としての用途はごく限られているが、記載された当時の現物が残っている点できわめて貴重である。特に木簡は、現在でも各地の発掘調査で出土し続けており、それらの多くは、奈良文化財研究所の木簡データベースで容易に参照できる。正倉院文書《しょうそういんもんじょ》も、大量の文書が良好な状態で伝わったものとして、貴重な文字資料である（第四節「歴史資料」参照）。

二　和文資料

ここで言う和文資料とは、『古今和歌集』『蜻蛉日記』『枕草子』『源氏物語』など、平安時代の平仮名で書かれた和歌・物語・日記・随筆などの文学作品のことである。これらの文学作品を利用した日本語研究は、中世以来の「てにをは研究」や近世国学の語学研究において、中心的な部分を占めてきたと言って良い。明治以降も、これらの文学作品を利用した研究は継続され、共時論的な記述研究としては、山田孝雄《よしお》(一八七三―一九五八)が一つの達成と言えるであろう。

しかし、これらの文学作品は、著者の自筆本はもちろん、平安時代の写本そのものがほとんど残存していないという大きな問題がある。文学作品の現存諸本において、多くの異同が存在する現実を考えると、現在、私たちが目にする仮名文学作品のテキストが、どの程度成立当時の状態を保っているか、何ら確定的なことは言えないのである。

有名な例として、『土左日記』冒頭部分を取り上げると、紀貫之自筆本を忠実に写したとされる為家本は「をとこもすなる日記といふものををむなもしてみむとてするなり」であるのに対し、同じく貫之自筆本を写した定家本は「をとこもすといふ日記といふ物を丶むなもして心みむとてするなり」に作る。諸本を勘案すると、為家本の方が原本とされるものを忠実に伝えていることが判明し、定家は書写に際して、意識的に、あるいは誤写により、原本を改変していることになる。現在私たちが利用する仮名文学作品のテキストが、『古今和歌集』『伊勢物語』『源氏物語』『更級日記』をはじめ、しばしば定家本系統の写本によっていることを考えると、これらの作品のテキストが、原姿から大きく隔たったものではないかという懸念が出てくるのも当然のことである。『宇津保《うつほ》物語』『枕草子』のように、重要な文学作品であって、字句のずれという程度では済まないほど、諸本間の相違がはなはだしいものが存在することも、このような懸念の原因となっている。実際には、『土左日記』冒頭は特殊な事例であって、定家の手による古典書写も、それほど原本を恣意的に改変しているわけではないということが、明らかになりつつあるけれども、全面的に信用できるものでないことは否めない。

第二次世界大戦後、訓点資料研究（第三節「訓点資料」参照）が隆盛する過程において、以上のような欠点が殊更クローズアップされ、訓点資料の国語史資料としての優位性が称揚されたのであるが、その称揚には、やや行き過ぎた面もあったことは認めるべきであろう。音韻・形態分野の研究において、和文資料がほとんど発言力を持たないのは事実である。しかし、今後の国語史研究において、最も発展が期待される統語論・構文論の分野においては、訓点資料が、漢文訓読文であるという性質上、補助的な役割しか果たせないのは明白である。平安時代語に関しては、文法史研究の中心的役割を果たすのは、やはり和文資料ということになる。ただし、資料を取り扱う上で、従来指摘されてきた問題点は、十分に自覚される必要がある。

和文資料を国語史の資料として用いる場合、最も一般的なのは、注釈書などの活字翻刻を利用することである。たいていの注釈書は、読解の便宜のために、句読点を付し、仮名遣を歴史的仮名遣に改めたり、仮名を漢字になおしたり、漢字に振り仮名を加えたりするなどの操作が加えられている。原本にどの程度忠実な翻刻であり、どのような操作が加えられているかは、凡例を参照すれば解説されているので、必ず凡例を熟読する必要がある。近年の翻刻は、原本の表記を復元できるように配慮されていることが多いけれども、一般の読書人を対象とした古典注釈叢書の中には、編集方針により、原本への復元性を割愛していることもあるので注意したい。

こうした活字翻刻・注釈を利用する場合、私たちは、内容理解のための労力を大幅に軽減できるという恩恵を被る一方で、無意識のうちに、校訂者の解釈に引きずられてしまうという弊害も出てくる。極端な場合、校訂者の便宜的な選択に過ぎないものが、利用者の本文理解を左右するということも起こる。例えば、「はしりまどふ」という文字列を、複合動詞「はしりまどふ」と解するか、動詞の並列「はしり、まどふ」と解するかは、たとえ校訂者に確信がない場合でも、どちらか一方に決定して、それに応じた翻刻をせざるを得ないのである（語彙索引での見出しの立て方にも、まったく同様の問題がある）。あらゆる可能性を考慮しながら、校訂本文を懐疑的に読み進めるというのは、現実的ではないけれども、自分が用例として引用する部分については、校訂された形以外の解釈の可能性がないか、立ち止まって考えてみる必要はあろう。

なお、鎌倉時代以降にも、『とはずがたり』『徒然草』など、平安時代の文章を規範とした平仮名文は書かれ続ける。それぞれの時代に応じた新しい語彙・表現が取り込まれることがあるので、語彙史等の資料となる他、中世文語文・近世文語文として、平安時代の文法規範から逸脱した事象を整理することにより、文法史・文体史の資料としても活用されている。

三　訓点資料

訓点資料とは、漢籍・仏典・国書などの漢文に、訓読のためのヲコト点・仮名点などが付された資料のことで、平安初期の、いわゆる国風暗黒時代のものを含め、後世の転写本ではない、加点当時の資料が大量に遺存しているため、国語史の一等資料として、きわめて貴重である（第二章「表記史」参照）。書写・加点年代の明確なものも多いため、特に文字史・音韻史・形態論史の資料として、訓点資料は最も有効なものである。和文資料などには見えない単語も多く使用されており、また、漢文訓読の文体は、和文の文体と顕著な対立を見せるため、訓点資料は、語彙史・文体史の資料としても欠かすことができない。近年は、角筆《かくひつ》点の精査による上代の漢文訓読の実態の解明、漢字文化圏諸地域における、漢文「訓読」の比較研究など、新しい研究テーマが開拓されつつあり、訓点資料研究には、まだまだ多くの解明すべき課題が残されている。

　訓点資料は、閲覧の機会を得ること自体が容易でないことが多く、閲覧した資料を解読するのにも、相応の訓練・経験が必要である。『訓点語辞典』（東京堂出版、二〇〇一年）が刊行されるなど、従来は徒弟制度的に継承されてきた訓点資料研究のノウハウの公開が目指されてはいるものの、訓点資料研究は、実物を目の前にしなければ理解できないことが多いのも事実である。今後は、インターネット上にカラー画像が公開されるなどして、訓点資料が誰にとっても取りつきやすいものとなってゆくことが期待されるが、それは、まだ先のことであろう。ここでは、すでに公開されている訓点資料の訓み下し文を、専門外の人が国語史研究に利用する際の注意点を述べるに留めることにする。

　訓み下し文の形式として、現在最も一般的なのは、ヲコト点を平仮名、仮名点を片仮名、推定による補読・訓読を（　）内の平仮名、不読字を〔　〕で挟んで示す方式である。例えば、西大寺本『金光明《こんこうみょう》最勝王経《さいしょうおうきょう》』平安初期点の冒頭近くの部分、「〔於〕最も清浄にして甚深なる法界の諸仏（の）〔之〕境たる、如来の所居に在《（ましま）》（し）キ（在～於最清浄甚深法界諸仏之境如来所居）」の場合、（の）（ましま）（し）が推定による補読・訓読部分である。また、「浄」に二つのヲコト点「に」「して」が加点されているが、「にして」の順で読むのもまた解釈である（一字に複数の加点がある場合には、常に推定により訓む順を決めることになる）。この他にも、「若《（た）ト》ひ」（「若」字に「ひ」のヲコト点、「ト」の仮名点）のごとく、音訓の一部しか加点されていない「部分加点」の問題もある。「在」に付された仮名点「キ」を助動詞として訓むのをはじめとして、ヲコト点・仮名点をどのような語に割り振るのかは、すべて解釈の結果である。この箇所の場合は返読点が加点されているが、語序や返読についても、訓み下し文作成者の推定によっている場合がある。以上だけでも、訓み下し文が多くの推定を積み重ねて作成されたものであることは知られよう。そして、資料の状態によっては、訓み下し文作成の根拠となるヲコト点・仮名点の判読そのものが、不確かなものであることもしばしばある（訓み下し文が公開されるような資料は、比較的判読がしやすいからこそ選ばれていることが多いが、それでも不鮮明な箇所が皆無ということはありえない）。過度に神経質になる必要はないが、訓点資料の訓み下し文を文法史等の資料として利用する場合、どのような要素が推定によって作成されているのかを知っておく必要はあろう。

公刊されている資料で、訓み下し文・索引があって利用しやすいものとしては、西大寺本『金光明最勝王経』平安初期点（春日政治〈一九四二〉）、東大寺本『地蔵十輪経《じぞうじゅうりんきょう》』元慶七年点・石山寺本『法華経玄賛《ほけきょうげんさん》』平安中期点・石山寺本『法華義疏《ほっけぎしょ》』長保四年点・石山寺本『大唐西域記《だいとうさいいきき》』長寛元年点（以上、中田祝夫〈一九五四〉）、興福寺本『大慈恩寺三蔵法師伝《だいじおんじさんぞうほうしでん》』（築島裕〈一九六五～七〉）、『南海寄帰内法伝《なんかいききないほうでん》』長和頃点・『妙法蓮華経』明算《めいさん》点（以上、大坪併治〈一九六八〉）などがある。これらの資料は、①資料の状態が良く、判読が比較的容易である、②仮名による加点が多く、確実に復元できる語の数が豊富である、③加点者の学力が高く、十分に漢文の内容を理解している、などの恵まれた条件を備えた特殊なものであることを、理解しておくべきであろう。代表的な訓点資料は、必ずしも典型的な訓点資料ではないのである。

また、訓点資料研究は、仏書の場合は、主として平安時代の資料を、漢籍・国書の場合は、平安・鎌倉時代の資料を対象とすることが多かった。これは、残存する資料の量や、国語史資料としての総合的な意味での有用性が考慮された結果である。しかし、例えば音韻史の場合、鎌倉時代から南北朝・室町時代にかけて、音節構造・アクセントの両面において、大きな転換があったことが想定されており、この時期の資料（特に字音資料）をさらに開拓する意義はあるはずである。他にも、問題の設定の仕方によっては、従来あまり研究されてこなかった、やや時代の下る訓点資料も、十分に有効利用の余地があろう。訓点語研究と言うと、どうしても難解・敷居が高いという印象を受けがちである。たしかに、そのような面があるのを否定することはできないが、現在では多くの資料の訓み下し文・索引が公開されており、これらは専門外の人にも大いに利用されるべきである。他人に利用されてはじめて、訓読文や索引を公開するという地道な研究に意義が生じるのである。

四　歴史資料（古文書・古記録など）

歴史研究の伝統的分類では、文献資料は文書《もんじょ》・記録・典籍の三群に分類される。このうち文書・記録は、主に歴史研究の資料として利用されてきたものであるが、これらも国語史研究の重要な資料となる。歴史研究者の手により、翻刻・テキストデータの公刊、また、東京大学史料編纂所によるインターネット上での情報公開などが、かなり精力的に進められており、これらを国語史研究に利用するための環境は、急速に整えられつつある。ただし、テキストデータの類は、現状では入力ミス等が残っているので、本格的に研究する場合には、冊子体での確認、できれば写真等で原本の様態を確認することが望ましい。

文書とは、書状・売券《うりけん》・譲状《ゆずりじょう》など、ある人物（差出人）が他の人物（受取人）に対する意思伝達のために書き記したものを言う。各時代にわたって原本が多く残っている、差出人・年月日が明記されている、など、国語史資料として、有利な条件を多く備えている。また、『大日本古文書』『寧楽遺文《ならいぶん》』『平安遺文』『鎌倉遺文』『南北朝遺文』など、活字翻刻・テキストデータの公開や、個々の資料の影印本の刊行も盛んである。漢文体のものが多く国語史資料としての用途が限られる、解読に高度な歴史知識が必要である、などの理由で、従来の国語史研究においては、古文書の利用は限定的なものに過ぎなかったが、仮名文書を中心に扱った辛島美絵（二〇〇三）のような業績も出始めている。方言史資料として期待できる地方《じかた》文書の翻刻も、主に地方自治体の出版物の形で精力的に進められており、今後、有望な研究ジャンルである（第十四節「方言史資料」参照）。

記録とは、日記・帳簿などの、伝達を目的としない、記述者の心覚えの類のことである。藤原忠平『貞信公記《ていしんこうき》』、藤原実資『小右記《しょうゆうき》』、藤原道長『御堂関白記《みどうかんぱくき》』、藤原師通『後二条師通記《ごにじょうもろみちき》』など、ほとんどの公家日記が国語史資料としての用に堪える。原本や良質の写本が残存していることが多い、記述者・記述年月日が明確である、『大日本古記録』などの活字翻刻やテキストデータの公開が進んでいる、などの点は、古文書と同様の長所である。さらに古記録の場合、単独の記述者（歴史上の重要人物であることが多い）による、まとまった分量の言語データが得られるという、古文書にはない長所も有している。そのためか、古文書とは異なり、早い時期から国語史の資料として研究されてきた。

古文書・古記録は、基本的には漢文体の形式をとるものの、実用を主とする文献であるため、純粋な漢文の様式から逸脱し、表記や語法・表現などに、独自の特徴が表れる（記録体・変体漢文・和化漢文）。そのため、純漢文にはない語法や虚字の用法についての研究などが、重要な課題となってくる。文体史的には、説話や軍記に素材を提供したという経緯もあって、和化漢文は、和文体・漢文訓読体とは異なる文体として、後世の和漢混淆体の形成を考察する際には、欠かすことのできないものとなっている。

原則として、古文書・古記録の類に訓点が付されることはないが、書簡文例集である、『高山寺本古往来《こおうらい》』『和泉往来《かせんおうらい》』などの往来物《おうらいもの》には、比較的早い時期の訓点資料が現存し、平安時代の和化漢文の訓法を考える上で参考になる。

また、鎌倉時代の歴史書である『吾妻鏡《あずまかがみ》』の文章も、和化漢文の代表的なもので、和化漢文全体を、特に「吾妻鏡体（東鑑体）」と呼ぶこともある（第七章「文体史」参照）。漢字平仮名交じり文に改変した『仮名書き吾妻鏡』も、写本・刊本として伝わっており、今後の研究が期待される。

五 説話・軍記

院政期・鎌倉時代という新しい時代を象徴する文学は、説話・軍記である。文学の新たな担い手が採用したのは、平安時代の王朝仮名文学作品とは異なる、表記様式・言語表現であった。

国語史研究において、最も重用される説話文学作品は『今昔物語集』（十二世紀前半成か）である。古本系の諸本は、漢字片仮名双行体と呼ばれる、漢字を大書きし、宣命方式の片仮名を二行に割って小書きする表記様式によっている。これは、『打聞集《うちぎきしゅう》』『金沢文庫本仏教説話集』、観智院本『三宝絵詞《さんぼうえことば》』上巻など、他の説話文学作品にも見えるものである。『今昔物語集』は、連体形の終止用法の問題など、文法史の資料としても用いられているが、資料としての信頼度には、やや不明瞭な点がある。文体としては、和文・漢文・和化漢文・口承文芸など、さまざまな素材を総合して、説話集としての統一的な文体の完成を目指したものであり（実際には、素材の文体がそこかしこに滲み出ているが）、文体史の資料として、国語史上重要な意義を有している。次代の軍記の文体（和漢混淆文）との関わりなど、詳細は今後の課題として残されている。

『古本説話集《こほんせつわしゅう》』（鎌倉初期成）、『宇治拾遺物語』（十三世紀前半成）は、漢字平仮名交じりの説話集であるが、『今昔物語集』との同文的同話が多く含まれている。これは、共通の素材説話集（逸書の『宇治大納言物語』

か）から、それぞれの説話集の編者が、別々に説話を採録したことによるものと考えられている。つまり、説話集の成立年代・書写年代と、そこで用いられている言語の先後関係は、必ずしも対応しておらず、同文的同話の場合、『古本説話集』や『宇治拾遺物語』の方が素材の忠実な引き写しであって、前代の『今昔物語集』の方が、素材に改変を加えた、新しい様相を示しているとさえ言えるのである。説話集のような編纂物の場合、資料の時代性の問題は、きわめて厄介である。

軍記を代表するのが『平家物語』であることは、異論がなかろう。山田（一九一四）は、諸本の系統を整理した上で、読み本系の延慶本（漢字片仮名交じり文。延慶年間の奥書のある本を、応永年間に忠実に書写したものとされる）を、鎌倉時代語を代表する資料として、共時論的な記述研究を行った。文学的には、語り本系の覚一《かくいち》本が、その完成度の高さから尊重されるが、国語史資料としては、いずれ劣らず重要である。近年、『平家物語』の諸本研究がかなり深化しており、延慶本にも、応永書写に近い時期に混入したと考えられる記事が存在するという主張も出てきている。特定の伝本に特権的な「古態」を認めることは難しくなっているので、今後は、その他の伝本についても、国語学的考察が進められてゆくであろう。文体史においては、平家物語に代表される和漢混淆文の成立は、重要な問題であるので、諸伝本を視野に入れつつ、丹念に解明してゆく必要がある。また、すべて漢字書きに改変された真字《まな》本（熱田《あつた》本・平松家本・四部合戦状《しぶかつせんじよう》本など）についても、表記史の観点から、さらに考察が期待される。

やや時代の下る『太平記』は、大部の作品であるだけに、『平家物語』の文体と比較することにより、和漢混淆文の展開を探るための好資料となるであろう。

なお、説話・軍記は、前代の仮名文学作品に比べると、漢字表記される語の割合が高い。注釈書などの翻刻では、読解の便宜のために、古辞書（第十二節「古辞書・音義資料」参照）などを利用して漢字・漢語の読みを推定し、振り仮名を付しているのが普通である。推定に不確実な部分があるのは当然であるとしても、一つの文学作品の翻刻に、例えば、「遠国」を「ヲンゴク」「ヱンコク」と二様に読むような不統一があることは珍しくなく、語彙索引でも二カ所に分かれて掲載されていることがあることには、注意が必要である。

六　鎌倉仏教資料

鎌倉新仏教の資料としては、親鸞・日蓮関係のものが重視されている。浄土真宗の開祖である親鸞（一一七三～一二六二年）、法華宗（日蓮宗）の開祖である日蓮（一二二二～八二年）は、多くの真跡を現在に伝えており、口語資料の乏しい鎌倉時代語研究において、貴重な資料となっている。

親鸞の著作は多いが、『一念多念文意《いちねんたねんもんい》』（一二五七年成）のように、漢字片仮名交じり文で書かれた経文の注釈は、文体史上の有益な資料である。『教行信証《きようぎようしんしよう》』などの漢文の著作に付された親鸞の加点も、漢字音資料として、独特な形態を持っていて貴重である。また、親鸞の妻の恵信尼《えしんに》が、娘の覚信尼《かくしんに》に送った十余通の書状も、興味深い。

日蓮は、言葉を飾ることを嫌ったため、弟子に与えた書状には、しばしば俗語的表現が見える。形容詞終止形「いみじし」「かなしし」、動詞「据ゆ（ヤ行下二段）」「越ふ（ハ行下二段）」「覚う（ワ行下二段）」、助詞「ばし」などが拾える。

いわゆる鎌倉旧仏教の資料としては、『却癈忘記《きやくはいもうき》』（一二三五年写）、『光言句義釈聴集記《こうごんくぎしやくちようじゆうき》』（一二一九年校本）、『解脱門義聴集記《げだつもんぎちようじゆうき》』（鎌倉末期写）などの、明恵《みようえ》上人（一一七三～一二三二年）の講義の聞書《ききがき》類が、口語的要素を含んだ資料として、言語量も豊富であり貴重なものである。

七　抄物

抄物《しょうもの》とは、主として室町時代に撰述された書物で、漢籍・仏典・国書から字句を抜き出し、それに対して注釈を施したもの全般を言う。『論語抄』『中華若木詩抄《ちゅうかじゃくぼくししょう》』『玉塵抄《ぎょくじんしょう》』『人天眼目抄《にんでんがんもくしょう》』『日本書紀抄』など、書名に「〜抄」の形をとるものが多いことから、「抄物」と一括して呼ばれている。抄物は、文学史・思想史・文化史の資料としても貴重なものであるが、国語史研究において資料として重用されるのは、広義の抄物のうち、漢文体の本文に対して、漢字片仮名交じりで注釈がなされ（仮名抄）、当時の口語を比較的多く含むものである。博士家の学者・京都五山の禅僧・曹洞宗の僧侶が、ある典籍について行った講義の「聞書」が中心となるが、講義のための手控えや講義を伴わない注釈であっても、口語事象が拾い出せるものは、国語史の資料として利用価値がある。中でも、曹洞宗の僧侶の手になるもの（洞門《とうもん》抄物）は、東国語の要素が混入しており、この期のものとしては数少ない東国語資料として貴重である。

抄物は、湯沢幸吉郎（一九二九）において、本格的に国語史資料として整理されて以来、後期中世語の中心資料として、重視されてきた。湯沢の研究においては、使用テキストを江戸期の刊本によることも多かったが、主に文法体系の記述に興味の中心があったため、現在の研究水準に照らしても、十分に有効な成果を上げている。湯沢の研究の後、室町時代の古写本が次々に渉猟・紹介され、資料の年代が重要な意味を持つ、音韻史（オ段長音の開合・四つ仮名の混乱など）・形態史（二段活用の一段化など）などの分野においても、十分に信頼に足る資料として、抄物は言及されるようになった。こうした書誌的研究の大きな進展の一方で、抄物が最も有効利用されるべき文法史のジャンルにおいては、抄物を専門とする研究者以外には、なかなか有効に活用されていないというのが現状である。これは、資料の閲覧が困難である点、本文の読解にかなりの学力・労力が要求される点、その労力に比して、他の口語資料ほどは効率的に必要な口語事象を抽出できない点などが原因となっているのだろう。しかし、抄物は、新資料の公開という意味では、国語史の中でも、最も期待できるジャンルであり、京都大学附属図書館のホームページにおける清家《せいけ》文庫本のカラー画像の公開の他、影印や索引の公刊が陸続と企画・進行中である。漢籍・仏典の本文を理解するための手掛かりとなる注釈書類も充実してきており、文学研究者による抄物の内容的研究も進められている。かつてに比べると、抄物を読解するための条件は、格段に整ってきている。今後の文法史研究において、特に注目されるべき資料である。

なお、「抄物」には含まれないが、鎌倉時代の明恵上人の聞書類（第六節「鎌倉仏教資料」参照）や、江戸時代の『孝経諺解《こうきょうげんかい》』『唐詩選国字解《とうしせんこくじかい》』などの漢籍国字解は、講義の記録であり、比較的口語が現れやすいという意味で、室町時代の抄物に近い性質を持つものである。

八　キリシタン資料

キリシタン資料とは、室町末期から江戸初期にかけて、キリスト教を布教するために日本にやってきた、カトリックの宣教師およびその周辺の人々が編纂に関わった文献の総称である。その内容・形態は多様であり、日本語で書かれたものもあればラテン語・ポルトガル語・スペイン語等の外国語で書かれたものもあり、写本もあれば刊本もある。日本語で書かれたものも、文語文もあれば口語文もあり、また、ローマ字本もあれば国字本もある。キリシタン資料は、国語史の資料の中でも、特に情報の信頼度が高く、音韻史・文法史など、国語史研究のあらゆる分野において、歴史を描き出す基準点となる重要な資料である。

国語史の資料として最も重用されているのは、口語日本語をローマ字書きしたもので、『天草版《あまくさばん》平家物語』（一五九二年刊）、『天草版伊曽保《いそほ》物語』（一五九三年刊）やコリャード『懺悔録《さんげろく》』（一六三二年刊）などがある。日本語を当時のポルトガル語式のローマ字綴りで書き表しているため、音韻史資料として突出した価値を有している。また、文法・文章面についても、同時代の他の「口語資料」と比べても、江戸時代の新しい言語表現を先取りするかのような、顕著な近代的様相を示している。

ロドリゲス『日本大文典』（一六〇四〜八年刊）は、日本語学習のために編纂された大部の文法書である。通常の文法書が扱う事象はもちろん、書状・文書の作法、官職名、国名、年号、歴代天皇、方言など、さまざまな事柄を記載している。日本国内における「てにをは研究」とは異質の、ヨーロッパの語学研究のスタイルを反映した緻密な日本語分析であり、日本語研究史に突如として出現する、空前の文典であった。ロドリゲスは日本を追放された後、これを縮約・補正した『日本小文典』（一六二〇年刊）を刊行した。現在では、ともに日本語訳が出版されており、簡便に利用できる。

『日葡辞書《にっぽじしょ》』（一六〇三年刊、一六〇四年補遺刊）は、ローマ字書きの日本語を見出しに、ポルトガル語の語釈やローマ字書きの例文を付した辞書である。約三万二千八百語という膨大な収録語数とともに、日本の伝統的辞書には期待しにくい平易な「語釈」が、この辞書を日本語辞書史上、画期的なものたらしめている。現在では、ポルトガル語部分を日本語に訳した『邦訳日葡辞書』（岩波書店）が利用されることが多いが、必要に応じて、原本の複製や、ポルトガル語部分をフランス語訳したパジェス『日仏辞書』を参照するのが望ましい。また、『落葉集《らくようしゅう》』（一五九八年刊）は国字本の辞書であり、日本国内の『節用集《せつようしゅう》』『倭玉篇《わごくへん》』に体裁は似ているが、清音・濁音・半濁音が明確に標示されている点が、日本の辞書とは異なる。『日葡辞書』は全編ローマ字書きであり、漢語にも漢字表記を欠いているので、その欠を『落葉集』によって補うことが可能である。

キリシタン資料と一括りにされる文献でも、刊本と写本を比較すると、刊本の方が規範性が強いということが指摘されている。ただしこれは、あくまで位相の問題であって、必ずしも刊本に現れる日本語が、現実の言語のありさまに反する虚構であるということは意味しないであろう。例えば、「見れる」「食べれる」のようなラ抜き言葉が、現代の日本ではごく一般的な表現となっているにもかかわらず、新聞記事・教科書など、ある種の文章においては、「見られる」「食べられる」などの、規範的な表現に統一されてしまうのと、同様の状況が考えられるのである。

九　朝鮮資料・中国資料

国語史で言う朝鮮資料とは、朝鮮における日本語学習書、日本における朝鮮語学習書の総称である。表音文字であるハングル（一四四六年公布）により日本語を表記した部分は、国語音韻史の貴重な資料となる。ただし、ハングルが表音文字であるとはいっても、朝鮮語に存在しない音は、近似の音を表すハングルで代用することになるし、tiで綴られる音が、朝鮮語において歴史的に[ti]から[tʃi]に変化しているなど、朝鮮語の音韻体系や音韻史を十分に考慮して、慎重に取り扱う必要がある。

『朝鮮版伊路波《いろは》』（一四九二年刊）は、「いろは」等にハングルで音注を付したもので、音韻史資料の乏しい時期のものであるだけに貴重。『捷解新語《しょうかいしんご》』（一六七六年刊）は、朝鮮における日本語学習書の代表的なもので、日本語の本文にハングルの音注を傍書し、段落ごとに朝鮮語対訳を加えたもの。一七八一年の重刊改修本は、日本語の歴史的変化を反映させて、日本語部分に一部改変の手を加えている。また、『倭語類解《わごるいかい》』（十八世紀初頭成か、一七九〇年頃までに刊行）は日本語朝鮮語対訳辞書で、語彙史の資料としても貴重である。この他、『隣語大方《りんごたいほう》』（一七九〇年刊）、『交隣須知《こうりんしゅち》』（雨森芳洲《あめのもりほうしゅう》編か）などがあり、これら以外にも、写本で伝わる朝鮮資料は多い。

国語史で言う中国資料とは、中国で編纂された書物の中の、日本に関する記事において、日本語語彙を、「筆↓分直」「墨↓蘇弥」「頭↓加是羅」のごとく、漢字の音を利用して音写した部分を含む資料全般のことである。『鶴林玉露《かくりんぎょくろ》』（十三世紀中頃成か）や、「いろは」を掲載する『書史会要《しょしかいよう》』（一三七六年成）などが、比較的早い時期の音韻史の資料として貴重である。この他、『日本寄語《にほんきご》』（一五二三年成）・『日本館訳語《にほんかんやくご》』（十六世紀前半成か）・『日本一鑑《にほんいっかん》』（一五六六年頃成）・『日本風土記《にほんふどき》』（一五九二年刊）などがあり、それぞれ音韻史・語彙史の資料として有益である。中でも『日本一鑑』の「寄語」部は収録語数三千四百余りを誇る大部の語彙集であり、日本の古辞書との関連も注目されている。

十　狂言

狂言は、室町時代に成立した喜劇的内容の演劇で、基本的に役者の台詞によってストーリーが展開してゆくことを特徴とする。俗の芸能であったためか、古くは台詞回しの細部までは固定しておらず、役者の即興による改変が、ある程度許容されていたようである。江戸時代になると狂言の詞章は固定化するようになるとされるが、江戸時代の同じ流派の台本であっても、その詞章にかなりの異同があることもある。

現在、国語史の資料として十分に利用できる量・内容を持っている狂言の台本は、いずれも江戸時代のものである。大蔵《おおくら》流の虎明《とらあきら》本『狂言之本』（一六四二年写）・虎清《とらきよ》本『狂言之本』（一六四六年写）・虎寛《とらひろ》本『能狂言』（一七九二年写）、和泉流の天理本『狂言六義《きょうげんりくぎ》』（寛永年間写）、また特定の流派のものではないが、読み物として刊行された『狂言記』（一六六〇年刊）・『続狂言記』（一七〇〇年刊）・『狂言記外《ほか》五十番』（一七〇〇年刊）・『狂言記拾遺』（一七三〇年刊）も貴重な資料である。

狂言の台本は、主に文法史や待遇表現史（特にゴザアル・ゴザル・オヂャル・オリャル・デスなどの敬語補助動詞）の資料として利用されている。詞章の改変がなされやすかったという、この芸能の性質のため、言語資料としての具体的な年代を見積もりにくく、書写年・刊行年の新しいものが、言語的には古い様相を示すことがあるなど、取り扱いの難しい面があるものの、残存資料が豊富・多様であり、また、全編口語体であるため、きわめて効率良く口語事象を採集することができる点は、恵まれている資料である。

十一　咄本・浄瑠璃など

咄本《はなしぼん》とは、短編の笑話を集めて編纂したものである。『醒睡笑《せいすいしょう》』（一六二三年成）、『きのふはけふの物語』（元和頃成か）などは、江戸初期上方語の、数少ない資料として貴重である。咄本は、江戸時代を通じてきわめて多くの種類が刊行されたため、江戸語・後期上方語の資料として活用できるものも多いが、洒落本・人情本などの他の口語資料に比べると、やや文語的性格が強いとされる。

江戸前期上方語の口語資料として、最も重用されているのは、近松門左衛門《ちかまつもんざえもん》の浄瑠璃《じょうるり》の台本（丸本）である。とりわけ、『曽根崎心中《そねざきしんじゅう》』（一七〇三年成）・『堀河波鼓《ほりかわなみのつづみ》』（一七〇七年成）などの世話物浄瑠璃の詞の部分に、俗語的表現が多く使用されている。動詞活用や条件表現の変遷、付属語の用法などについて、当時の様相を知ることができる。さらに、世話物は登場人物の階層が多彩であるため、当時の言語表現の位相差について知る資料ともなる。また、文学史的には著名な作品は乏しいものの、江戸後期の上方浄瑠璃は、後期上方語の資料として有用である。

安原貞室《やすはらていしつ》『かたこと』（一六五〇年刊）は、京都における児童の卑俗な訛語を戒める書であるが、規範性のゆるんだ、当時の市井の言語実態を生き生きと伝えるものとして注目される。

十二　洒落本・滑稽本・人情本

これらのジャンルの作品は、いずれも会話を主体にストーリーが展開するという特徴を持っており、後期江戸語の口語資料として重視されている。

江戸時代の文学作品は、その作品のジャンルと書物の形態とが、密接な対応関係にある。その作品を読まなくても、書物の形態や文字遣い・挿絵などの紙面の様相から、どのジャンルの作品であるのか判然とすることが多いのである。この形式面での固定性は、そこに用いられる言語表現についても、ある程度適用される。つまり、洒落本には洒落本らしい言語表現、滑稽本には滑稽本らしい言語表現というものが、確かに存在したのである。裏を返すと、ある新しいジャンルの発展する過程においては、その当時の生き生きとした口語表現を熱心に取り込んでいても、ひとたびジャンルとしての完成(文学的・商業的な成功)を見てしまうと、その後は言語表現が固定化し、実世間の言語の変化を反映しにくくなるのである。同じように口語主体の文学作品であっても、その時その時の「生きの良い」ジャンルほど、当時の口頭語の表現を、より良く反映していることが期待される。

洒落本《しゃれ》は、遊里を舞台に、客とそこで働く人々との会話でのやりとりを、滑稽を主軸に描写する文学である。上方を起源とするが、洒落本の定型を確立したのは、江戸で刊行された『遊子方言《ゆうしほうげん》』(一七七〇年刊)、『辰巳之園《たつみのその》』(一七七〇年刊)であった。言語量も豊富であり、比較的早い時期の江戸語資料として貴重であるが、上方語的な要素も混在している点に注意が必要である。遊女は「オザンス」「ナンス」等の特徴的な遊女語を用いるが、これは、遊女が地方や下層階級の出であることも多く、本来の言葉遣いを簡便に覆い隠すための人工的な言語であった。そこには、上品さ・優雅さを演出するための上方語的な要素も加味されていよう。

いわゆる滑稽本《こっけい》のうち、国語史の資料として用いられるのは、後期の滑稽本で、十返舎一九《じっぺんしゃいっく》『東海道中膝栗毛《とうかいどうちゅうひざくりげ》』(一八〇二〜九年刊)、式亭三馬《しきていさんば》『浮世風呂《うきよぶろ》』(一八〇九〜一三年刊)・『浮世床《うきよどこ》』(一八一三〜一四年刊)が代表的である。特に『浮世風呂』は、「言葉のカタログ」と評されることもあるように、男女・老若・都鄙・貴賤のありとあらゆる言葉遣いのサンプルを示すこと自体に作品執筆の最大の動機があったと解されるものである(つまり、全体を貫くような筋書きは存在しない)。文学作品である以上、そこに用いられている言葉遣いは、実際の生の会話を忠実に写したものではなく、ある程度、類型化された表現が含まれていようが、江戸語の位相研究には欠かすことのできない作品である。

人情本は、洒落本から発展したとされる恋愛小説であり、為永春水《ためながしゅんすい》『春色梅児誉美《しゅんしょくうめごよみ》』（一八三二〜三年刊）などが代表的である。江戸末期の口語資料として貴重であるが、滑稽本に比べると、登場人物が上層の江戸町人に集中しているという点で、位相的に偏りがある。

十三　古辞書・音義資料

日本でも、古来さまざまな辞書・事典が編纂されてきた。多くは、中国の辞書・事典を手本とし、体裁もこれを模倣してきた。日本の辞書に独自の問題が生じるとすれば、ある漢字・漢語をどう訓むか、あるいは、ある日本語をどう漢字表記するかという点であった（中国では漢字表記と語とは一対一の対応を原則とするので、このような問題は生じ得ない）。この漢字表記・和訓の二重性との格闘こそが、日本における辞書編纂の最大の課題であったと言っても過言ではないだろう。

言及すべき古辞書は多いが、詳細は『日本古辞書を学ぶ人のために』（西崎亨編〈一九九五〉）に譲ることとし、以下、国語史研究一般において実用性の高い古辞書について、簡単に紹介するに留める。

『類聚名義抄《るいじゅみょうぎしょう》』は、図書寮本《ずしょりょう》が唯一の伝本（ただし零本）である原撰本系、観智院本《かんちいん》（完本）に代表される改編本系に分かれる。漢字を部首分類し、字音・和訓などを注記した漢和辞典であり、最も利用頻度が高いのは鎌倉時代書写の観智院本である。和訓が豊富であり、和訓の一部には声点《しょうてん》（清濁・アクセント注記）が加えられているので、国語史の資料として、きわめて利用価値が高い。訓点資料・古記録などの漢字文献を解読する際や、『今昔物語集』『平家物語』などの文学作品の漢字表記部分の訓を決定する際には、必ず参照することになる辞書である。ただし、観智院本には誤写が多い点に注意が必要であり、テキストも、必要に応じて、朱と墨の見分けが付く天理図書館善本叢書の複製を用いるのが望ましい。

『色葉字類抄《いろはじるいしょう》』は、語（和語・漢語）の初頭をイロハで分け、それぞれを天象・地儀・植物など二一部に意義分類して配列したもの。和語に関しては、国語から、それに対応する漢字表記を検索するための「和漢辞典」とでも言うべき体裁となっている。漢語に関しては、中国に用例のないものを含め、当時の日常漢語を広く集めたものであるので、『類聚名義抄』と併用することにより、互いの欠を補うことができる。院政期書写の前田本が最善本であり、前田本が欠いている部分は江戸時代書写の黒川本を用いる。

『節用集《せつようしゅう》』は、室町時代から江戸時代にかけて、数多く編纂された国語辞書で、語（和語・漢語）の初頭をイロハで分け、それぞれを天地・時節などの部門に意義分類したものである。特に、古写本および慶長頃までの刊本を「古本《こほん》節用集」と呼び、江戸時代の節用集と区別することが多い。室町時代・江戸時代の文学作品などを読解するときには、その資料と成立年代の近い節用集を、優先的に参照することとなろう。ただし、国会図書館蔵『文明本節用集』は、その通称にもかかわらず、江戸時代成立とする説も有力であるので、なお慎重に取り扱う必要がある。

『日葡辞書《にっぽじしょ》』については第八節「キリシタン資料」参照。

一方、音義《おんぎ》とは、仏典などから難解または重要な漢字・語句を抜き出し、それに対して、字音・意味を注記した文献の総称である。字音・意味の注記は、反切・同音字注・漢文など、中国式の体裁による場合もあれば、片仮名書きの字音・和訓によっている場合もある。配列の問題を別にすれば、内容は漢和辞典に近い性質を持っていることになる。『金光明最勝王経音義《こんこうみょうさいしょうおうきょうおんぎ》』『法華経音義』『大般若経音義』など、国語史の資料として利用価値の高いものも多い。

十四　方言史資料

『万葉集』の東歌・防人歌を特異な例外として、室町時代以前の方言資料はきわめて乏しい。『万葉集』に見える方言形は、後世の各地の方言との連続性が、期待するほどはないので、意外に方言史の中には位置づけしにくいものである。

中山《なかやま》法華経寺蔵『三教指帰注《さんごうしいきちゅう》』（院政末期写）、輪王寺天海蔵《りんのうじてんかいぞう》『諸事表白《しょじひょうびゃく》』（鎌倉初期写）は、関東地方に伝存する文献である。基本的には中央語の文語文によっているが、ハ行四段動詞連用形の促音便のような東国語的特徴が混在し、他にも、方言形と解される語が散見する。また、二段活用の一段化、推量の助動詞「ウ」の使用、語頭濁音の使用など、中央語における変化を先取りするかのように、新しい言語事象が豊富に拾い出せる。

第七節「抄物」で触れた、『人天眼目抄《にんでんがんもくしょう》』などの洞門抄物にも、東国語的特徴が混在する。文末表現は「ダ」を基調としており、「ダ型抄物」とも呼ばれる。一般に、中央語資料よりも言語変化が早く現れる傾向があり、足利本『人天眼目抄』は、助動詞「ヨウ」の初例とされている。

大久保彦左衛門『三河物語』（一六二二年初稿成）は、著者自筆本が現存し、数少ない江戸初期の国語資料として貴重である。一例のみであるが、助動詞「だ」の例があり、他にも、四つ仮名・オ段長音の開合の混乱、二段活用の一段化が顕著であるという特徴がある。また、漢字の使用も独特なものが多く、表記史の資料としても面白い。

『雑兵物語《ぞうひょうものがたり》』（十七世紀後半成）は、東国出身の足軽同士の会話により、戦陣における心得が記されたもの。助動詞「ない」「だ」「べい」の使用が顕著であり、江戸前期の東国語資料として、最も重要なものである。

式亭三馬『潮来婦志《いたこぶし》』（一八〇六年成）は、潮来の遊郭を舞台にした洒落本である。潮来地方（現在の千葉県・茨城県の県境付近）の方言の描写がふんだんに現れる。文芸作品である以上、実際の会話を文字に起こしたものではなく、三馬の創作した会話であることは否定できないが、ある程度は、実際の方言を観察した成果が盛り込まれているであろう。他にも、文学作品に現れる方言の事例は、枚挙に暇がない。

この他にも、江戸時代には、越谷吾山《こしがやござん》『物類称呼《ぶつるいしょうこ》』（一七七五年刊）、服部武喬《はっとりたけたか》『御国通辞《おくにつうじ》』（一七九〇年成）、堀季雄《ときかつ》『荘内浜荻《しょうないはまおぎ》』（一七六七年）、匡子『仙台浜荻』（幕末頃か）のような方言集も、多く編纂されており、それぞれ利用価値がある。

歴史資料でも、『梅津政景日記《うめづまさかげ》』（一六一二〜三三年）のように、常陸方言・秋田仙北方言を反映した部分が指摘されるものがあるし、第四節「歴史資料」で言及した地方《じかた》文書も、まだまだ新しい資料が開拓される余地があろう。

◆引用文献

市古貞次・野間光辰監修（一九八三〜五）『日本古典文学大辞典』岩波書店
大坪併治（一九六八）『訓点資料の研究』風間書房
春日政治（一九四二）『西大寺本金光明最勝王経古点の国語学的研究』岩波書店（著作集別巻、一九八五、勉誠社）
辛島美絵（二〇〇三）『仮名文書の国語学的研究』清文堂出版

築島裕（一九六五〜七）『興福寺本大慈恩寺三蔵法師伝古点の国語学的研究』（訳文篇・索引篇・研究篇）東京大学出版会
飛田良文他編（二〇〇七）『日本語学研究事典』明治書院
中田祝夫（一九五四・八）『古点本の国語学的研究　総論編・訳文編』講談社（改訂版、一九七九、勉誠社）
西崎亨編（一九九五）『日本古辞書を学ぶ人のために』世界思想社
山田孝雄（一九一三）『平安朝文法史』宝文館
山田孝雄（一九一四）『平家物語につきての研究』国定教科書共同販売所（一部再刊『平家物語の語法』一九五四、宝文館）
湯沢幸吉郎（一九二九）『室町時代の言語研究――抄物の語法――』大岡山書店（再版『室町時代言語の研究――抄物の語法――』一九五五、風間書房）
吉田金彦・築島裕・石塚晴通・月本雅幸編（二〇〇一）『訓点語辞典』東京堂出版

第二章　表記史

鈴木功眞

一　文字の伝来と仮名の成立

漢字の伝来と日本での応用

現代の日本語は、漢字・平仮名・片仮名・数字・アルファベット・記号などで表記されているが、元来日本に、固有の文字は無かった。中国大陸では漢字が使用されており、古代の交流を通じて、日本も初めての文字として漢字を受け入れたのである。そして、漢字を使用して、日本語を書き表せるように工夫し、平安時代に入ると漢字をもとに平仮名・片仮名を作った。

日本に漢字が伝来したのは、中国・漢代以降の鏡を始め、新代の通貨「貨泉」や、金印「漢委奴国王《かんのわのなのこくおう》」（五七年）が出土しているので、紀元前一世紀頃からと推定できる。金印は後漢の光武帝（前六～五七年）が倭の奴国の使者に与えたものであり、『三国志』「魏志倭人伝」に日本からの数度の遣使が記録されているので、日本にも漢字を使用して交流をなし得る者がいたと考えられるが、その頃の文字資料の出土は、まだ少数の土器などに限られるので、状況は明確でない。魏の景初三年・正始元年（二三九・二四〇年）の年号が刻まれている「三角縁神獣鏡《さんかくぶちしんじゅうきょう》」は日本での製作と考えられているが、魏王が卑弥呼に下賜した中国鏡であるという説もある。しかし、四〜五世紀になると日本でも舶来鏡をまねて鏡を製作しているが（倣製鏡《ほうせいきょう》）、その銘文部分は「擬銘帯」と呼ばれる漢字とはかけ離れた紋様のような文字が鋳出されていることから、当時の日本においては、まだ正確に漢字を理解していなかったと考えられる。

『日本書紀』応神十五・十六年（四世紀末か五世紀初）に中国の経典に詳しい阿直岐《あちき》・王仁《わに》が百済より渡来し、『古事記』に、王仁が『論語』『千字文』をもたらしたとある。また、『宋書』「倭国伝」（四七八年）には駢儷文《べんれいぶん》で綴られた倭王・武の上表文が記されている。

現存資料では、五世紀前半に製作されたと見られる「稲荷台一号墳鉄剣銘」（千葉県市原市）、四七一年の「稲荷山古墳鉄剣銘」（埼玉県行田《ぎょうだ》市）、五世紀後半の「江田船山古墳太刀銘《えたふなやまこふんたちめい》」（熊本県玉名市）、四四三年か五〇三年の「隅田《すだ》八幡宮人物画像鏡銘《じんぶつがぞうきょうめい》」（和歌山県橋本市）などが日本での漢字使用の古い例となる。その他にも文字が刻まれたり墨書された土器や、木簡などが出土している。

このうち、「稲荷山古墳鉄剣銘」を送り仮名・振り仮名と句読点を補って示す（次頁図版参照）。

辛亥ノ年七月中記ス。乎獲居《ヲワケ》臣、上祖、名ハ意富比垝《オホヒコ》、其ノ児多加利足尼《タカリスクネ》、其ノ児ノ名弖已加利獲《テヨカリワ》居《ケ》（下略）

この中で振り仮名を補った漢字は、漢字の意味を捨てて音だけを使用して日本人名を表記したものである。この用字法を「音仮名」と呼ぶ。中国での漢字用法「仮借《かしゃ》」に類似した用い方である。

また、漢字の普及に伴って、漢字の意味と和語との対応が固定し、和訓が成立した。例えば、漢字「山」の音（呉音）は「セン」であるが、「山」という漢字の意味と和語「やま」との対応が固定し、「やま」

が「山」の和訓となった。和訓の成立に伴い、漢字の意味を捨てて訓だけを利用した「訓仮名」の用法も可能になった。現存資料で古いものは、六世紀中期の「岡田山一号墳鉄刀銘」（島根県松江市六所《ろくしょ》神社蔵）に、「各田卩」（額田部）が「ヌカタベ」を表すように三字とも訓仮名による固有名詞が記されている。

稲荷山古墳鉄剣銘（『稲荷山古墳出土鉄剣金象嵌銘概報』埼玉県教育委員会、1979年より）

万葉仮名

漢字の意味を取り去った表音文字としての使用法は、先述の「音仮名」、「訓仮名」の他、戯書（義訓）などもあった。これらの漢字の使い方は、『万葉集』に典型的に現れるので、これらの用字法を「万葉仮名」と総称する。万葉仮名は左のように分類できる。

一、音仮名 ｛一字一音節　阿　以　宇
　　　　　 一字二音節　兼（けむ）　敢（かむ）　君（くに）　粉（ふに）

二、訓仮名 ｛一字一音節　名津蚊為（懐かし）　丹穂経（匂ふ）
　　　　　 一字二音節　夏樫（懐かし）　管（つつ）〈助詞〉

三、その他　戯書・義訓　山上復有山（出）　金（秋）

このうち、音仮名は資料によって使用漢字に古音（古韓音）系、呉音系、漢音系といった傾向の違いが見られ、それぞれ背景となった漢字音の体系が異なっていたと推定されている（第四章「音韻史」参照）。当初は、漢文に近い文章の中に、固有名詞だけを音仮名で記す方法がとられたが、次第に漢字を日本語の語順に従って排列するようになっていった（第七章「文体史」参照）。そして、漢文には存在しない日本語の助詞などが万葉仮名で示されるようになった。『古事記』序に、

已《すでに》因《よりて》レ訓《よみに》述《のべたる》者《は》、詞《ことば》不《およばず》レ逮《》レ心《こころに》。全《またく》以《もちて》レ音《こゑを》連《つらねたる》者《は》、事趣《ことのおもぶき》更長《さらにながし》。是以《ここをもちて》、今、或《あるは》一句之中《ひとことばのうちに》、交《まじへ》二用《もちゐつ》音訓《こゑとよみとを》一。或《あるは》一事之内《ひとことのうちに》、全《またく》以《もちて》レ訓《よみを》録《しるしつ》。即《すなはち》、辞理《ことばのすぢの》叵《がたきは》レ見《みえ》、以《もちて》レ注《しるべを》明《あかし》、意況《こころのかたちの》易《やすきは》レ解《さとり》、更《さらに》非《ず》レ注《しるせ》。

（『新編日本古典文学全集』による）

と、正訓字のみでは意味を表現しづらく、音仮名のみでは文章が長たらしくなるから、音訓を混ぜて用いたりすると、表記法についての苦心が述べられている。本文冒頭は、

天地初発之時《あめつちはじめてあらはれしとき》、於《》二高天原《たかあまのはらに》一成神名《なりしかみのなは》、天之御中主神《あめのみなかぬしのかみ》

と、正訓字を中心に記す一方で、例えば歌謡は、

夜久毛多都《やくもたつ》　伊豆毛夜弊賀岐《いづもやへがき》　都麻碁微爾《つまごみに》　夜弊賀岐都久流《やへがきつくる》　曽能夜弊賀岐袁《そのやへがきを》

（上巻―一）

と一字一音の音仮名で記している。ちなみに、この歌謡は『日本書紀』では、

夜句茂多菟《やくもたつ》　伊弩毛夜覇餓岐《いづもやへがき》　菟磨語昧爾《つまごめに》　夜覇餓枳菟倶盧《やへがきつくる》　贈廼夜覇餓岐廻《そのやへがきゑ》　（巻一―一）

のように、異なった音仮名で表記している。また、『古事記』歌謡、

岐美賀由岐《きみがゆき》　気那賀久那理奴《けながくなりぬ》　夜麻多豆能《やまたづの》　牟加閉袁由加牟《むかへをゆかむ》　麻都爾波麻多士《まつにはまたじ》　（下巻―八七）

は一字一音の音仮名で表記するのに対し、『万葉集』では、

君之行《きみがゆき》　気長久成奴《けながくなりぬ》　山多豆乃《やまたづの》　迎乎将レ往《むかへをゆかむ》　待尓者不レ待《まつにはまたじ》　（九十）

のように、『古事記』とは大きく異なり、正訓字とともに音仮名や漢文的構造によって表記している。『万葉集』は歌の表記法が様々で、『古事記』『日本書紀』と同様の一字一音による表記もあり、また左のような、略体歌と呼ばれる正訓字を主として付属語をほとんど表記しないものもある。

春楊《はるやなぎ》　葛山《かづらきやまに》　発雲《たつくもの》　立座《たちてもゐても》　妹念《いもをしそおもふ》　（二四五三）

宣命体

漢字を日本語の語順に並べ、付属語や活用語尾に当たる部分を小さな万葉仮名で示す表記法を宣命《せんみよう》体と呼ぶ。「正倉院文書天平勝宝九歳瑞字《ずいし》宣命」（七五七年）のように、

天皇我大命《すめらがおほみこと》良末等《らまと》宣布《のりたまふ》大命乎衆《をもろもろ》聞食倍止《ききたまへと》宣《のりたまフ》。此乃《この》天平勝宝九歳三月廿日天乃《あめの》賜倍留《へる》大奈留《なる》瑞乎《しるしを》頂《いただき》尓受賜波理《にうけたまはり》（下略）

と、語順が日本語に即しており、「が」「らまと」「ふ」など付属語や活用語尾に当たる万葉仮名が小書きにされているのである。この表記法は宣命の一字一句を正確に読むための工夫と考えられる。

なお、助詞「と」「を」に当たる文字が漢字と同じ大きさで書かれた宣命木簡が出土したことから、右のような小書きされた宣命体を「宣命小書体」と呼び、同じ大きさで書かれた「宣命大書体」と区別

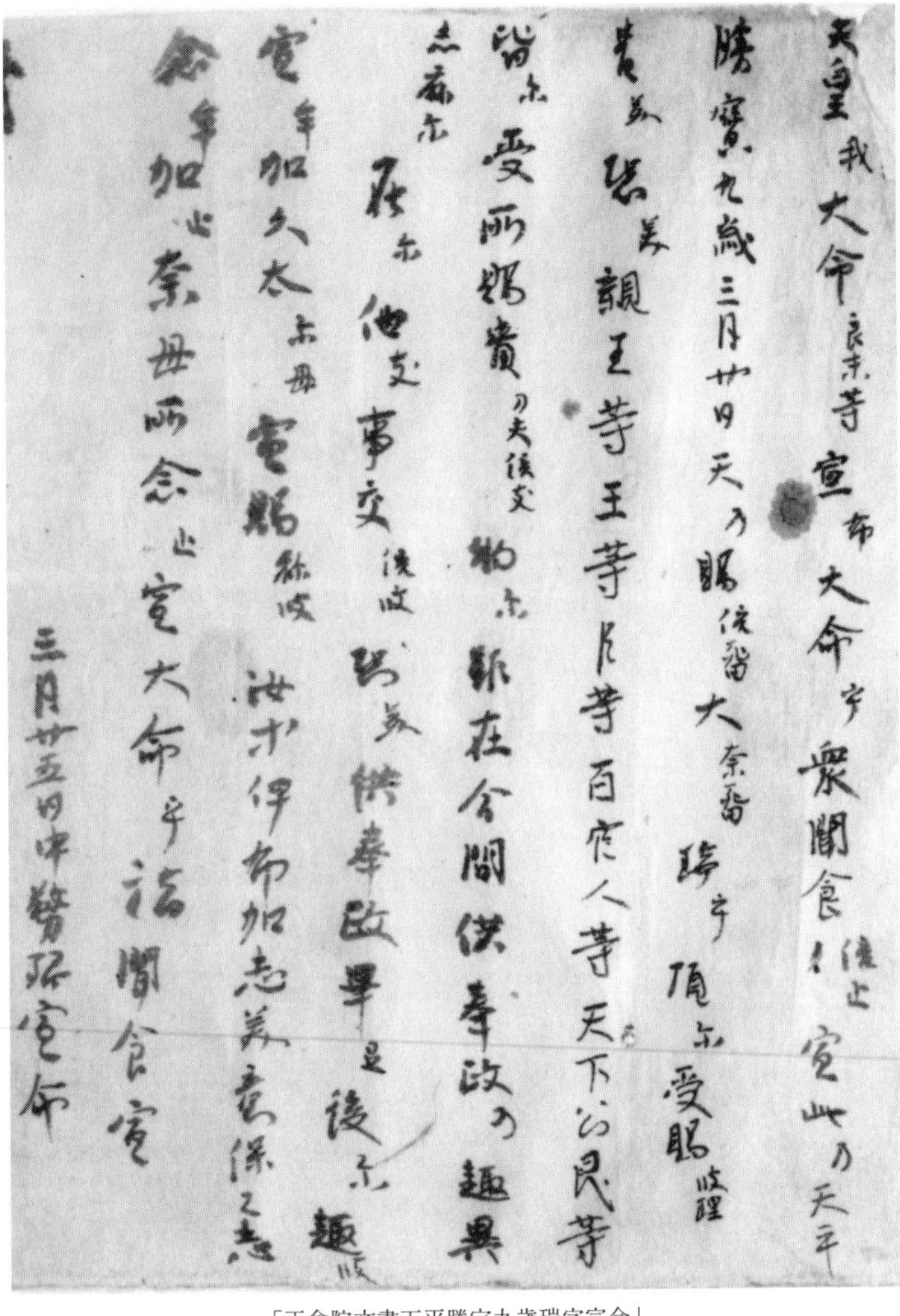

「正倉院文書天平勝宝九歳瑞字宣命」
（正倉院所蔵）

することがある。「宣命大書体」の例を、藤原宮（六九四〜七一〇年）跡から出土した宣命の木簡で次に示す。

□御《み》命《みこと》受《うけ》止《と》食《をす》国《くに》々内《うち(を)》　憂《うれひ(て)》　白《いはく》／□止《と》詔《の(り)》　大《おほ》□□乎《を》　諸《もろもろ》　聞《きこし》食《めせ》止《と》詔《の(る)》

二　仮名の発達と補助記号の成立

平仮名・草仮名

「平仮名」という名称は、文献上は一六〇三年の『日葡辞書』にある「Firagana」あたりから見られる（近年、一四七〇年成立の桃源瑞仙著「千字文 序」に「平仮名」という語が見られるとの論文が発表された〈山内洋一郎二〇一一〉）。もとは漢字を「真名《まな》」と呼ぶのに対して、あくまでも仮のものとして「仮名」と呼んだ。また、漢字を「男手」、平仮名を「女手」と呼ぶことがあるが、実際には歌合や手紙に見られるように男も平仮名を使用していた。

漢字や万葉仮名に慣れるに従って、その書体が行書・草書化するものもあった。七六二年頃の「正倉院万葉仮名文書」（甲・乙）は、ほとんど行書化した万葉仮名で記されている。そして、九世紀前半の「多賀城跡漆紙《うるしがみ》仮名文書」や、八六七年の「有年申文《ありとしもうしぶみ》」（讃岐国司解端書《さぬきのこくしのげ》とも）、八九一年の円珍自筆『病中言上書《びょうちゅうごんじょうしょ》（草稿覚書）』は、草書化した万葉仮名で記された、万葉仮名から平仮名への移行段階の仮名である。この段階の仮名を「草仮名」と呼んでいる。そして、『土左日記』（藤原為家監督書写本）などの時代になると、もととなる漢字を意識させない独立した平仮名の文字体系となった。

仮名文学作品においては、美的意図をもって、装飾的に、特殊な字母で、漢字の形を色濃く残した仮名を使用した資料が見られる。コラム「平仮名字母と草仮名の変遷」に示した伝小野道風（八九四〜九六

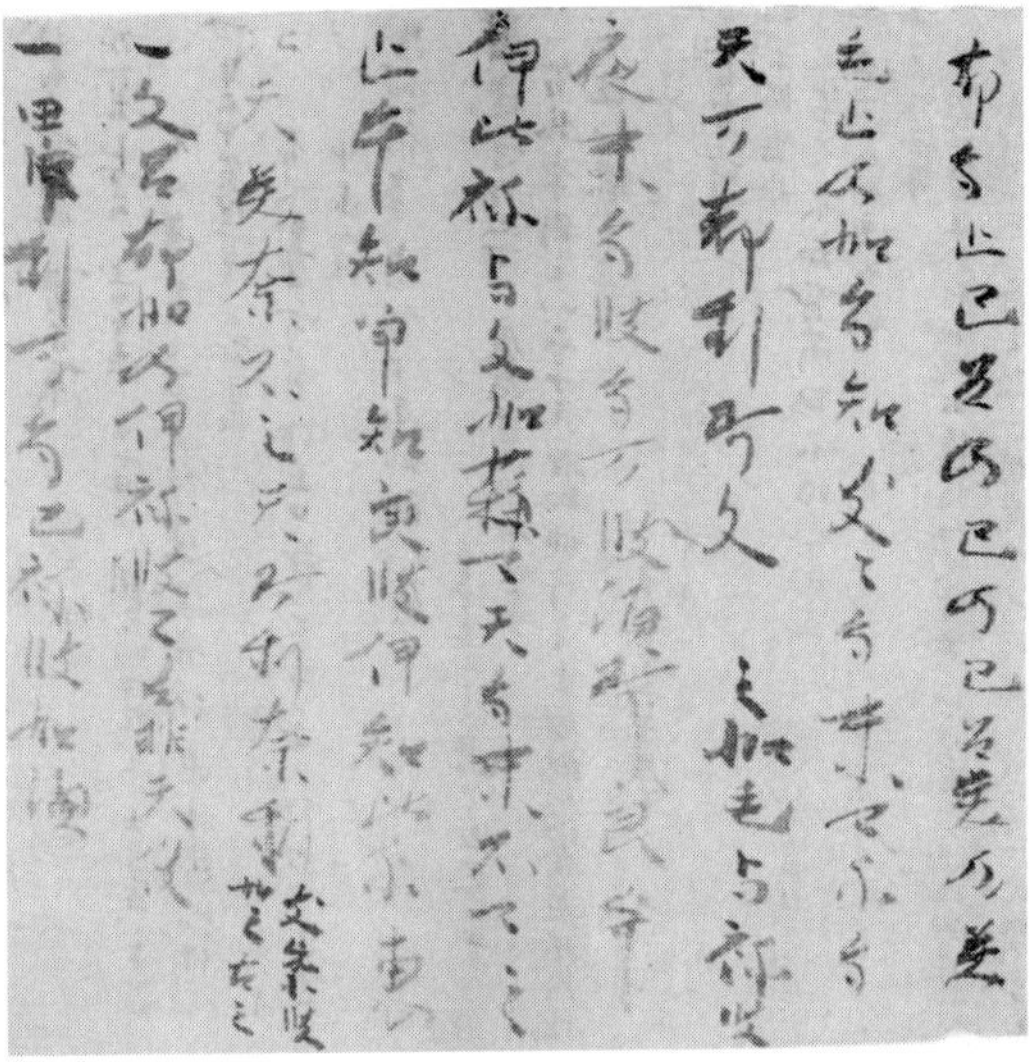

「正倉院万葉仮名文書（甲）」（正倉院所蔵）

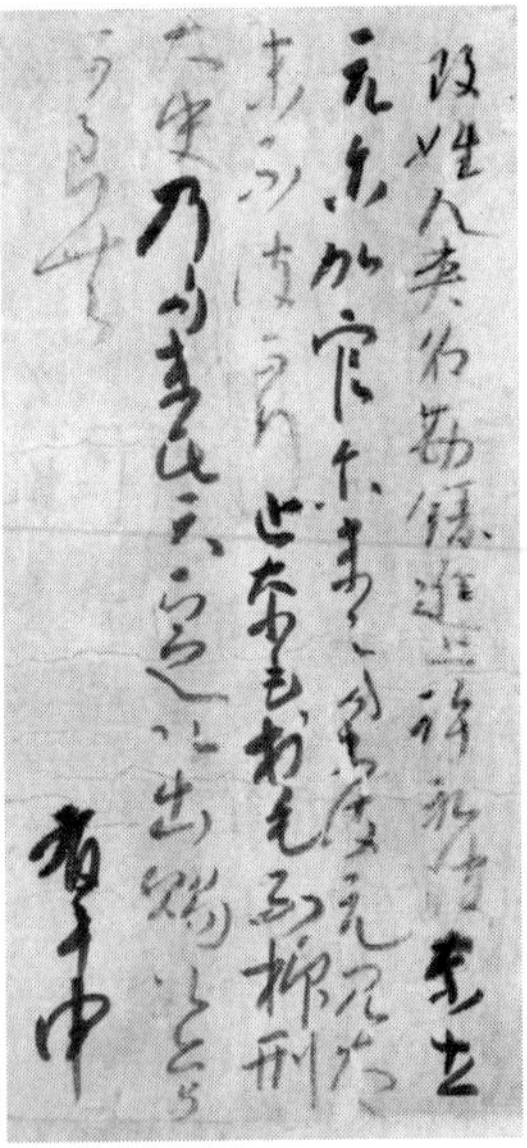

「讃岐国司解有年申文」（藤原有年、国宝）
（東京国立博物館所蔵 Image: TNM Image Archives）

六年）筆『秋萩帖《あきはぎじょう》』はその代表的資料とされる。このような装飾的な仮名も「草仮名」と呼ぶ。この種の「草仮名」の字母は『万葉集』などの万葉仮名の字母とは一致せず、『新撰万葉集』や『日本紀竟宴《きょうえん》和歌』など平安中期の万葉仮名と一致するものが多いと指摘されている（築島裕一九六九）。『元永《げんえい》本古今和歌集』（一一二〇年書写）や十一世紀中頃の高野切『古今和歌集』は平仮名と草仮名が混在しているが、その後も、草仮名が平仮名と併用され、平仮名の字母を増加させることとなった（築島一九六九、矢田勉二〇〇〇）。

平安中期の文献に記述される（後述）「さう」「さうのかんな」や書道の世界での「草仮名」は装飾的意図を持つものを指しているが、万葉仮名から平仮名への移行期の「草仮名」は「平仮名」との区別が容易ではなく、装飾的意図を持つ「草仮名」のみを「草仮名」とすべきだとする考え方がある（矢田二〇

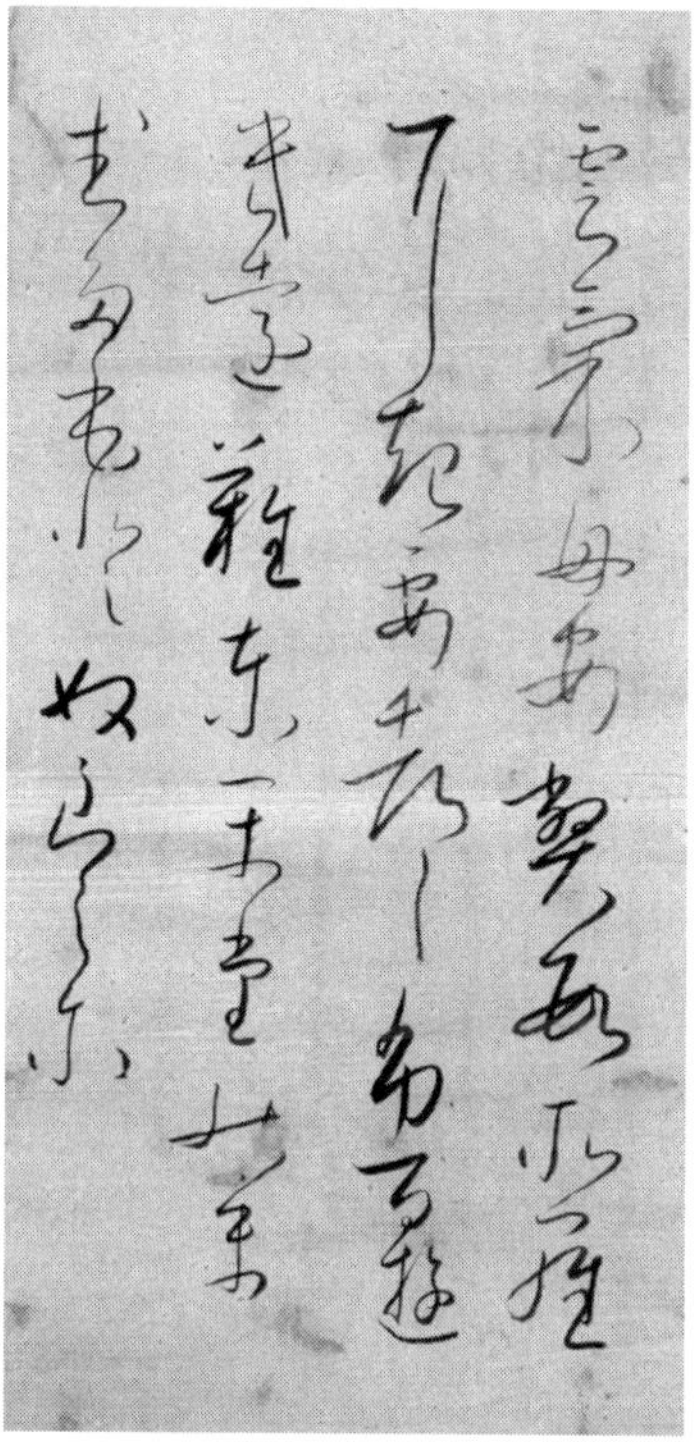

『秋萩帖』（小野道風（伝）、国宝）
（東京国立博物館所蔵 Image: TNM Image Archives）

掲載部分は次のようにある。
雲気母安弊数所羅
耳起要都々布留遊
幾遠難東閑堂能末
武多毛登奴良之尓

〇〇)。

近代まで一音節に対して多種の字母に由来する字形が用いられていたが(コラム「平仮名字母と草仮名の変遷」参照)、一九〇〇年の「小学校令施行規則」で現行の一字一音節の平仮名が定められた。

■コラム■平仮名字母と草仮名の変遷

平仮名と草仮名で、どのような字母が使用されたかの変遷を対照させる。上段に現行の平仮名とその字母、以下の段に平仮名への移行段階の資料として「正倉院万葉仮名文書」と、「有年申文」、平仮名資料の『土左日記』(貫之自筆本を一字違わず書写したとされる藤原為家本及び青谿書屋《せいけいしょおく》本)、そして草仮名資料として『秋萩帖』、両仮名が混在した『元永本古今和歌集』、次に草仮名以後の平仮名資料として『土左日記』(藤原定家本)、最下段に一八九七年『広日本文典』を示した。装飾を意図した草仮名資料(秋萩帖)や草仮名を含んだ資料(元永本)では字母が多い。

現行		「正倉」	「有年」	『為家』	『秋萩帖』	『元永本』	『定家』	『文典』
あ	安	阿		安	安阿	安阿悪	安阿	安阿
い	以	伊	以	以	以移意	以伊意	以伊	以
う	宇	宇		宇	宇有雲	宇有	宇	宇
え	衣			衣		衣盈	衣盈	江衣
お	於	於	於	於	於	於	於	於
か	加	加可	加可	加可	加可我閑賀	加可我歟佳香閑駕	加可	加可
き	幾	支伎		幾支	幾起	幾支木起喜	幾支起	幾起

ふ	ひ	は	の	ね	ぬ	に	な	と	て	つ	ち	た	そ	せ	す	し	さ	こ	け	く
不	比	波	乃	祢	奴	仁	奈	止	天	川	知	太	曽	世	寸	之	左	己	計	久
布不	比非	波	乃	祢	奴	尓	奈	止	弖天	都川	知	太多	蘇序		須	之	佐	古己	気	久
不	比	波	乃			尓	奈	止	天			太多		世		之		許		
不	比	波	乃能	祢	奴	仁尓	奈那	止	天	川	知	太多	曽	世	数須	之	佐散	己	計	久
不布	比非飛悲	波者破	乃能	祢年	奴努	仁尓耳	奈那難	東徒度登	天轉	川都	知地	多堂當	所處	世勢	春数	之志事新	左斜散	己古故許	計気	久
不布婦	比日火非妣飛備悲避	波八半者盤	乃能野農濃	祢子年熱	奴努	仁二尓耳児	奈名那菜難	止東度砥登	天弖㐰帝轉	川津徒都	知千地致	太多堂當	曽所處楚	世勢聲	寸寿受春須数	之四志事新	左佐沙斜散	己子古児故	計介気希遣	久九具俱
不布婦	比日飛	波八者	乃能	祢	奴	仁尓耳	奈那	止登	天帝	川徒	知地	太多堂	曽楚	世	寸春須数	之志新	左佐散	己古	計介気遣	久具
不	比飛	波八者盤	乃能	祢	奴	仁尓	奈那	止	天	川徒	知	太多	曽楚	世	寸須春	之志	左佐	古己	計希介	久

現行		「正倉」	「有年」	『為家』	『秋萩帖』	『元永本』	『定家』	『文典』
へ	部	部		部	部倍弊	部倍邊	部遍	部遍
ほ	保	保		保	保報	保本奉	保本	保本
ま	末	末万	末	末	末萬	末万麻萬満	末万満	末満
み	美	美		美	美見	美三見微	美三	美三
む	武	牟	无無	武无	武牟無	武无牟無舞	武	武無
め	女	米		女	女面	女免面	女免	女免
も	毛	毛	毛	毛无	毛无母裳	毛无母茂裳	毛	毛
や	也	夜		也	也夜耶	也耶	也	也
ゆ	由	由		由	由遊	由遊	由遊	由
(江)				江	要	江		
よ	与	与	与	与	与餘	与餘	与	与
ら	良	良	良	良	良等羅	良羅	良	良
り	利	利	利	利	利里理	利李里理	利里	利里
る	留	流		留	留流	留流累類	留流累類	留
れ	礼	礼	礼	礼	礼	礼禮連	礼連	礼連
ろ	呂	呂		呂	呂	呂楼	呂	呂
わ	和	和		和	和王	和王倭○	和王	和王
ゐ	為			為	為	為井	為	為
ゑ	恵	恵		恵	恵	恵衛	恵	恵

を	遠	乎		遠乎	遠	遠乎尾越緒	遠乎越	遠越
ん	无						无	

片仮名

　奈良時代末期以降、僧が経典を学ぶ際、講義時の読み方を記録するために、漢文の行間に助詞「テニヲハ」や読み方などを万葉仮名で書き込むことがあった。現存資料で古いものは醍醐寺蔵『梵網経《ぼんもうぎょう》』巻上（平安時代初期点）などがある。余白に小さく、手早く記す必要があったため、「伊」なら「イ」「尹」のように漢字の一部分を利用した省画体を用い、一部は漢字の草書体を用いた。それが片仮名へと発展してゆくのである。片仮名はあくまで個人の記録のためのものであったため、平安時代初期の字形は資料によって異なっていたが、平安時代中期以降、天台宗や真言宗の僧侶が、省画体を中心に用いるようになり、直線的な字形にまとまっていった。

　近年、片仮名のような省画体使用の源流が朝鮮半島にあるという指摘もなされているが（小林芳規二〇〇四）、この点については更なる検証が待たれる。

　現在の片仮名体系は、平仮名と同じく一九〇〇年の「小学校令施行規則」によって制定された。次に現行の片仮名とその字母、および平安時代初期の字母を対照させる（小林〈一九九八〉を参考にした）。なお、二音を一字で表す表記も行われた。「シテ」を「〆」、「コト」を「ㄱ」と記したのは平安時代のヲコト点（コラム「ヲコト点」参照）に由来するものであり、中世には「トキ」を「ㅏキ」、「トモ・ドモ」

を「乇」と書くことがあった。そして、「抄物書《しょうもちがき》《しょうもの》」と呼ばれる漢字の省画用法も見られる。「菩薩」を「𦬇」、「菩提」を「𦬆」、「娑婆」を「𡚱」などと書くもので、中世以降盛んに用いられた。また、東国抄物《しょうもの》では「ソウ」を「走」、「ヨウ」を「羊」、「ロウ」を「郎」と当てて表記した例が見られる。

現行	平安時代字母
ア阿	阿安
イ伊	伊
ウ宇	宇有
エ江	衣
オ於	於
カ加	可加何我
キ幾	己支幾
ク久	久九
ケ介	気介毛
コ己	己古子
サ散	左沙
シ之	之
ス須	須
セ世	世
ソ曽	曽
タ多	太多田他
チ千	知千地
ツ州	州津
テ天	天弖
ト止	止刀
ナ奈	奈七
ニ二	尓二仁
ヌ奴	奴
ネ祢	祢根子
ノ乃	乃
ハ八	波八者
ヒ比	比
フ不	不
ヘ部	部
ホ保	保
マ末	万末
ミ三	弥未見三美
ム牟	牟
メ女	目女米
モ毛	毛
ヤ也	也八
ユ由	由
(江)	江延兄
ヨ与	与
ラ良	良
リ利	利
ル流	留流
レ礼	礼
ロ呂	呂
ワ和	和
ヰ井	為井
ヱ恵	恵
ヲ乎	乎
ン	

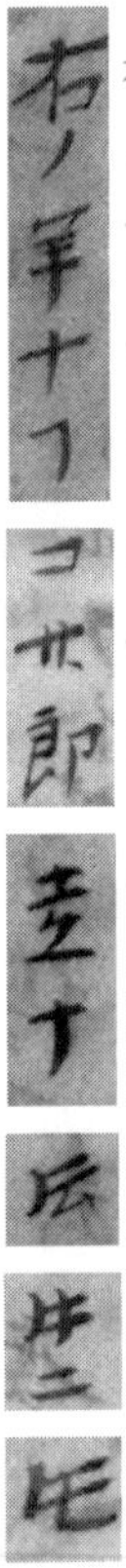

右 ノ ヤウ（ヨウ） ナ コト ゴ ザ ラウ（ロウ） サウ（ソウ） ナ トイフ トキニ トモ

抄物書『碧巌録抄』部分（京都大学文学研究科所蔵）

平仮名と片仮名の使い分け

平仮名も片仮名も万葉仮名からの移行段階では、「お」「か」「こ」「ち」「ぬ」など近似した字形も使用したが、平仮名と片仮名が別々の文字体系であるという意識も早くから成立している。八九七年頃の宇多天皇宸翰『周易抄《しゅやくしょう》』では、『周易』の本文より字句を抜き出し、平仮名で語句の注釈を施し、片仮

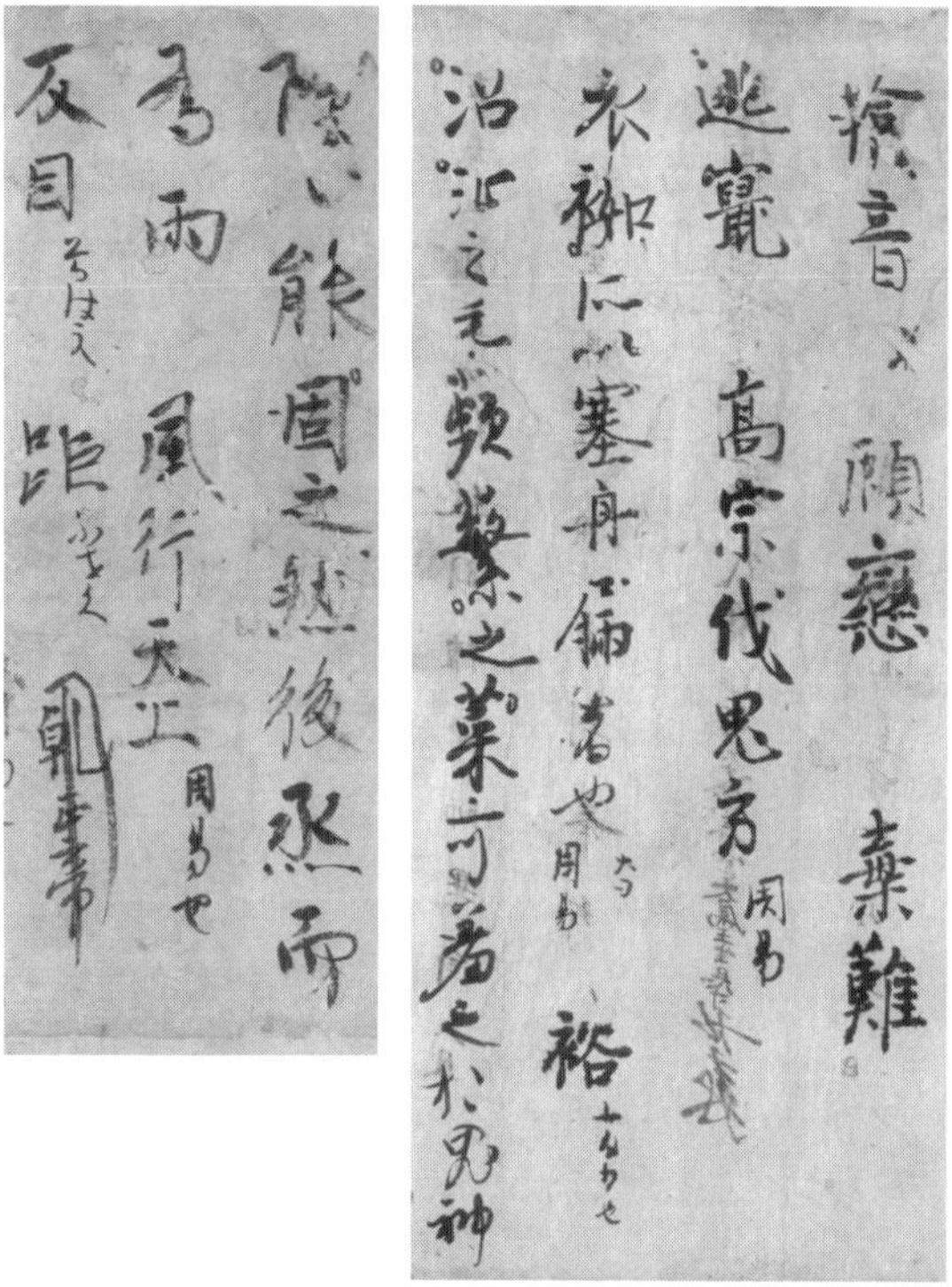

『周易抄』より(宮内庁蔵)
右の写真の３行目に「ユタカ」、左の写真の３行目に「ふせく」とある。

名で読みを示している。また、九五一年に建立された醍醐寺五重塔の天井板には、「サシカハス」で始まる和歌が片仮名と平仮名とで別々に落書きされている。

また、『堤中納言物語』「虫めづる姫君」に「(平)仮名はまだ書きたまはざりければ、片仮名に」とある。そして『宇津保物語』「国譲上」の右大臣から手本が送られてきた場面には、真の手・草・仮名・男手・女手・男手でも女手でもない字体・さしつぎ・片仮名・葦手と、多種の字体あるいは書風と思われる名称が記されている。それぞれがどのようなものであるかは不明であるが、平仮名、片仮名や先述の草仮名などを含めた複数の仮名字体や書風を認識していたことが判る。

■コラム■ヲコト点

ヲコト点は、漢文を訓読する際に補読すべき助詞や助動詞などを点や鉤などの符号で書き入れたものである。漢字の周辺や内部に、左図に示すような「・」「¬」「|」「一」等の符号を記入して、テニヲハやケリ・ムなどの助詞・助動詞などを補読することを指示した(符号を指す場所を「壺」と呼ぶ)。

現存資料では平安時代初期の正倉院聖語蔵《しょうごぞう》『羅摩伽《らまか》経』に左下(テ)・左辺中央(ノ)・左上(ヲ)・上辺中央(ニ)・右上(カ)・右辺中央(ハ)・右下(ト)の七箇所に「・」が記されているのが早い例である。その後ヲコト点は急速に発達し、天長五(八二八)年に加点された『成実論《じょうじつろん》』では「・」の他に「|」「一」「レ」「ヒ」などの符号を用いて五十数種類の点が区別されている。片仮名と同様に、ヲコト点も当初は個人的な記録という性格があり、学統が異なれば同じ位置に同じ符号が付されていても読みは異なっていたが、主に天台宗・真言宗の僧侶の間で用いられている間にそれぞれの流派で統一されていった。

現在、ヲコト点は大きく第一〜八群点の八種類に分類されている。例えば第一群点と呼ばれる系統は、

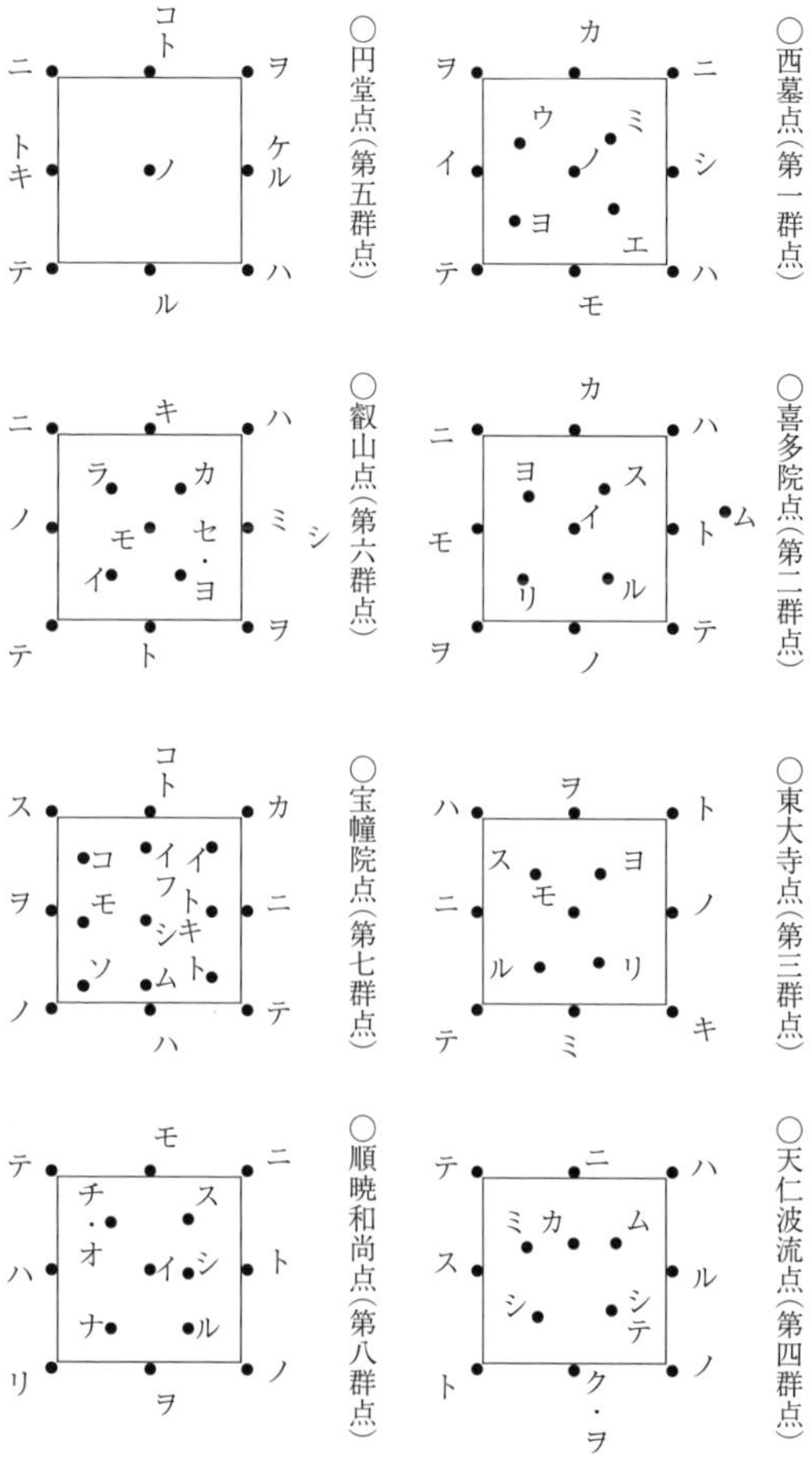

主要なヲコト点図（『日本語学研究事典』より）

四隅が左下から時計回りに「テ・ヲ・ニ・ハ」と読むもので、この系統は更に三井寺の僧が用いた「西墓《にしはか》点」と、延暦寺の一部で用いられた「仁都波迦《にとはか》点」等と分類され、ヲコト点の種類から、どの学統の人の加点かが推定できる。ヲコト点資料が最も多く残っているのは院政期である。

仏家で発達したヲコト点は、大学寮の博士家でも用いられるようになった。四隅が「テニヲハ」となる第五群点から生じた「古紀伝《こきでん》点」や「明経《みょうぎょう》点」などがそれである。しかし、鎌倉時代中期には片仮名の字体も標準化が進み、片仮名のみで訓点を記入することが一般的となったので、ヲコト点は衰退した。

撥音・促音・長音

平安時代になると音便が生じる（第四章「音韻史」参照）。例えば「呼びて→呼ムで」「なにそ→なンぞ」のような形で撥音便が生じる。平安時代には「み」「び」などが撥音化した唇内撥音（m）と、「に」「ぬ」が撥音化した舌内撥音（n）とが区別されていた。九三五年頃の『土左日記』に唇内撥音（m）は「つむたる（tumdaru）」（摘むだる）と「む」で書かれ、舌内撥音（n）は「ししこ（sinziko）」（死にし子）と無表記であったように両者は区別されていた。訓点資料でもm撥音は「ム」、n撥音は無表記で区別されていることが多かったが、平安時代中期頃から唇内撥音と舌内撥音との区別が失われ始めたため二つの撥音便は、平仮名では「む」あるいは「ん」で表記し、片仮名でも区別せずに書かれることもあった（ただし、仮名「ん」は「無（无）」を字母としており、「む」「も」の異体字としても用いられていた）。「ん」が撥音専用仮名となったのは一八七三年の教科書『小学教授書』からである。

促音も、平安時代までは原則として無表記であった。辞書や訓点資料では「レ」のような符号や撥音と同じ「ン」「ム」で書かれることもあったが、一般的には無表記で、院政期頃から「ツ」で書く文献が現れる。高山寺蔵『古往来』（院政末期）に「追」に「ヲツテ」、「訴」に「ウツタウ」と傍訓を記す例などである。

平仮名文献でも無表記であったが、のちに「ん」で記す例が、高野山西南院蔵『往生要集』（一一八二年写）に「もんて（以て）」、「いんすく（一宿）」などから見られる。金春禅竹自筆『五音之次第』（一四五五年）では「つ」を「つ・徒」、促音を「ッ」と書き分けていることも指摘されている（遠藤邦基二〇〇二）。「つ」に対して促音を「ツ」と書き分けるのは『貴理師端往来《きりしたんおうらい》』（十六世紀後半）でも見られ（土井忠生一九六三）、「つ」を「徒」とし促音を「つ」とする書き分けが『虎明本狂言集』（一六四二年）に見られる（安田章二〇〇九）。このように平仮名文献でも促音は「つ」だけでなく「ツ」で書くことがあり、明治初期の教科書『うひまなび』でも「にツき、ほツけ、ぜツく」と記している。

一方、促音を小書きの「ッ」で記したものは、発音を重視した資料に見られる。古いものでは一二七〇年の天台宗大原流声明譜本があり、世阿弥自筆能本『盛久《もりひさ》』（一四二三年）などでも使用される（沼本克明一九九七）。

長音は、『古事記』歌謡に「亜亜音引志夜胡志夜、此者伊能碁布曽、阿阿音引志夜胡志夜、此者嘲咲者也」とエ「亜」やア「阿」の同母音を重複させ、かつ「音引」と注を施した例や、奈良時代末期の『新訳華厳経音義私記《しんやくけごんぎょうおんぎしき》』に「蚊　加安」と同母音「安」を重複させる例が見られる。現在と同じ長音符号「ー」の使用例は『山槐記《さんかいき》』「治承二〈一一七八〉年正月十八日」に「仰云的懸マートーカケ如此仰也。マ字ト字間長、ト文字カ文字又同」が古いようであるが、「字間長」の注記は「ー」の符号が私的なものであることを示している。この長音符号は一般化せず、「マア」「サア」のように同母音を重複させる例が抄物・狂言資料

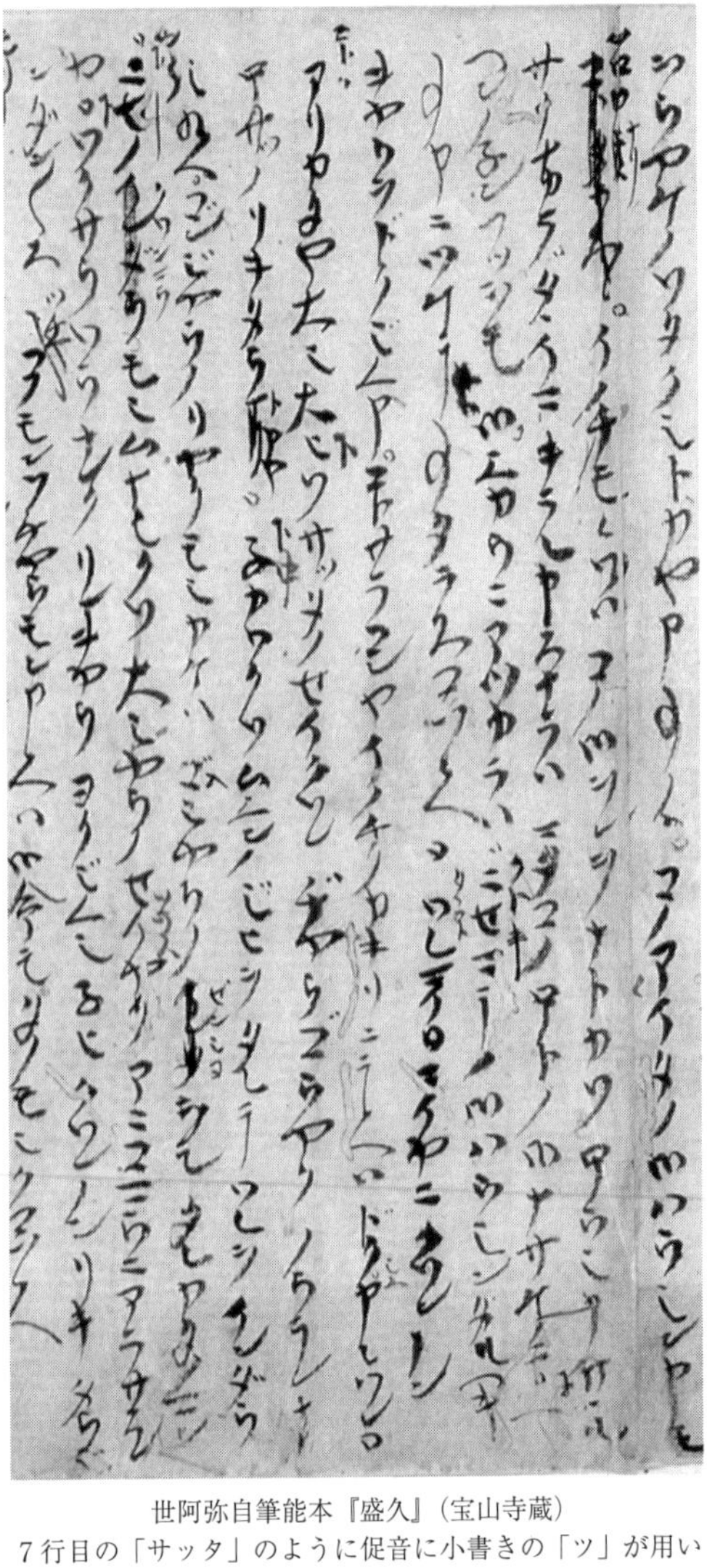

世阿弥自筆能本『盛久』（宝山寺蔵）
7行目の「サッタ」のように促音に小書きの「ツ」が用いられている。

などに見られる。一九〇〇年の「小学校令施行規則」で棒引き仮名遣と称して平仮名に「ー」を使用し、「がっこー」などと表記したが、一九〇八年に廃止され、現在では主にカタカナで使用することになった。

なお、現在の共通語のモーラ言語の感覚、つまり時間的に等しい長さの拍（等時拍）を基盤とする感覚からは、撥音・促音・長音を示す記号の定着が遅いように感じられる。それに関して古代日本語がシラビーム言語、つまり拍の長さの等しさを基盤としない言語であったと捉える考え方があり、右に見た無表記の現象は、古代のシラビーム言語期においては、撥音・促音・長音を一拍として意識していなかったからだとも考えられる（第四章「音韻史」参照）。

濁点・不濁点と半濁点

上代の万葉仮名文献では、『古事記』『日本書紀』や、『万葉集』の一部等で清濁をよく書き分ける一方で、木簡や「正倉院万葉仮名文書」等の清濁を書き分けない資料も見られる。また、一〇七九年書写・承暦三年本『金光明最勝王経音義《こんこうみょうさいしょうおうきょうおんぎ》』の濁音専用仮名（ガに対して「何・我」、ザに対して「坐」など）が有名であるが、この方式は主として万葉仮名による表記の場合に用いられ、平安初期にも散見する。一方、濁音符号を付す方式も平安初期から見られる。例えば、石山寺蔵『金剛界儀軌《こんごうかいぎき》』寛平元（八八九）年点の陀羅尼《だらに》部分に「氵（三水偏）」を加えて濁音を示している。両者のうち、濁音専用仮名の方式は一般的にはならず、濁点方式が発達した。陀羅尼部分だけでなく、漢字にも濁点が付されるようになり、やがて仮名にも濁点が付されるようになる。その記号は、「、」「゛」「゜゜」「⊸」「⊸」「〃」「〃」というような形式であったが、やがて、「゛（゜゜）」「⊸（⊸）」へと収斂していった。もとは声点であったので、声調と同時に濁音を示すという形式になるため、声調に応じてその位置も変化した。室町時代頃には声調から独立して濁音のみを示すようになり、位置も右上に固定し始めた。

平仮名文献では濁点を使用しなかったが、藤原定家以降、和歌や古典の「読み癖」を示すために濁点を付けることがあった。

濁点を付ける文献でも、すべての濁音に付けられたのではなく、濁音でありながら濁点の付かない字も多かった。そこで濁点と逆の発想として、その字が濁音でないことを明示する「不濁点」も使用された。一四六六年以前に成立した京都大学蔵『漢書列伝竺桃抄《じくとうしょう》』や一四九〇年以降書写の広本系・文明本『節用集《せつようしゅう》』などでは、「。」を漢字や仮名の右肩に記し、その文字を濁音で読まないことを示した（小松英雄一九七一、沼本一九九七）。

「ぱぴぷぺぽ」に用いられる半濁点「。」は、一四四二年写、一五二〇年頃までに振仮名が付された『和漢朗詠集《わかんろうえいしゅう》』や一五九六年頃までに成立した黒川本『日蓮聖人註画讃』が早いようであり（山田忠雄一九七二）、一五九八年刊のキリシタン版国字本『落葉集』にも「いっぽん（一本）」のように用いられた。江戸時代初期の平仮名資料では、「。」「ﾟﾟ」「、」「ゝ」などで「パ」行音を示したが、唐音《とういん》資料（第四章「音韻史」参照）では「。」で「パ」行音を示した。この唐音資料での「パ」行音の記号が半濁点の定着に大きな影響を与えたとされる（沼本一九九七）。

なお、「。」は半濁音の他にも、発音上注意を要するものを示す記号としても使用されていた。例えばキリシタン資料の写本の中で「さんぢ（sancti）」の「ち（ti）」、「すぴりづす（spiritus）」の「つ（tu）」は、日本の「ち（chi）」「つ（tsu）」の発音ではないことを示している。近世の唐音資料では「ざ」が「ツァ（tsa）」を示している。また、式亭三馬は一八〇九年刊『浮世風呂』で田舎ことばの[ga]行音を「しろきにごり」と称して「がぎぐげご」と表記するのに対して、一八五九年の三浦命助著『獄中記』では「が」が鼻音「ンガ」（nga）を示していた（沼本一九九七）。

踊り字

踊り字は漢字受容のときから「ゝ」が使用され、漢字に対しては「々」、仮名に対しては「ゝ」を使

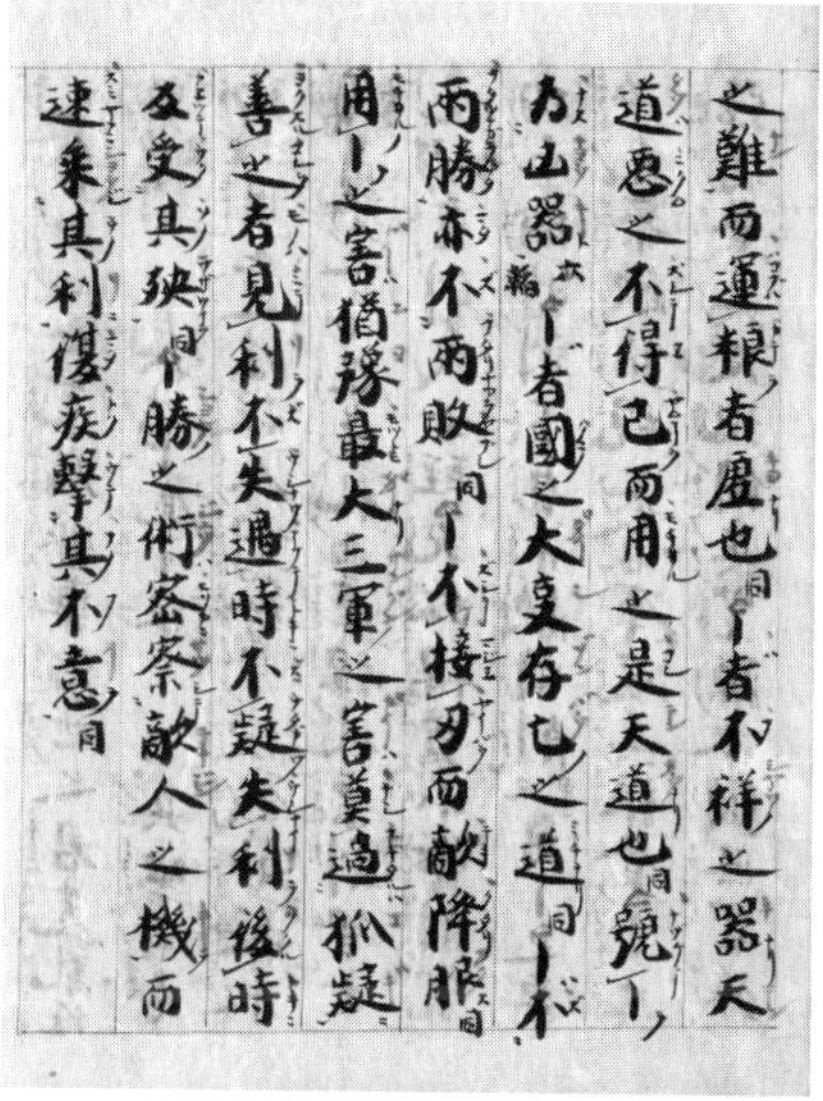

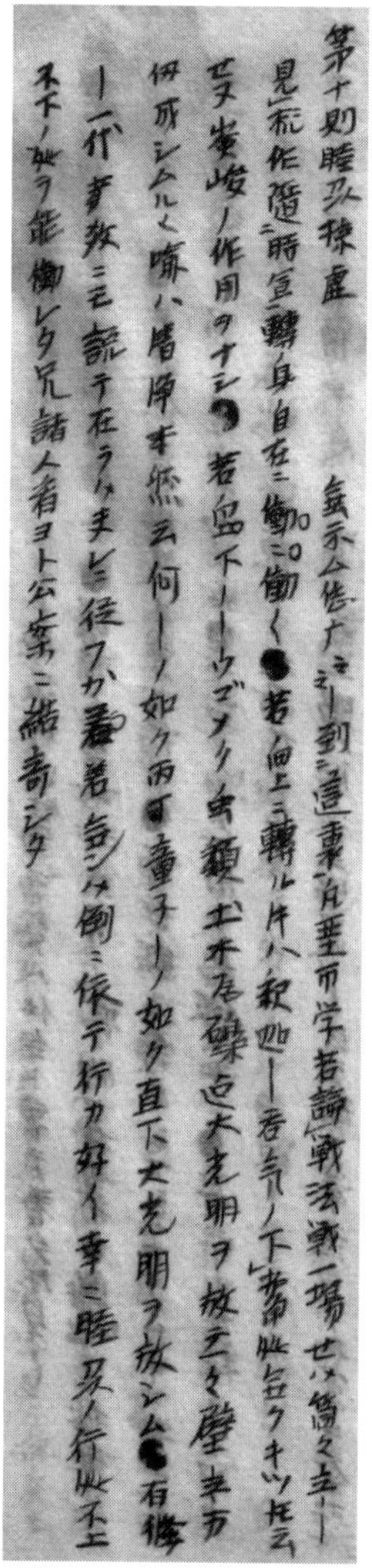

上：不濁点『雑事類書』より（国立国会図書館デジタル化資料）
広本系・文明本節用集。３行目に「ダイシ」、５行目に「サングン」「ガイ」

左：濁点『碧巖録抄』より（京都大学文学研究科蔵）
室町末。濁棒（１・５行目）、濁単点（５行目）、濁双点（３行目）。抄物書（２行目）

用した。「〱」は二字以上の踊り字で、「丶丶」が連綿して生じたものである（片仮名でも使用された）。この「〱」の起筆位置は、平安時代以降、反復する一字目の右下部から次第に下に移動し、室町時代以降に二字目より下になったという（小林一九六七）。

踊り字は、語頭や句頭などの文脈上の句切れや行頭では使用しないことから、自然と句切りを表示する機能を併せ持っていた。しかし、平安時代の仮名写本では語頭や行頭でも踊り字を使用することがあった。また、『日本書紀』の十一世紀以降の写本では、訓点を記入するために、踊り字を使用せず同字を連続させている（犬飼隆二〇〇五）。

三　句切り符号の歴史

句読点の歴史

現在日本語を表記する際に、縦書きでは句点「。」と読点「、」を、横書きでは「．」「，」を、公用文では「。」「，」を使用し、この他に並列点「・」を使用している。このような現在の句読点の使用法は、近代以降にヨーロッパの句読法の影響を受けたものであり、現代語でも句読点の用法は明確に規定されているわけではない。

句切り点は、もともと漢文読解のために付されたもので、七四五年以前に日本で書写された『李善註文選抜書《りぜんちゆうもんぜん》』にも「、」が使用されている。七八三年と七八八年の奥書がある『華厳刊定記《けごんかんじようき》』巻第五では「、」が、漢字の下に読点（切点）として、右下に句点として用いられている。

中世に入ると、一四一九〜二〇年写の延慶本『平家物語』等の和漢混淆文で句点・読点の区別なく「、」

が使用されるようになった。また、一五五三年写の『土左日記』（三条西家旧蔵本）等の和文でも句点・読点の区別なく「、」や「。」が使用された。

句読点以外の句切り

点による句切りは、中世に入るまで和文には使用されなかったが、和文でも各種の表記法によって句切りが示されていた。

宣命小書体と漢字仮名交じり

先述の宣命小書体では、付属語を小書きした結果、自立語と付属語の境界や文節ごとの句切りが示される結果となった。この機能は、『今昔物語集』のような「小書きのカタカナ」の形式、延慶本『平家物語』のような「大書きのカタカナ」の形式、漢字平仮名交じり文の形式でも同じである。

墨継ぎ・連綿

正倉院には万葉仮名文書が二通あり、三七頁で言及した乙文書は行書体で句切る意識なく書かれており、読み取りが困難であるが、甲文書（七六二年頃）は、墨継ぎ・改行・分かち書きなどで句切りの工夫が見られる（犬飼二〇〇五）。甲文書の原文に、墨継ぎを太字で、改行を「／」で、分かち書きの空白を「□」で示し、現在の解釈で句点を打つ箇所に「。」を添えて示すと、次に挙げるように「。」を打つ箇所と、墨継ぎ・改行・分かち書きをした箇所とに対応が見られるのが判る（三八頁図版参照）。

布《ふ》多《た》止《と》己《こ》呂《ろ》乃《の》己《こ》乃《の》己《こ》呂《ろ》乃《の》美《み》美《み》（「乃」の右下に転倒符号がある）／

毛止乃加多知支々多末部尓多《もとのかたちききたまへにた》／**天**万都利阿久《てまつりあく》。□**之**加毛与祢波《しかもよねは》／夜末多波多万波須阿良牟《やまたはたまはすあらむ》。／**伊**比祢与久加蘇部天多末不部之《いひねよくかそへてたまふへし》。／**止**乎知宇知良波伊知比尓恵《とをちうちらはいちひにゑ》／比天**美**奈不之天阿利奈利《ひてみなふしてありなり》。**支**気波《きけは》／加之古之《かしこし》。／一久呂都加乃伊祢波々古非天伎《くろつかのいねははこひてき》。／一田宇利万多己祢波加須《たうりまたこねはかす》。

（解釈＝二所の此頃の御許の様子聞き給へにたてまつり上ぐ。しかも米は山田は給はずあらむ。飯ねよく数へて給ふべし。十市宇知らは櫟に酔ひて皆伏してありなり。聞けば畏し。一、くろ塚の稲は運びてき。一、田売まだ来ねば貸す。）

また、万葉仮名の草書化とともに、何文字かずつ連綿（続け書き）で書くようになる。現存資料では「有年申文」あたりから見られる（三八頁図版参照）。右と同じ示し方の上で、更に連綿の箇所を傍線で示すと次のようになる。

改姓人夾名勘録進上。これは**なせ**／むにか官にまし たまはむ見た／まふばかり**と**なもおもふ。抑刑／大史**の**たまひて定以出賜。いとよ／からむ。**有**年申このように、句切りまでは墨を継がずに書こうとした結果、墨継ぎが句切りを示し、連綿が句切りの手がかりを与えるようになったのである。

藤原定家の句切り

藤原定家（一一六二〜一二四一年）は『下官集《げかんしゅう》』（『僻案《へきあん》』とも）に句切りや改行に関する意見を記している（句読点や返り点等は筆者）。

一　仮名字かきつゝくる事
としのう　ちには　るはきにけ　りひ
とゝせをこ　そとやい　はむことし
如レク此ノ書ク時、よみ《読》とき《解》かたし。句をかき《書》ゝる《切》大切　よみやすきゆへ《故》也
としのうちに　春はきにけり　ひとゝせを
こそとやいはん　ことしとやいはん
仮令《たとへば》如レク此ノ書ケ

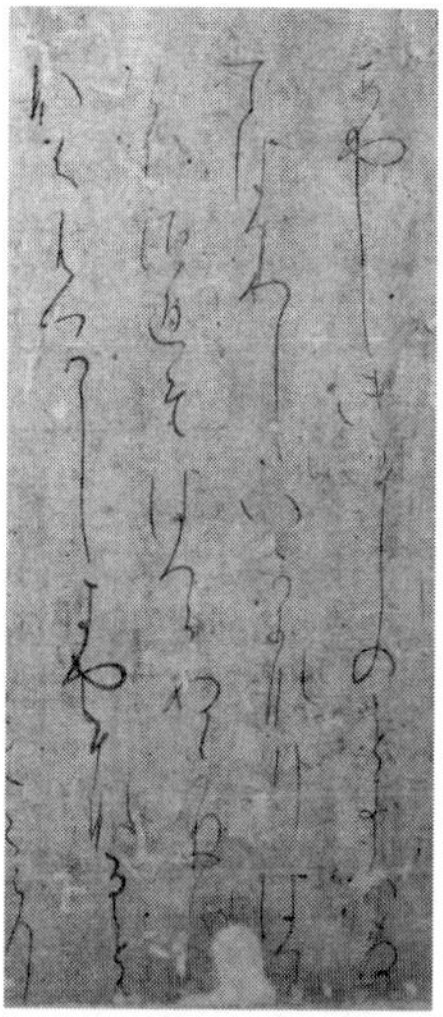
仮名消息「稿本北山抄巻第十」紙背より（京都国立博物館所蔵）

このように、「よみやすき」ように「かきる」重要性を述べたのである。しかも、定家自身が仮名作品を書写する際には、句切りを示すために異体仮名（変体仮名）を活用したと言われている（小松二〇〇〇）。加藤良徳（二〇〇一）によりその例を示す（カッコ内は通常の仮名）。

文節頭を示す仮名……か(可)、志(し)、堂(た・多)、止(と)、布(ふ・婦)

文節末を示す仮名……須(す)、那(な・奈)、に二(尓)、八盤(は・者)

この定家による書き分けは、室町時代の連歌資料・日本大学蔵『土左日記』(一六〇〇年写)・キリシタン版の辞書『落葉集《らくようしゅう》』(一五九八年刊)でも見られることが報告されている(今野真二二〇〇一)。また、定家などの影響を受けたとは思われない、中世の経済活動に関わる実用的な文書においても、語頭に「志」・語中語尾は「し」といった書き分けが指摘されている(矢田一九九五)。

四　仮名遣と表記の歴史

仮名遣の背景

平安時代から鎌倉時代にかけて、ハ行転呼音、オとヲ、語中語尾のイとヰ・エとヱなどの音の合一化が生じた(第四章「音韻史」参照)。その結果、[o][i][e]の音声に対する表記が混乱するようになった。それらの書き分け方法を定めたのが仮名遣である。

定家仮名遣

藤原定家は、『下官集』の「嫌文字事」の中で「旧草子」を見て「了見」したという「ヲの音・オの音」「え・へ・ゑ」「ひ・ゐ・い」の仮名の書き分けの実例を六十~七十語挙げている。ただし「ヲ・オ」については、当時のアクセントで高い音節を「ヲ」、低い音節を「オ」と書き分けたものである。つまり、「ヲ・オ」はアクセントによる仮名遣、それ以外は歴史的仮名遣という、二つの原理が混交している。

この「ヲ・オ」の書き分けは、『下官集』に先行する真福寺本『将門記《しょうもんき》』承徳三（一〇九九）年点や『色葉字類抄《いろはじるいしょう》』（三巻本、十二世紀中頃）などに見られるものであり、定家もこの書き分けに従ったのではないかと考えられている。

行阿『仮名文字遣』

行阿《ぎょうあ》（源知行）は『仮名文字遣』（一三六三年以降成）で『下官集』の語彙の例を千数百語に増補し、『下官集』には無い「ほ、わ・は、む・う・ふ」の例も追加した。「は・わ」「い・ひ・ゐ」「う・ふ・む」「え・へ・ゑ」「お・ほ・を」の書き分けがまとめられたことになる。これも「定家仮名遣」と呼ばれた。「ヲ・オ」についてはアクセントの変化を反映して、「おに（鬼）」が「をに」、「および（指）」が「をよび」というように表記が変わってしまった語彙もあった。この『仮名文字遣』は必要に応じて増補されたらしく諸本が多い。『運歩色葉集《うんぽいろはしゅう》』（一五四七〜八年写）や易林本《えきりんぼん》『節用集』（一五九七年刊）、中世後期から近世初期の連歌資料などは、『仮名文字遣』の影響が指摘されている。この後も、伝一条兼良《かねら》著『仮名遣近道』（十五世紀中期成か）、吉田元正著『新撰仮名文字遣』（一五六六年）などが続いた。

その一方で、「定家仮名遣」を批判したものに、僧成俊《じょうしゅん》写『万葉集』の識語（一三五三年）や、長慶天皇著『仙源抄《せんげんしょう》』（一三八一年）の跋文があるが、その批判はアクセント変化による「ヲ・オ」の書き分けのズレを指摘するものであった。

契沖仮名遣

江戸時代に入って僧契沖《けいちゅう》（一六四〇〜一七〇一年）は奈良時代文献の表記が、当時流布していた「定家仮名遣」と異なることに気づき、『和字正濫鈔《わじしょうらんしょう》』（一六九五年刊）を著した。約三千の用例によって、源順《みなもとのしたごう》『和名類聚抄《わみょうるいじゅしょう》』（承平年間〈九三一〜八〉頃成）以前の文献では仮名遣に混乱が見られないことを明らかにし、定家仮名遣を批判した（第八章「国語学史」参照）。

楫取魚彦《かとりなひこ》が『古言梯《こごんてい》』（一七六四年成）により『和字正濫鈔』の増補訂正を行い、本居宣長《もとおりのりなが》が『字音仮《じおんか》名用格《なづかい》』（一七七六年刊）によって字音の書き分けを示した。そして、石塚龍麿《いしづかたつまろ》が『仮名遣奥山路《かなづかいおくのやまぢ（やまみち）》』（一七九八年頃成）で奈良時代以前の文献ではキ・ヒ・ミ・ケ・ヘ・メ・コ・ソ・ト・ヌ（ノ）・モ・ヨ・ロの仮名に二種の書き分けがあることを示した。そしてこの書き分けは、昭和になって橋本進吉が再発見したと言われている。

五　漢字の日本での応用

漢字への意識

奈良時代、漢字は楷書で書かれるのが普通であったが、その書風についても、大陸での流行に敏感に反応していた。例えば則天《そくてん》文字や顔真卿《がんしんけい》（七〇九〜八五年）の書風は中国での成立から日を置かずして、遣唐使などにより日本にもたらされた。

則天武后《そくてんぶこう》（武照・武則天とも）が六九〇年に唐朝の女帝となり国号を周とし、新たに則天文字と呼ばれる二十字程度の漢字を作成し十五年間程使用した。日本では、七〇七年写の『王勃《おうぼつ》詩序』に「𠀑（天）」・「𠥱（月）」の則天文字が、七〇八年の年紀のある『下道圀勝圀依母《しもつみちくにかつくによりのはは》夫人《ぶにん》骨蔵器』（岡山県小田郡矢掛町圀勝寺蔵）に「圀（国）」の則天文字が使用されている他に、奈良時代写の『新訳華厳経音義私記』や、群馬・

石川・島根などより出土した奈良時代の墨書土器にも則天文字が使用されている。

また、唐代、顔真卿の書風が著名であったが、『多宝塔碑』（七五二年）の頃の書風が日本にもたらされ、七五五年頃から七五九年の写経事業である「善光朱印経《ぜんこうしゅいんきょう》」や、七五六年の『国家珍宝帳《ちんぽうちょう》』、奈良時代写『賢愚経残巻《けんぐきょうざんかん》』（大聖武《おおじょうむ》）に使用されている（川上貴子二〇〇五）。

国字と国訓

日本固有の事物を漢字で表記しようとするために、日本で新たに作成された漢字のことを国字と言う。鰯（いわし＝腐りやすい魚）・榊（さかき＝神前に捧げる木）・畑（はたけ＝草を焼いて開墾した陸田）・働（はたらく＝人と動の合字）などであり、奈良時代後半から増加するが、国字の総数は明確ではない。現存最古の漢和辞書『新撰字鏡《しんせんじきょう》』（九世紀末成）「小学篇字」には四百字程度の国字が掲載されている。近世にも

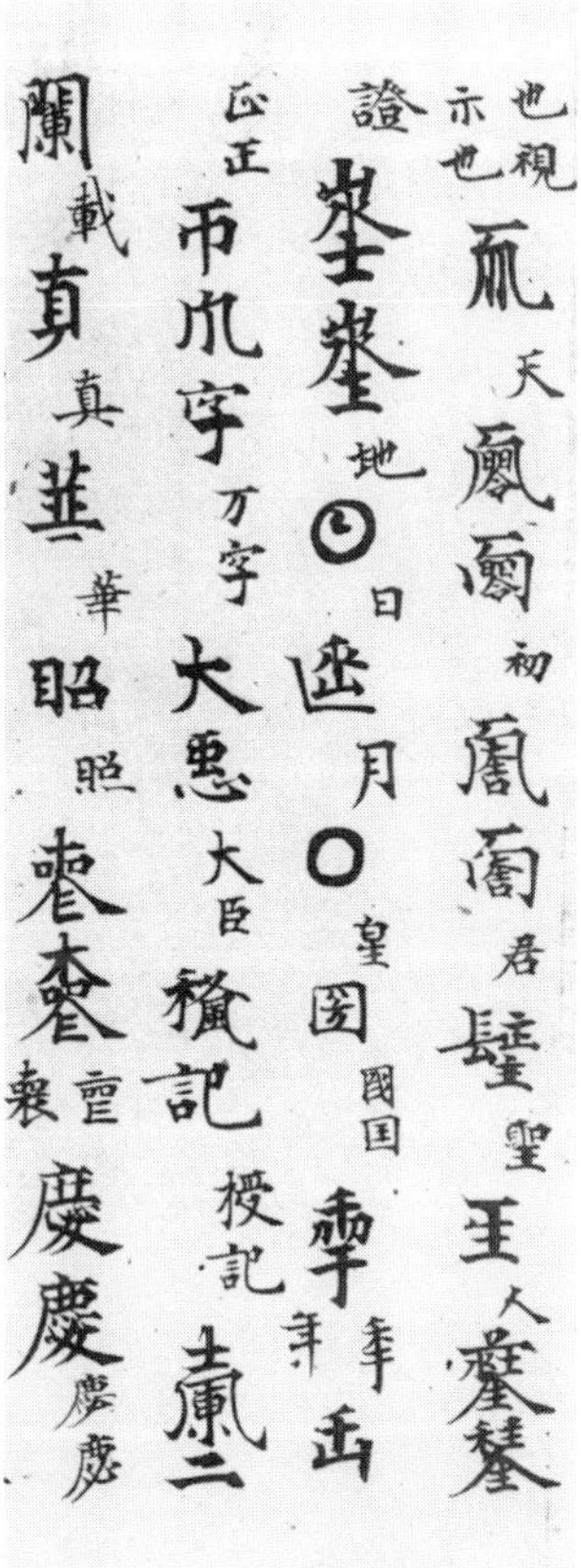

則天文字（小川本『新訳華厳経音義私記』より、小川雅人氏所蔵）
天・初・君・聖・人・証・地・日・月・星・国などの則天文字が記されている。

新井白石《あらいはくせき》『同文通考《どうぶんつうこう》』（一七六〇年）に一一五字が採録され、他に伴直方《ばんなおかた》『国字考』（一八一八年）・岡本保孝《おかもとやすたか》『倭字攷《わじこう》』（十九世紀中頃）などがあり、現代の『漢字百科大事典』（明治書院、一九九六年）「国字一覧」には一六九字の国字が掲載されている。しかし、従来国字とされたものの中には国字ではないものも少なくない。例えば「弖」字は疑われながらも国字とされてきたが、朝鮮半島の「好太王碑文」（五世紀初頭）や中国内陸部居延地方出土木簡「居延漢簡《きょえんかんかん》」（紀元前後二百年の間）にも使用例が見いだされており、国字ではないことが判明している（西崎亨二〇〇二）。

一方、漢字本来の字義とは離れて日本で別の意味を表すようになったものを国訓と言う。「串：つらぬく→くし」、「薄：うすい→すすき」、「調：音楽の調子→しらべる」、「誂：いどむ→あつらえる」、などである。

異体字の認識

中国では、官僚採用試験である「科挙」の実施に伴い、使用する漢字の異体字を整理する必要に迫られた。そのために編纂されたのが『干禄字書《かんろくじしょ》』（七七四年初期成）である。『干禄字書』の他にも敦煌出土の『正名要録《せいめいようろく》』（五九四〜六〇一年成）や『五経文字《ごけいもんじ》』（七七六年成）・『九経字様』（八三三年成）等が相次いで編纂された。

日本でも『正倉院文書』のうち七四六年の「校生手実」に「文字辨嫌凡一千字」として当時異体字と判断された字体が記されており、奈良時代から異体字についての認識があったことが分かる。

平安時代以降、日本で編纂された漢和字書にも異体字に関する記述が見られ、十一世紀末に成立した『類聚名義抄《るいじゅみょうぎしょう》』（原撰本・図書寮本）には、『干禄字書』での「正」「通」「俗」字の分類が反映しており、十二世紀末に成立した『類聚名義抄』の改編本（観智院本）では『龍龕手鑑《りゅうがんしゅかん》（鏡《きょう》）』（九九七年成）の記載に従った異体字も見られる（田村夏紀二〇〇〇）。他にも一二四五年以前成立の『字鏡集』、一三八六年成立の『法華経音訓』、室町時代成立の『倭玉篇《わごくへん》』等にも異体字が多く見られる。

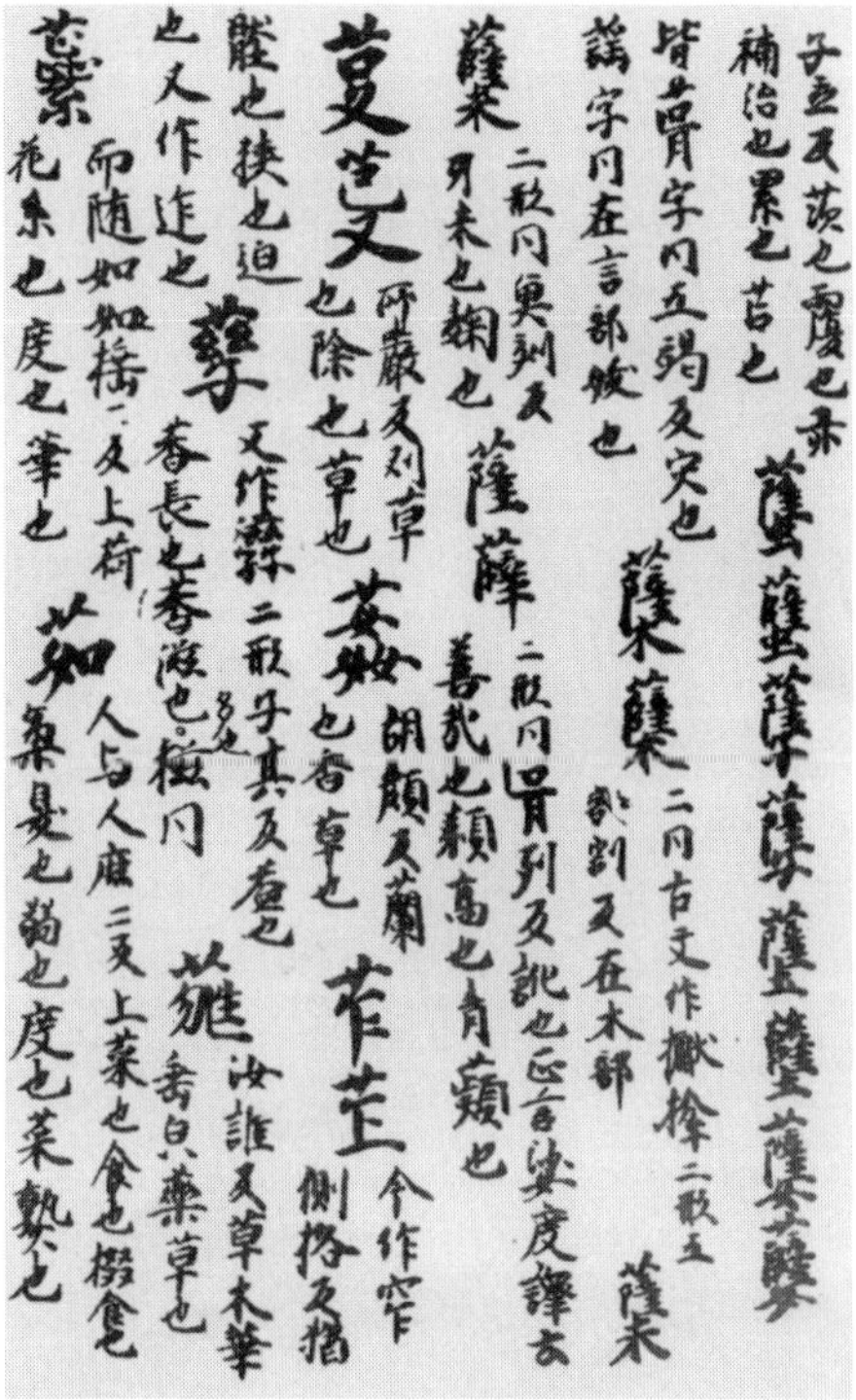

異体字『新撰字鏡』より（京都大学文学部国語学国文学研究室編『天治本新撰字鏡』臨川書店、1967年より）

六　近現代の表記

歴史的仮名遣と現代仮名遣

『和字正濫鈔』から始まった契沖仮名遣は江戸時代の国学者を中心に研究・実践され、明治時代に入ると国学者榊原芳野《さかきばらよしの》編『小学読本』（一八七三年）や、大槻文彦編『言海』（一八八九～九一年）に採用され、一般に普及した。この仮名遣は戦後の「現代かなづかい」との対比から「歴史的仮名遣」と呼ぶ。

敗戦後の国語改革の中で、一九四六年に「現代かなづかい」が告示され、助詞「は・へ・を」やオ段長音・四つ仮名の一部（「こほり」「とを」のように歴史的仮名遣で「ほ」「を」と書いたものは「こおり」「とお」と書き、他は「う」と表記する。「はなぢ」のように連濁した「ぢ・づ」のみ「ぢ・づ」のまま表記する）を除いて表音的な表記法になり、一九八六年に「現代仮名遣い」として一部改訂されて現在に至っている。

漢字制限

江戸時代末期から西欧列強の脅威に直面した日本では、漢字を全廃・制限しようという意見が起こった。前島密《まえじまひそか》は一八六六年に「漢字御廃止之議」で漢字を廃止し仮名を用いるべきであると建白し、福沢諭吉は一八七三年に『文字之教』で漢字は二千～三千字でよいと述べた。

一九〇〇年の「小学校令施行規則」で漢字を千二百字に制限し、一九二三年に臨時国語調査会が「常用漢字」一九六二字を発表した。一九四二年に国語審議会が「標準漢字」二五二八字を発表した。

敗戦後、一九四六年に「当用漢字表」が公布され、使用漢字が一八五〇字に制限され、法令や公用文、新聞・雑誌では、「当用漢字表」以外の漢字は仮名書きや書き換えが求められた。一九四八年に「教育漢字」八八一字が定められた。一九八一年には一九四五字の「常用漢字表」が公布されたが、これは「漢字使用の目安」とされ「当用漢字表」とは異なり、仮名書きや書き換えを強制するものではなくなった。また、二〇一〇年には「常用漢字表」が改訂され一九六字追加され、五字（勺・錘・銑・脹・匁）が削除された。

■コラム■ローマ字

日本語がローマ字書きされたのは、十六世紀末のキリシタン資料のものが最初であるが、キリスト教禁圧のために当時の日本語に影響を与えなかった。また、キリシタンの用いたのはポルトガル式の綴り方であり、ポルトガル語には当時からh音が無かったために、当時の日本語のハ行子音が[h]であっても[f]であってもfa fi fu fe foとfで示すしかなかったという点など注意を要する。しかし、当時の日本語の音韻が仮名以外で、特に単音文字で表記されている点で、ハングルで表記された『捷解新語《しょうかいしんご》』などの朝鮮資料とともに注目される。

江戸時代末期は蘭学が盛んになり、辞書などでは日本語のローマ字表記も行われた。明治に入り一八八五年に羅馬字会が考案し、ヘボンの『和英語林集成《わえいごりんしゅうせい》』第三版（一八八六年）が採用した英語式の綴り方が、ヘボン式（標準式）のもととなった。ヘボン式は表音的な綴り方で、サ行sa shi su se so、タ行ta chi tsu te toと、同一行でも異なる子音を用いている。

一方、日本式が、一八八五年に田中館愛橘《たなかだてあいきつ》によって提唱された。サ行sa si su se so、タ行ta ti tu te toと、五十音図をもとにして表記の体系性を重視した綴り方で、一九三七年の内閣訓令の基本となったことから、「訓令式」と呼ばれる。その後、一九五四年に「ローマ字のつづり方について」が告示され、訓令式を主としてヘボン式も認めるという方針となった。

DOS VOCABVLOS
QVE COMEÇAM POLLA
LETRA
A

A ANTES DO B.

『日葡辞書』（エヴォラ版）より
（『エヴォラ本　日葡辞書』清文堂書店、一九九八年より）

〈『日葡辞書』ローマ字対照表〉

ア	a	イ	I, i, j, y	ウ	V, v, u	エ	ye	オ	Vo, vo, uo
カ {か / くわ	ca / qua	キ	qi, qui	ク	cu, qu	ケ	qe, que	コ	co
ガ {が / ぐわ	ga / gua	ギ	gui	グ	gu, gv	ゲ	gue	ゴ	go
サ	sa	シ	xi	ス	su	セ	xe	ソ	so
ザ	za	ジ {じ / ぢ	Ji, ji / gi	ズ {ず / づ	zu / zzu	ゼ	Je, je	ゾ	zo
タ	ta	チ	chi	ツ	tçu	テ	te	ト	to
ダ	da					デ	de	ド	do
ナ	na	ニ	ni	ヌ	nu	ネ	ne	ノ	no
ハ	fa	ヒ	fi	フ	fu	ヘ	fe	ホ	fo
バ	ba	ビ	bi	ブ	bu	ベ	be	ボ	bo
パ	pa	ピ	pi	プ	pu	ペ	pe	ポ	po
マ	ma	ミ	mi	ム	mu	メ	me	モ	mo
ヤ	ya			ユ	yu			ヨ	yo
ラ	ra	リ	ri	ル	ru	レ	re	ロ	ro
ワ	Va, va, ua								
ン	n, m, ～（例：ã, ẽ）								
ッ { ッ（入声語尾）	-t								
ッ { つ（促音）	-cc- -ss-	-cq- -tt-	-dd- -xx-	-pp- -zz-					

七　文字表記史を学ぶために

文字表記史を学ぶために実際の資料を扱うとき、それぞれの資料がどのような表記を意図したものであるかを考慮しながら考察する必要がある。例えば、訓点資料や唐音資料は漢字や漢字音を正確に写そうとしたものであろうし、キリシタン資料や朝鮮資料は外国人が忠実に日本語を記録しようとしたものであろう。上代の万葉仮名資料も渡来人が日本語を発音どおり記録しようとしたものだと指摘する研究者もいる（森博達〈一九九一〉など）。また、『万葉集』東歌や『浮世風呂』などの方言資料は方言の発音を記録しようとし、能、狂言、声明資料にも正確な音声の再現を意図したものがある。

ただし、文字や符号には様々な制約があり、日々刻々と変化する音韻をどのように表記するかということに対して試行錯誤が繰り返された。そのような実態を考慮する必要がある。

一方、日本語専用の文字としての仮名が確立し、『源氏物語』が書かれた後の仮名文学作品は比較的保守的な表記を指向していた。その典型として仮名遣の議論を挙げることができる。仮名遣は、音韻が変化、合一化して音として区別できなくなった音節を、秩序立てて規範化しようとした動きであり、それは例えば、旧草子を見た定家や、奈良時代の文献を調査した契沖のように、仮名遣を定めたことは、音韻の変化の過程を逆戻りさせるような行為であったことも考慮されるべきである。このように表記については、音声の忠実な記録や正確な再現を意図した資料と、保守的表記を意図した資料の差異を意識する必要がある。

また、本章では句読点が未整備の段階の、句読点の代用となった記号についても解説してきた。しかし、これらは句切り機能を第一に意図したものではなく、書記活動の結果もたらされた副産物である。そのような不徹底な状態で十分であったのかということも考察される必要があろう。このように不徹底に見える状況は、記号類にも言えよう。また、万葉仮名には清濁の書き分けが意識されていたが、清濁を書き分けない万葉仮名表記も見られ、仮名の段階に入って濁点を用いないという選択も行われた。そのような不徹底がなぜ容認されていたのかについても背景を十分に考察する態度が求められる。

以上のような文字表記に表れる実態と、その背景に隠れている表現意図を探ることにより、古い日本語の実態が再現できるようになるだろう。

◆引用文献

犬飼隆(二〇〇五)『上代文字言語の研究』増補版、笠間書院
遠藤邦基(二〇〇二)『読み癖注記の国語史研究』清文堂出版
加藤良徳(二〇〇一)「藤原定家による仮名文書記システムの改新」『国語学』二〇四
川上貴子(二〇〇五)「国家珍宝帳の書」『正倉院紀要』二七
小林芳規(一九六七)「踊字の沿革続貂」『広島大学文学部紀要』二七―一
小林芳規(一九九八)『図説日本の漢字』初版、大修館書店
小林芳規(二〇〇四)『角筆文献研究導論』汲古書院
小松英雄(一九七一)『日本声調史論考』風間書房
小松英雄(二〇〇〇)『日本語書記史原論　補訂版』補訂版第一刷、笠間書院(初版、一九九八)
今野真二(二〇〇一)『仮名表記論攷』清文堂出版

田村夏紀（二〇〇〇）「観智院本『類聚名義抄』と『龍龕手鏡』の漢字項目の類似性」『訓点語と訓点資料』一〇五
築島裕（一九六九）『平安時代語新論』東京大学出版会
土井忠生（一九六三）『吉利支丹文献考』三省堂
土井忠生ほか編（一九八〇）『邦訳日葡辞書』岩波書店
西崎亨（二〇〇一）「漢字文化の一斑――その伝播と上代人の正字意識――「氏」字とその異体字――」武庫川女子大学『鳴尾説林』九
沼本克明（一九九七）『日本漢字音の歴史的研究――体系と表記をめぐって――』汲古書院
飛田良文ほか編（二〇〇七）『日本語学研究事典』明治書院
森博達（一九九一）『古代の音韻と日本書紀の成立』大修館書店
安田章（二〇〇九）『仮名文字遣と国語史研究』清文堂出版
矢田勉（一九九五）「異体がな使い分けの発生」『築島裕博士古稀記念国語学論集』汲古書院
矢田勉（二〇〇〇）「文字史研究に於ける「片仮名」「平仮名」「草仮名」」『白百合女子大学研究紀要』三六
山内洋一郎（二〇一一）「ことば「平仮名」の出現と仮名手本」『国語国文』八〇―一一
山田忠雄（一九七一）「黒川本日蓮聖人註画讃の写音法」『国語学』八四

第三章　語彙史

大槻　信

一　日本語の語彙の特徴

豊かな語彙

現代日本語は世界の諸言語の中でも豊かな語彙を持つ。

一九五六年一年分の雑誌九十種を対象とした国立国語研究所『現代雑誌九十種の用語用字』（一九六二〜四年。以下では『一九五六年雑誌90種』と略称する）では、名詞、動詞など自立語の異なり語数が約四万語（固有名詞を除くと三万語余）と報告されている。一九九四年発行の雑誌七十誌に基づく最近のデータ（国立国語研究所『現代雑誌の語彙調査――一九九四年発行70誌――』〈二〇〇五〉。以下では『一九九四年雑誌70誌』と略称する）によれば、自立語は五万九〇四二語。人名・地名などを除いても、異なり語数は四万五三八五語となる。日本語では、話しことばでも五千語程度を用い、理解語彙は成人で約四万語に達するといわれる。

『一九五六年雑誌90種』の調査に基づくと、日本語の文章の九〇％を書くためには、おおよそ一万語（異なり語数）が必要だという。一方、英語・フランス語・スペイン語では五千語で九〇％に達するという報告がある。

また、使用頻度の高い二千語が言語量全体の何％にあたるかを各国語にわたって概観すると、以下のようである（中野洋〈一九七六〉にあげる複数の調査をあわせ掲げた）。

フランス語	九五％
スペイン語	八五％
ロシア語	八〇％
英語	七八％
ドイツ語	七六％
日本語	七〇％

日本語の文章表現では多くの語彙が必要とされることがわかる。

以上の数字は、日本語の語彙的バリエーションの豊富さを物語っていよう。しかし、このことは直ちに、日本語が本来的に豊かな語彙を持った言語であったことを意味しない。歴史的にはむしろ、固有の語彙が乏しかったが故に、借用によって語彙を豊かにしたという面が強い。文化的な後発性が他言語からの語彙の借用を促し、結果的に、豊かな語彙を持つという点では、英語のたどってきた道のりとも似ている。

そのような借用は、語彙の形成に他言語の力を借りるという消極的な側面だけでなく、自らの言語に必要な要素を外部から巧みに取り入れ、しかもそれを、原語のままに用いるのではなく、なんらかの形で変容して日本語に融け込ませ、日本語の一部として使いこなすという積極的な面も持っている。

借用語

文化は、水と同じく、高いところから低いところへ流れる。それにともない、語彙も文化程度の高いところから低いところへ流れることが多い（異なる言語の接触は、文化の高い低いを問わず借用を生むが、文化程度に差がある場合には、高から低へ移行しがちである）。従来その言語圏にはなかったものや、新しい学問・思想・宗教・制度・技術等を導入しようとすれば、自然とそれらにまつわる語彙を取り入れることとなる。

「ほとけ」は固有日本語のように見えるが、仏教伝来以前の日本に「ほとけ」は語としても概念としても存在していなかった。仏教思想とともに移入された借用語である（梵語「buddha」、またその漢訳「仏〈陀〉」に由来するといわれる）。同じく、「てら（寺）」は朝鮮語起源という（chyŏl）。

日本はアジアの東端に位置する島国であり、古代において文化的後進国であった。海を隔て、隣に文明先進国・中国が位置したため、文化水準の落差が激しく、結果、中国文化と中国語が大量に日本に流入した。外国語である中国語が日本語に入り定着したものを「漢語」と呼ぶ。現代語の辞書をひろげてみても、日本語では漢語のしめる割合が非常に高い。

その言語が元来持つ語を「固有語」と呼び、外国語から取り入れた語を「外来語（借用語）」と呼ぶ。したがって、漢語も外来語の一部である。しかし、日本語においては、借用語の中で中国語由来の語の果たした役割が非常に大きかったことから、これらを別に「漢語」として立て、外来語と区別することが多い。

すなわち、日本語固有の言葉を「和語（大和言葉）」、中国語から移入した、主として漢字で表記される言葉を「漢語」、おもに欧米諸言語から移入し、片仮名で表記される言葉を「外来語」と呼ぶ。以下では、「外来語」をこの狭い意味で用い、漢語と外来語とをあわせた広義の「外来語」を示す場合には「借用語」という表現を用いる。

「あいする」「さぼる」「てつがく」

「あいする」「さぼる」「てつがく」のうち、日本製はどれであろうか。

「愛する」は中国語「愛」から来た「漢語サ変動詞」である。「益する」「達する」「要する」など、日本語の中には漢語サ変動詞が非常に多くある。「勉強する」「運動する」のような熟字の漢語サ変動詞も多い。「愛す（る）」という言葉は、まず漢文の訓読に用いられ、後に和文でも使われるようになった。漢語に動詞語尾を付けて活用させるという形で日本化したものである。現代語では、「ドライブする」のような外来語のサ変動詞も多い。

「サボる」はフランス語 sabotage（仕事に手を抜くこと）に由来する外来語である。外来語に動詞語尾「る」を付して日本化している。同様の例に、「二重になる・留年する」などの意味を表す「ダブる」がある。こちらは英語 double を起源とし、原語の音形をうまく利用している。

一方、「哲学」は明治期に日本で新造された和製漢語（近代漢語・新漢語）である。そのようなものに「代名詞」「科学」「細胞」「進化」「元素」「酸素」「共和」などがある。日本は明治維新以降、欧米に追いつくことを目標に、急激な近代化を図った。そのため、英語を中心に、西洋語から多くの言葉を借入した。ただし、その際も、翻訳語は主として漢語であったから、語彙中にしめる漢語の割合がたいへん高くなった。たしかに、philosophyを「ヒロソヒー・フィロソフィー」と訳したのでは、語の意味はわからない。和語に訳すと説明的で長くなる。使い慣れた漢字を用いて、それを「哲学」と翻訳することは巧みな工夫であった。

近代漢語は、作られた時代が近く、その作者がわかる場合もある。森鷗外は自伝的小説の中で「自慢でもなんでもないが、「業績」とか「学問の推挽」とか云ふやうな造語を、自分が自然科学界に置土産にして来た」（『妄想』）と述べている。speechを「演説」と訳したのは福澤諭吉（『学問のすゝめ』）であり、「結果」「理論」は中村正直（『自由之理』）、ここで問題とした「哲学」をはじめ、「演繹」「帰納」等の訳語を作り出したのは西周《にしあまね》（『百学連環』）である。

ただし、この時期から使われ始めはするが、日本製ではなく、中国古典に典拠を持つもの（「教養」「形而上」「国会」）や、翻訳のために中国ですでに使われていた語（「数学」「天使」「星座」「結晶」「鉛筆」「真理」）もある。先にあげた「演説」「理論」なども語そのものは古くからある。

以上のように、「あいする」「さぼる」「てつがく」は、どれも日本製であると同時に、どれも純日本製ではないということになる。由来はともかく、なんらかの点で日本化されているという意味では日本製であり、いずれも素材として使っているのは外来の要素であるという点で純日本製とはいえない。日本人が意識的に新造した語という意味では、「哲学」を日本製としてあげることができよう。

このように日本語は、外国語を多く取り入れ、それらを日本語内部に溶かし込み、さらにそれらを用いて新たな表現を生み出してきた。

借用語の割合

現代日本語において、借用語の割合はどの程度であろうか。先にあげた二種の調査(『一九五六年雑誌90種』『一九九四年雑誌70誌』)によって、語種別の分布を見る(右表参照)。

「異なり語数」とは、異なる語がいくつあるか、そのバリエーションを計数したものである。同じ語を二度数えないという意味で、辞書と同様であり、「見出し語数」ともいう。一方、出現頻度を反映して語数を数えたものを「延べ語数」という。ＡＢＣ三つの語が「ＡＡＡＡＡＡＢＢＣ」のように現れ

1956年発行雑誌90種の語種別語数(国立国語研究所『現代雑誌九十種の用語用字』)

	異なり語数		延べ語数	
	語数	%	語数	%
和語	11,134	36.7	221,875	53.9
漢語	14,407	47.5	170,033	41.3
外来語	2,964	9.8	12,034	2.9
混種語	1,826	6.0	8,030	1.9
合計	30,331	100.0	411,972	100.0

1994年発行雑誌70誌の語種別語数(国立国語研究所『現代雑誌の語彙調査――1994年発行70誌――』)

	異なり語数		延べ語数	
	語数	%	語数	%
和語	11,530	25.4	248,098	35.8
漢語	15,214	33.5	345,142	49.8
外来語	15,779	34.8	85,710	12.4
混種語	2,862	6.3	14,223	2.1
合計	45,385	100.0	693,173	100.0

たとすると、異なり語数ではA1・B1・C1、延べ語数ではA7・B2・C1となる。

右表の両調査とも、異なり語数では、和語と比較して借用語のしめる割合が高い。一九五六年に関する調査では、約半数が漢語である。その後、外来語の数が増え、一九九四年に関する調査では、外来語の割合が最も高くなっている。現在の日本語の中で、和語がしめる割合は二五％程度である。借用語の割合が高いといわれる英語でも、ゲルマン系の語彙が三五％をしめるという（石綿敏雄一九八五）から、現代日本語は英語以上に借用語を取り込んでいることになる。

和語の割合

以上は、日本語の中で、借用語のしめる割合が高いことを述べた。しかし、延べ語数で見ると、様子は異なってくる。両調査とも、延べ語数では、和語の割合が異なり語数と比較して相対的に高くなっている。一九五六年の調査では、和語のしめる割合が五〇％を超えていた。これは、頻用される基本的な語の中に和語のしめる割合が高いことを意味していよう。一九五六年と一九九四年とを比較すると、和語・漢語の異なり語数にはあまり変化がない。和語・漢語が減少したのではなく、外来語の語数が増大したと理解することができよう。

また、上記二種の調査結果は自立語についてであった。助詞・助動詞などの付属語は含んでいない。これらの文法的要素は基本的に全てが和語である。一九九四年刊行雑誌の統計を用い、和語と付属語をあわせた延べ語数を見ると、全体の五四・〇％に達する。漢語は三二・四％、外来語は八・一％である（残りは混種語と人名・地名）。助詞・助動詞のような文法的要素が歴史的に一貫して和語でしめられていることは、日本語が根幹においてあまり変化していないことを示している。

加えて、右の調査は雑誌という書きことばの世界を対象にしていた。書きことばでは、話しことばよりも漢語・外来語が多く現れるのが普通である。話しことばで和語・漢語・外来語はどのような割合で現れるのであろうか。話しことばについて各語種の分布を見た調査がある。一九七七年に行われた「東京およびその近郊在住の、日本語教育または語学関係の研究者（七人）の発話とその話し相手の発話、延べ四二時間分の録音資料の調査結果」によれば（野元菊雄他〈一九八〇〉を石綿〈一九八五〉によって引く）、各語種の割合は以下の通りである。

〈異なり語数〉　和語　四六・九％・漢語　四〇・〇％・外来語　一〇・一％・混種語　三・〇％
〈延べ語数〉　和語　七一・八％・漢語　二三・六％・外来語　三・二％・混種語　一・四％

延べ語数では、和語の割合が七〇％を超え、異なり語数でも、和語のしめる割合が最も高い。

先に日本語の文章表現では他言語と比べ多くの語彙が必要とされることを見た。しかし、各言語に関する調査では、それぞれに調査対象が異なり、分析方法も異なっている。そのような反省に立ち、『星の王子さま』という同一テキストの各国語翻訳を用いて行われた調査がある（中野一九七六）。それによると、各言語の頻度上位百語が全語彙量にしめる割合は、以下の通りである。

フランス語　七三・三％
英語　七〇・三％
ドイツ語　六八・〇％
日本語　六一・六％（七五・六％）

日本語の割合（六一・六％）が最も低いことになりそうだが、英語などの統計は冠詞・前置詞・助動詞なども含んだ値である。日本語で、「の」「た」「は」「て」「に」「を」といった助詞・助動詞を含めて計算すると、割合は七五・六%となって、逆に、日本語が最も高い値を示す。日本語は全言語量の中で基本語がしめる割合が相対的に高いことがわかる。

日本語の「しぶとさ」

以上のことから、日本語の語彙について、次のような特徴を指摘することができよう。日本語では基本的な語が繰り返し使われる傾向が強く、かつ、語彙のバリエーションが豊富である。そして、使用頻度が高い基本語には和語が多く、豊富な漢語・外来語によって語彙を豊かにしている。

日本語は、多くの借用語を取り込みながら、その中心にはつねに固有日本語＝和語があったことがわかる。本質的な部分はあまり変化を起こさず、外来の要素をうまく活用する。その過程で、和語は日本語の中心として新たな生命と価値をつねに獲得し続けてきた。そこには日本語の、ある種の「しぶとさ」を見ることができる。

語種

「バラ」は漢語であろうか、それとも外来語であろうか。「薔薇」と書くから漢語だろう。いや、「バラ」と書くから外来語にちがいない。どちらの推測もありうるが、「ばら」は「いばら・うばら・むばら」(茨)に由来する正真正銘の和語である。「薔薇」は「ショウビ」と発音し、「さうび」の形で『源氏物語』にも出てくる。

ここで、「バラ」が和語ではないと感じられるのはなぜだろうか。一つには、「バ」という濁音で始まっているることがある。本来の固有日本語には濁音とラ行音で始まる語がなく、それらで始まる語の大半が借用語である（第四章「音韻史」参照）。元来の和語に見られない音形、すなわち、語頭濁音、語頭ラ行音、拗音（ゃ、ゅ、ょ）等を含む語は非和語的に感じられる。

もう一つの理由は、この語が「バラ」「薔薇」といった片仮名や漢字で書かれるという点に求めることができよう。和語・漢語・外来語といった語種を認識する際、どのような文字で書くかを手掛かりにすることが多い。また、語感と文字とは相互に連関している。和語的ではないと感じられるからこそ、「バラ」「薔薇」のような文字で表し、そのような表記はさらに非和語的語感を強化する（「バラ」が片仮名で書かれることには、植物名であることも関係していよう）。

「砂利（ジャリ）」は語頭濁音ならびに拗音があり、しばしば漢字で書かれることから、漢語だと感じる人が多い。しかし、この語は「さざれ石」の「さざれ」に由来する和語である（さざれ→ざれ→ざり→じゃり）。すっかり漢語に化けてしまっているため「えせ漢語」と呼ばれる。

「ロートル」は中国語「老頭児」に由来するが、片仮名で書かれるため、西洋語起源と誤解されることがある。このように、現代中国語から片仮名の形で取り込んだ語は、漢語ではなく外来語の中に数えられる。逆に、本来ポルトガル語起源である「襦袢」（gibão; jubão）などは、漢字で書かれることにより漢語化している。

このように、日本語には、和語らしさ・漢語らしさ・外来語らしさというものがある（「砂利」の場合には、誤った推定をまねいている）。和語・漢語・外来語を文字や語感の上でかなり明瞭に区別できることは、日本語の大きな特徴である。

日本語は多くの借用語を取り込みながら、一方で、和語・漢語・外来語の差異を保ち続けてきた。むしろ、そのような差異に守られることで、日本語としての本質をおかされることなく、多くの借用語を取り込むことができたといってよい。

二　語源と語構成

語源

英語の辞書を見ると、説明の一部に語源が説かれていることが多い。一方、日本語の辞書では、語源に触れることが少なく、現行最大規模の『日本国語大辞典』(第二版、小学館、二〇〇〇年)も語源説を列記するにとどまる。これは、英語が印欧語族に属し、同族諸言語との比較によって、その祖形に遡る手段があるのに対し、日本語には現在のところ同系と証明された言語がないため、そのような比較の手段を持たないからである。

語構成

それでは、日本語の語彙がどのようにして生み出されているのか、それを解き明かす方法が全く存在しないかというと、そうではない。その一つが「語構成」というアプローチである。語構成論の特徴は、特定言語の内部に注目し、構造・仕組みを考えるという点にある。

例えば、日本語の名詞に注目すると、その末尾は-iで終わるものが圧倒的に多い(『万葉集』に見られる普通名詞の四二%以上)。とすれば、名詞構成要素として-iを考えることができるのではないか、というのが語構成論の立場である。動詞をもとに名詞を形成する以下のような転成名詞(居体言)はそれによってうまく説明される(阪倉篤義一九六六)。

あふぐ―あふぎ・あふき（扇）　おぶ―おび（帯）　たたる―たたり（祟）　ゑむ―ゑみ（咲）

古代日本語では、少年を「をぐな」、年長の男性を「おきな（翁）」、少女を「をみな（後代の「おんな」）」、老女を「おみな（嫗）」という。これらは、年長性を「お」、年少性を「を」、男性をk・g、女性をmで示す整然とした体系を持っている（阪倉一九七八）。

	年長（お）	年少（を）
男性（k・g）	おきな（翁）	をぐな（少年）
女性（m）	おみな（嫗）	をみな（少女）

「ねこ」はなぜ「ねこ」なのかといった、究極の語源を突き止めることはできなくとも、語がどのように構成されており、それらがどのような体系を持つかは、日本語の内部比較によって、かなりの程度まで明らかにすることが可能だと考えられる。

形状言

古代語の形容詞語幹は独立性の高いことが知られている。例えば、「高し」という形容詞について、「高山」「高光る日の皇子」のように、語幹「たか」だけで形容詞的・副詞的に用いることができる。このような語幹部分に代表される、物事の形状・情態を表す言葉を「形状言」もしくは「情態言」と呼ぶ。

この形状言を中心に、様々な言葉が構成される。先ほどの「たか」を例に見てみよう。形状言「たか」は「高くあるさま」を表し、「高宮」「高々（に）」「高知る」のような複合語を構成するほか、接尾辞をともなって、名詞「高さ」、形容詞「高し」、動詞「高む」「高る」「高ぶる」などを派生する。「日が高くなる」意を表す「たく(長)」は「たか」に対応する動詞形である。加えて、名詞構成要素-iによって、形状言「たか」の独立性を強めれば(taka + i > take2。ke2などの表記については第四章「音韻史」参照)、名詞「たけ(岳・丈)」となる。

「たけ—たかやま」のような独立形・複合形の対応は他にも見られる。「さけ(酒)—さかづき」「つき(月)—つくよ」「き(木)—こだち」などである。これらの対応の中で、独立して用いられる前者の形を「露出形」、複合語などの中に現れる後者の形を「被覆形」と呼ぶ。一方、「あく—あかす(明)」のような動詞の派生でも同様の母音交替現象が見られる。「あく」は下二段活用であり、下二段を特徴づける「あけ」の形で整理すると(上二段はイの形)、「あけ—あかす(明)」「つき—つくす(尽)」「おき—おこす(起)」となる。名詞・動詞いずれの場合にも、e2—a、i2—u、i2—o1という対応を見せることから、両者は並行した現象として理解できる(有坂秀世一九五七)。名詞の形態変化を含め、このような現象を統一的に「活用」と見るべきだという意見もある(川端善明一九七八・一九七九)。

右のような視点に立つことで、多くの語を統一的に理解できる。形状言「あか」(明るいさま)を例にとると、重複形「あかあか(明々)」の他、「あかね(赤根>茜)」「あかとき・あかつき(明時>暁)」のような複合語をなす他、そのままで名詞「あか(赤)」となり、母音交替形「あけ(朱)」もある。形容詞形は「あかし(赤・明)」。動詞「あく(明)」からは「あけぼの」のような表現の他、派生動詞「あかす」「あかる」があり、それぞれ名詞形「あかし」「あかり」を持つ。さらに、接辞「ら」を付属した形状言「あから」からは、「あからか」「あからけし」「あからぶ・あからむ」などを派生している。

また、「あれ—われ(我)」「いた—いと(甚)」「たわわ—とをを」「わななく—をののく」のように子音の交替・着脱や母音の交替(ア—オ乙類の交替が多い)による派生もある(内的派生)。

日本語は、このような内的派生・派生・複合によって語彙を豊かにしている。

三　日本語の語彙の歴史

以下では、日本語の語彙の歴史を、時代順に概観する。各時代の中ではおおむね、「背景・和語・漢語・外来語・位相語」の順に述べる。例えば、漢語の歴史的展開を知りたい場合、各時代の漢語の部分を通覧すれば、大まかな流れを知ることができる。

位相語

各時代の末尾にふれる「位相語」とは、社会集団ごとに特徴的な語彙・表現のことである。性別、年齢、社会階層、職業集団など、社会集団が異なれば、用いられる言葉にも違いがある。

例えば、現代日本語で茄子を表す語に「なす」「なすび」の二種類がある。歴史的には「なすび」が古く、「なす」が新しい。「なす」は室町時代に宮中の女房たちによって作り出された「なすび」の隠語である（大槻信二〇〇二）。彼らが生み出した言葉に、「おなか（腹）」「かうかう（香の物）」「しゃもじ（杓子）」などがあり、「女房詞《にようぼうことば》」と呼ばれる。女房詞は食物や生理的な事柄を中心に、それらを露骨に表さないたしなみから生まれ出た婉曲表現と考えられている。以上の語は、もともと女房という限られた集団の中で使われていた位相語が後に一般化したものである。

上代

奈良時代を中心とする上代の日本語については、資料の制約から、全貌を把握することが難しい。資料が少なく、また、語形を確認できる資料の大半が歌謡である。その制約に起因する面もあるが、この時代の日本語は和語が中心であり、漢語の使用は後の時代ほど多くなかったと考えられる。

和語を中心とした語彙は割合貧弱で、『万葉集』の異なり語数は六千五百語程度である。自立語の約六割を名詞、三割を動詞がしめ（宮島達夫編一九七一）、ものごとを形容する語や抽象的な意味内容を持つ語は乏しい。

そのため、一語の指し示す意味範囲が現代語と比べ相対的に広いことが多かった。「あはれ」は喜びにも悲しみにもいい、「かなし」は感動、悲哀のみならず「いとしい」の意味も担った。「罪」と「罰」は分化せず、「つみ」一語に包摂されていた（佐竹昭広一九八〇）。現在別々の漢字をあてる「たつ（立・起・建・発・経）」なども本来「たつ」一語がそれだけの意味の広がりを持っていた。「は」は「先端に位置するもの」が原義であり、「端」「歯」「刃」「羽」「葉」は同源であろう（蜂矢真郷一九八〇）。これらを別語とみなす意識は、むしろ漢字表記によってもたらされ、支えられたものである。

上代の語彙で基本となるものは一音節語と二音節語であり、それ以上の長さを持つ語は派生語もしくは複合語であることが多い。

一方で、漢字の借用、中国からの文物・制度・仏教等の流入にともない、日本語の中で漢語が用いられるようになっていた。制度用語や仏教語などが中心であったと考えられる。漢字音は主として呉音（朝鮮半島経由の中国南方系字音）によっていた（第四章「音韻史」参照）。

宣命《せんみよう》などには多くの漢語が用いられている。和歌集である『万葉集』にも、「功（クウ）」「五位（ゴヰ）」

「雙六乃佐叡(スゴロクのサエ)」「檀越(ダニヲチ)」「薮姑射(ハコヤ)」「波羅門(バラモニ)」「布施(フセ)」などの漢語が見える(読みの漢語部分を片仮名、和語部分を平仮名で示す)。ただし、これらの漢語は巻第十六の戯笑歌に集中しており、漢語が持つ違和感を利用したものと見ることができよう。しかし、中に、「力士儛(リキジまひ)」「女餓鬼(めガキ)」「男餓鬼(おガキ)」「法師等(ホフシら)」のように、和語と漢語が結合した語が見られる。また、正倉院文書に「僧」に対して「法志」、『日本書紀』古訓等に「儒」に対して「ハカセ」の注記が見られる。漢語「ホフシ」「ハカセ」が和訓同様に扱われており、漢語の中のあるものが、すでに日本語の一部として認識されていたと考えられる。

漢字に対する訓読みがいつ成立したのかはまだ明らかでない。現存資料(漢語に対する訓読を示した辞書体の木簡など)によれば遅くとも七世紀には訓読が行われていたことが確認できる。中には漢字の字注を訓読することで成立したと思われる語もある。「くがね(黄金)」「くろがね(鉄)」などは中国の古辞書(『説文解字』など)にある「金　黄金也」「鉄　黒金也」によったものであろう。

「蛙」を表す日本語として「かはづ」と「かへる」の二語があるが、歌に「蛙」をよむ場合には「かはづ」のみを用いて、「かへる」は用いない(『万葉集』で訓仮名としては「蝦」を「かへる」にあてている)。また、歌には漢語を交えないのが普通である。このような事実から、歌に使うべき言葉、「歌語」が生まれていたといわれる。歌語の中には、「はるはな(春花)」のように、漢語をもとに、それを訓読して生じたと見られる表現もある。

中古

上代の万葉仮名をうけて平仮名・片仮名が成立し、日本語をそれとして表記することが可能になった。

平仮名は物語・和歌・消息など和文の表記に用いられ、片仮名は主として漢文訓読の世界で用いられた（第二章「表記史」参照）。

助動詞「ユ・ラユ」が「ル・ラル」となるなど、奈良時代の言語と平安時代の言語との間には断層のあることが指摘されている。平安時代の漢文訓読語は奈良時代語と連続性を持つが、和文語は奈良時代の言語とは異なる点が多い。

このように、漢文訓読に用いられる漢文訓読語と、主として平仮名を用いて記される文学作品等に用いられる和文語との間に、位相的な差異のあったことが知られている。平仮名文献で普通に見られる語が、訓点資料や片仮名文献ではほとんど見られない、あるいはその逆、ということがある。例えば、程度の甚だしいことを表すのに、和文の世界では「いと・いたく・いみじく」といった言葉が使われるのに対して、漢文訓読の世界ではそのような言葉を用いず、「スコブル・ハナハダ」を用いる。逆に、『源氏物語』のような和文資料には「スコブル・ハナハダ」はほとんど見いだすことができない（築島裕一九六三）。

■コラム■和文語と漢文訓読語

日本の学問の中心には長く、古典中国語（漢文）で書かれた漢籍や仏典があった。漢文を自国語で理解しようとする営みを「訓読」と呼ぶ。日本では、漢文を読解するための補助手段として、漢文本文に返点・仮名・ヲコト点などを記入することがあった。返点により語順を示し、仮名によって訓や音を表す。ヲコト点は字画の様々な位置に点や線を施すことで、助詞・助動詞・活用語尾などを表示した。これらの注記・符号を「訓点」、訓点が施された文献を「訓点資料」という。平安時代初期以降の訓点資料が現存している（句読・返点のみを記入した資料は奈良時代末期からある）。訓読は語彙・語法・表記など様々な面で日本語に大きな影響を及ぼした。現代日本語の源流の一つとして漢文訓読語をあげることができる（第一章「資料論」・第七章「文体史」参照）。

平安時代の漢文訓読に用いられた言葉と、同時代の和歌・日記・物語などに見られる言葉を比較すると、表記・音韻・文法・語彙など、様々な点で違いが見られる。両者はそれぞれ一つの体系をなしていたと考えられ、前者を「（漢文）訓読語」、後者を「和文語」と呼ぶ。漢文訓読語の体系は平安時代中期に確立した。

中でも、語彙において、両者の間に著しい対照をなす面のあることが知られている。築島（一九六三）は、興福寺蔵『大慈恩寺三蔵法師伝』古点と『源氏物語』とで訓読語と和文語を代表させて全語彙を比較し、ほぼ同一の意味を表す語で、漢文訓読のみに見えて和文では使われない「漢文訓読特有語」と、和文のみに見える「和文特有語」があることを指摘した。

和文語を平仮名で、漢文訓読語を片仮名で示せば、次のようである。

いさご―スナ	やすむ―イコフ	す・さす―シム
および―ユビ	いそがし―イソガハシ	やうなり―ゴトシ
かしら―カウベ	しばし―シバラク	
め―マナコ	かたみに―タガヒニ	
く―キタル	いかで―ネガハクハ	

これらの違いを用いて、文献の言語的な位相が記述されることがある。〈この物語では男性発話部分にかぎって訓読特有語が見られる〉〈訓読語を基調としながらも和文語を交える〉のように、作者・文体・時代・口語性などを判定するために特有語が利用されている。

以上のように、訓読語と和文語と呼びうるような位相的差異があったことは認められるとしても、それが何を意味するかについては議論がある。遠藤嘉基は男性語（訓読語）と女性語（和文語）の対立と見た（遠藤一九五二）。一方、築島裕は、両者は文体論的な差異であるとして、訓読語は文語的、和文語は日常口語的との見解を示している（築島一九六三）。大和方言と山城方言という地理的な差異に起因するという意見もある（山口佳紀一九六九・一九七〇）。

しかし、ある種の訓点資料が和文特有語を多く用いることなど、上の枠組みのみで論じることはできないことが、次第に明らかになりつつある（築島一九九二）。また、口語的といっても、いずれの資料も所詮は書きことばである。その文体論的差異がなぜ・いつ・どのようにもたらされたのかが問題であろう。また、和文語・訓読語については、違いがあるからこそ問題とされたのではあるが、共通部分も多い。今後は、両者の差異を前提とするのではなく、その意味するところを掘り下げていく必要があろう。

上代には「あ（畔）」「き（牙）」などの単音節名詞が多くあったが、中古にいたり、「あぜ」「きば」のような複音節語や別語に置き換えられる形で急激に減少している。このことは上代特殊仮名遣が消滅し、区別される音が少なくなったことと相関があるといわれる（馬渕和夫一九六八、阪倉一九九三）。

『源氏物語』に用いられる和語は約一万三千語である。その中には複合語と派生語が多く含まれる。中古の語彙の豊富さは複合・派生に支えられる面が強い。例えば、「おぼろげ」「きよげ」、「こまやか」「はなやか」、「なだらか」「やはらか」など、接尾辞をともなう派生語が多くある。また、「かほ（顔）」を用いて、「ありがほ（有顔）」「おどろきがほ（驚顔）」「ことありがほ（言有顔）」「したりがほ」「しらずがほ（不知顔）」「しりがほ（知顔）」「なれがほ（馴顔）」のような多くの複合語を生み出している。

この時代には、日常語化した漢語が次第に多くなった。漢字・漢文と接する機会の多い男性の貴族や僧侶などが、多くの漢語を理解し、また使用していたことは当然であるが、女性に仮託した『土左日記』でも「かいぞく（海賊）」「すはう（蘇芳）」「らうどう（郎等）」などの漢語が見える。『源氏物語』では、官職名等の特殊語が多いとはいえ、全体の一二・六％（異なり語数、和語との複合語を含む）が漢語である（築島一九五八）。「かうし（格子）」のように音便化させた語が見られることなどから、漢語の日本化、口頭語化が進んでいたことがうかがえる。漢字音は公には唐代の長安標準音である漢音によることとなっていたが（第四章「音韻史」参照）、すでに呉音で定着した語形を改めることは難しく、中古の物語類を見ると呉音の割合が高い（柏谷嘉弘一九八七）。

借用語は、物や概念の移入にともなうことが多いため、その大半を名詞がしめるのが普通である。しかし、日本語は漢語を動詞、形容詞、形容動詞、副詞としても取り込んでいる。

例えば、中古には漢語サ変動詞が多く現れている。訓点資料では動詞の半分以上を漢語サ変動詞がしめることがある（築島一九六九）ほか、和文でも使用されている。中古の物語に現れる一字漢語サ変動詞のうち、用例数の多いものをあげる。

奏す　念ず　誦す　具す　調ず　領す　怨ず

同じく二字漢語サ変動詞では、

御覧ず　対面す　仮粧ず　用意す　装束す　供養す

などが多く使われている。漢語サ変動詞は男性が用いる傾向が強いが、一字漢語のものはより日本化して、女性も用いている（佐藤武義一九六二）。

また、漢語に接尾辞を付して動詞化した「愛敬づく」「騒動（サウド）く」「艶だつ」「懸想ぶ・ばむ」「気色だつ・づく・ばむ」「試楽（シガク）めく」などに加え、漢語の末尾をそのまま動詞化した「彩色（サイシ）く」「装束（サウゾ）く」などがある。

「執念（シフネ）し」「骨々（コチゴチ）し」「怠々し」「美々し」「労甚（ラウた）し」のような形容詞、「艶なり」「不便（フビン）なり」のような形容動詞、さらには、「随分に」「頓に」「猛に」「結句」のような副詞も用いられた。また、「アカつき（閼伽杯）」「ダイしき（台敷）」のような、和語と漢語を複合させた語も多く現れている。

漢語の日本化とも関連して、逆に、日本語を漢語化することもこの時代から見られる。和語「おしてまゐる」から「推参」、「かへりこと」から「返事」、「こもりをり」から「籠居」などである。これらを「和製漢語」と呼ぶ。

位相語についていえば、伊勢の斎宮はその特別な立場から、仏教語や不浄感をともなう言葉を避けた。「仏」を「中子（なかご）」と呼ぶ類の忌詞《いみことば》が『延喜式』などに記録されている。賀茂の斎院にも同様の忌詞があった。前者を斎宮忌詞、後者を斎院忌詞という。

中世

激動の時代を反映して、日常語の台頭と規範意識による拘束とが同時に見られる。中世は武士階級が勢力を得た時代であり、また、仏教の影響もあって、さらに漢語の一般化・日常語化が進んだ。文体的には和漢混淆文の発達を見た。和漢混淆文では和文語も漢文訓読語もともに使用されている。

漢語の使用層が拡大し、日本語の中に漢語が普及・浸透するとともに、漢字と対応しない和語をも漢字で書こうとする宛字や和製漢語が多く現れた。「あらまし」を「荒猿」、「あなかしこ」を「穴賢」のような宛字で表記し、「おはします」から「御座ある」、「おほね」から「大根（ダイコン）」、「ものさはがし」から「物忽（ブッサウ）」、「をこ」から「尾籠（ビロウ）」、「腹立つ」から「腹立（フクリフ、後に「立腹」）」、「ひのこと」から「火事」、「でばり」から「出張」のような和製漢語が作られた。このような傾向は、可能な限り漢字を用いて表記したいという欲求に基づく。この時代に行われた辞書の多くが、ある語を漢字ではどのように記すかという点に力を注いだのは、そのような背景を受けたものである。

中古に引き続いて、サ変動詞・形容詞・形容動詞・副詞に漢語が進出し、「借家（シヤクや）」「台所（ダイどころ）」「大勢（おほゼイ）」「荷物（にモツ）」のような、和語と漢語の複合語が見られる。これら重箱《じゆうばこ》読み・湯桶《ゆとう》読みの語は、純粋漢語に比べ価値が低く見られていたらしい（『下学集』に「湯桶　文章可ㇾ笑」とある）。加えて、「自然」「所詮」「地体」「毛頭」など、漢語の名詞を副詞的に使うことが多くなった。中世の漢語については、「安心（アンジン）」「書籍（シヨジヤク）」のように、文字は同じでも、発音が現在と異なるものが少なくない。

また、「行灯（アンドン）」「蒲団（フトン）」「饅頭（マンヂユウ）」「暖気（ノンキ）」のように、中国の唐末から宋代以降の音形で日本語に定着したものがある。それらは主として禅僧や商人によって伝えられたもので、唐音《とういん》（宋音）と呼ぶ。

十六世紀半ば以降、キリスト教の宣教師や西洋の商人たちの来日があり、外来語が一部に用いられた。ポルトガル語に由来するものに、「キリシタン」「パン」「コンペイトウ」「タバコ」「カッパ」「ジュバン」「ボタン」「シャボン」「チャルメラ」などがある。スペイン語からも「メリヤス」などが入った。

女房詞、船詞《ふなことば》、鷹詞《たかことば》といった、特定社会で用いられる位相語が発達し、それが文字化されることがあった。また、鎌倉に幕府が開かれるなど、政治の中心が移動することがあり、「公家ノ人々、イツシカモ云モ習ハヌ坂東声ヲツカイ」（太平記二・巻二十一）のような現象が見られ、「囲ヲモ京儒ハ囲《カゴム》トヨメバ、鎌倉ニハ囲《カコム》トスムゾ」（史記抄・周本記四）のように方言に関する言及が見られる。

近世

江戸時代は封建制度にしばられた強固な階級社会であったため、身分、職業等による位相差が大きかった。儒教・漢学の教養を持つ武士は漢語を多く用い、表現も古い時代の名残を留めることが多かった。武士語と平民語という対立が見られる。また、遊里で用いられた廓詞《くるわことば》、劇場の芝居詞、市場の市場詞の他、町奴《まちやっこ》が用いる「つっ飛ぶ」「ひやっこい」といった奴詞《やっこことば》などがあった。咄に対する関心の高まりから、口頭語を文字にする試みが洒落本や滑稽本などの発話部分を中心に見られる。式亭三馬の『浮世風呂』などでは、話し手の性別、年齢、身分、職業、出身地などの違いを反映した口頭表現が試みられている。

十八世紀半ば以降、文化の中心が上方から江戸へと移行する。言語面でもそれにともなう変化が見られる。宝暦（一七五一〜六四年）頃を境に、近世前半は京都・大坂の上方語が力を持ち、後半は江戸語が中心であった。前半は中世語からの連続性が強く、後半は現代語につらなる面が強い。

藩という地域的なまとまりと、移動交易の拡大があいまって、方言間の違いが強く意識され、江戸時代後期を中心に多くの方言集が編まれた（第一章「資料論」参照）。そのことの裏返しとして、江戸語が共通語として機能するようになる。方言形に対比して示される言葉が、時代を降るにつれ上方語から江戸語へと移行する。

中世以来の漢語の一般化が進んだ。近世の文学作品、例えば、近松の浄瑠璃などを見ると、漢語を仮名で書くことが多い。漢語の日常語化の表れといえよう。中世以降、口頭語の世界での漢語使用が増えるにともない、文字ではなく音を通して漢語を習得することがあった。『かたこと』には「首尾」を「しび」とするような訛形があげられている。また、『醒睡笑』には漢語を誤解する笑話が見える。このことは、漢語が普及し、口頭語でも使われるようになっていたことを示すと同時に、庶民による口頭語の世界では、仏教語を除き、それほど多くの漢語は使用されていなかったことを示していよう。

漢語を形容詞化した「ひどし(非道)」、動詞化した「れうる(料理)」、副詞化した「到底」「到頭」などは近世から用例が見える。

鎖国状態であったため、中世末期に流入したポルトガル語起源の外来語も多くは使われなくなり、わずかなものが残るのみである。そのうちのあるものは、「合羽」「金平糖」「襦袢」のような漢字表記となって日本語に留まった。

江戸時代、西洋諸国で唯一通商を持ったのがオランダであり、享保年間以降の蘭学の隆盛にともなって、オランダ語の影響が見られる。「コーヒー」「ビール」「ゴム」「ポンプ」「コップ」「ガラス」「ペンキ」「ラッパ」「コンパス」「ガス」「レンズ」「ランドセル」「メス」「アルコール」などである。

明治期の翻訳語としての近代漢語に先駆け、蘭学の中で訳語として用いられた漢語がある。「北極」「南極」「経度」「緯度」「伝染」「消化」「水準」「蒸気」「動詞」などである。

近代以降

明治以降、東京語が共通語の地位をしめるようになった。明治前期は東京語の形成期であり、明治後期は確立期、大正期はその完成期と位置付けることができる。東京語の共通語化には、言文一致の確立、国定教科書の制定、教育の普及、メディアの発達などが深く関わっている。

身分制度がなくなり、身分、職業等による位相差が消滅、または小さくなった。

西洋文化の流入とともに、翻訳に用いられた漢語と外来語とが急増した。明治期に漢語の増加が見られ、大正期以降に外来語の増加が見られる。定着せずに消えた語も少なくない。

ヘボン式ローマ字表記で知られるヘボン（J. C. Hepburn　一八一五〜一九一一年。一八六〇年に来日したアメリカの医師・宣教師）が編んだ、はじめての本格的な和英・英和辞典である『和英語林集成』（初版＝一八六七年、二版＝一八七二年）では、第三版（明治十九〈一八八六〉年）で一万語以上が増補されている（松村明一九五七）。その多くが近代漢語であり、その中には現在も頻用される語が多いことから、この時期に翻訳漢語が日本語の中に定着し、一般化するようになったと考えられる。

漢語の流行という背景を受け、明治期には通俗的なものも含め多くの漢語辞書が刊行された。大正期に入ると氾濫した漢語の一部は淘汰され、流行は収束に向かったといわれる。

「それは恐らく実験のない人には気の附かぬ事である」（正岡子規「徒歩旅行を読む」明治三五〈一九〇二〉年）の「実験」は現在用いる「実験」とは意味が違っている。明治三十年代から「科学の実験」といった現代語と同じ意味が定着しつつあったが、ここでは「実際の体験」の意味で用いられている。このように、明治期の漢語と現代のそれとを比較すると、共通する部分も多いが、種々の異なる点が認められる。「うんと単簡に返事をしたら山嵐は安心したらしかった」（夏目漱石『坊っちゃん』）の「単簡」のように、現在とは前後逆転している漢語があり、「その技芸に熱心して」（三遊亭円朝『根岸お行の松　因果塚の由来』）の「熱心する」は現代では用いない。

多くの外来語が日本語の語彙に加わった。その推移を、異なり語数で見ると、次のようである。

『言海』（一八八九〜九一年）	五五一語	一・四〇％
『一九五六年雑誌90種』	二九六四語	九・八〇％
『一九九四年雑誌70誌』	一五七七九語	三四・七七％

『言海』を起点に、概略、五十年で五倍、百年で二八倍に達している。

「クレヨン」「ブーケ」「パフェ」のようなフランス語に由来する外来語には芸術・服飾・料理関係のものが多く、「カルテ」「ギブス」「リュックサック」のようにドイツ語起源の外来語には医学・登山用語が多いといった特徴が見られる。他に、イタリア語やロシア語から入った語もあるが、なんといっても英語（戦後はとりわけアメリカ英語）に由来するものが多い。大正中期には、外来語のうち半分以上を英語がしめ、『一九五六年雑誌90種』の時点で、外来語の八〇％以上が英語出自である。

外来語をもとに、「パンクする」「メールする」のように「する」を付属して動詞化することがあり、「コアな部分」のように形容動詞として使うことはもちろん、「ナウい」のような形容詞も見られる。また、「バタくさい」（英語＋和語）、「プロ野球」（英語＋漢語）、「クリームパン」（英語＋ポルトガル語）、「観光バスのりば」（漢語＋英語＋和語）のような混種語を多く生んでいる。

音節構造の違いから、外国語の音形にそった外来語は長くなりがちであるため、短縮されることがある。短縮形は2モーラ＋2モーラとなることが多い（モーラについては第四章「音韻史」参照）。

パソコン←パーソナル・コンピューター←personal computer

リストラ←リストラクチュアリング← restructuring

また、「リストラ」のように、原語の意味とずれて用いる（英語は「再編成」、日本語ではしばしば「馘首」）

ことも多いが、漢語も含め借用語は外国語ではなく日本語なのであってみれば、当然の現象である。さらには、「テーブルチャージ」(英語ではcover charge)、「ナイター」(英語ではnight games)、「ニュー・フェイス」(「新顔」の直訳)のような和製英語を生み出している。

◆引用文献

有坂秀世(一九五七)『国語音韻史の研究』増補新版、三省堂
石綿敏雄(一九八五)『日本語のなかの外国語』岩波新書
遠藤嘉基(一九五二)『訓点資料と訓点語の研究』京都大学文学部国語学国文学研究室国文学会
大槻信(二〇〇二)「ナスとナスビはどうちがう?」『愛知文教大学地域文化センター叢刊』一七
柏谷嘉弘(一九八七)『日本漢語の系譜——その摂取と表現——』東宛社
川端善明(一九七八・一九七九)『活用の研究』大修館書店(増補再版、一九九七、清文堂出版)
国立国語研究所(一九六二〜四)『現代雑誌九十種の用語用字』
国立国語研究所(二〇〇五)『現代雑誌の語彙調査——一九九四年発行70誌——』
阪倉篤義(一九六六)『語構成の研究』角川書店
阪倉篤義(一九七八)『日本語の語源』講談社現代新書
阪倉篤義(一九九三)『日本語表現の流れ』岩波書店
佐竹昭広(一九八〇)『萬葉集抜書』岩波書店(二〇〇〇年刊の岩波現代文庫もあり)
佐藤武義(一九六三)「中古の物語における漢語サ変動詞」『国語学研究』三
築島裕(一九五八)「国語の語彙の変遷」『国語教育のための国語講座』4(語彙の理論と教育)、朝倉書店
築島裕(一九六三)『平安時代の漢文訓読語につきての研究』東京大学出版会

築島裕（一九六九）『平安時代語新論』東京大学出版会
築島裕（一九九二）「平安時代の訓点資料に見える「和文特有語」について」『文化言語学――その提言と建設――』三省堂
中野洋（一九七六）「『星の王子さま』六か国語版の語彙論的研究」『計量国語学』七九
野元菊雄他（一九八〇）『日本人の知識階層における話しことばの実態』（科学研究費特定研究「日本語教育のための言語能力の測定」研究報告書）
蜂矢真郷（一九八〇）「ハ（端）をめぐる語群」『親和国文』一五
松村明（一九五七）「現代語の成立と発展」『日本語の歴史』改訂版、至文堂
馬渕和夫（一九六八）『上代のことば』至文堂
宮島達夫編（一九七一）『古典対照語い表』笠間書院
山口佳紀（一九六九）「平安時代語の源流について」『東京大学教養学部　人文科学科紀要』四八
山口佳紀（一九七〇）「続　平安時代語の源流について」『東京大学教養学部　人文科学科紀要』五一

第四章　音韻史

木田章義

一　はじめに

「発音」は時代とともに変わる。できるだけ発音の労力を省こうとする意識がもっとも大きな要因である。また外来語が大量に入ってきた場合や発話速度の変化（通常、時代とともに速くなる）も変化の要因となる。日本語では、中世に「ち」[ti]が[tʃi]に変化したが、これは労力の少ない発音に変化した例である（口蓋化と呼ばれる）。奈良時代以前から大量の漢語を取り入れたようだが、漢語には日本語には存在しなかった発音もあった。そういう発音は日本語の発音習慣に合うように変形して受け入れ、日本語の発音を直接変化させることはなかったようである。明治から現代に至る間に発話速度が速くなったように、日本語の発話速度は、少しずつ速くなってきていると思われるが、日本語の発音それ自体には変化はもたらさなかったようである。ただ、発話速度が速くなったことによって、言葉の縮約が起こっている（たとえば「と言った→つった」）。

歴史的に見てゆくと、日本語の変化は緩やかで、たとえば百年前の明治時代の発音と現代語の発音はほとんど変化がない。日本語における比較的大きな最後の変化は、三百年前にハ行音が[Fa]から[ha]へ、セが[ʃe]から[se]に変わったことくらいである。母音などは平安時代以来、大きな変化はなかったと見られるので、千年間変化がないということになる。

「音韻」の定義や「音声」の違いについては、さまざまに議論が交わされた時期もあったが、定義は常に議論を呼び、なかなか決着がつかない。ここでは、我々が日常的に発音している具体的な発音を「音声」と呼び、その背後に存在する理想的な発音を「音韻」と定義しておく(有坂秀世一九五九)。曖昧な発音を聞いてもその音であると判断できるのは、聞手にその理想的な音があり、どの音に一番近いかを無意識に聞き取っているからである。ちょうど、現代の我々が活字体を、理想体あるいは基準体として文字を書いたり、読んだりしているのと同じで、「手書き文字」が「音声」に当たり「活字体」が「音韻」に当たるのである。本章では「音声」を念頭において記述している。

■コラム■音声と音韻

現代語のサ行は音声記号で書けば[sa][ʃi][su][se][so]となる。シだけが[ʃi]であるが、音声学上は[s]と[ʃ]は別の音とされるので、音声から分類すれば、シはサ行(sa)ではなく、シャ行(ʃa あるいは sya)に属するものとなる。ところがそれではサ行は五母音が揃わず、シャ行は他の拗音よりも一つ数の多い行となってしまう。

sa	×	su	se	so
ʃa	ʃi	ʃu	×	ʃo

そこで、[ʃi]は、[s]が後の[i]の影響で口蓋音化を起こしたもので、本来の音は[si]であると考えれば、[ʃi]はサ行に入り、全体が体系的になる。音韻論はこのように、音声をできるだけ整然とした体系になるように解釈してゆくものである。このような音韻論的解釈によって[ʃi]は/si/と解釈される（音声は[ ]に囲み、音韻は/ /で囲んで区別する）。

現代日本語の音韻論的音節の体系は左のようになる。

						濁音節				
直音	a	i	u	e	o					
	ka	ki	ku	ke	ko	ga	gi	gu	ge	go
	sa	si	su	se	so	za	zi	zu	ze	zo
	ta	ti	tu	te	to	da			de	do
	na	ni	nu	ne	no					
	ha	hi	hu	he	ho	ba	bi	bu	be	bo
	ma	mi	mu	me	mo					
	ya		yu		yo					
	ra	ri	ru	re	ro					
	wa									
	pa	pi	pu	pe	po					
	N（撥音）、Q（促音）、R（長音）									
拗音	kya		kyu		kyo	gya		gyu		gyo
	sya（ʃa）		syu（ʃu）		syo（ʃo）	zya		zyu		zyo

tya	tyu	tyo	dya	dyu	dyo
nya	nyu	nyo			
hya	hyu	hyo	bya	byu	byo
mya	myu	myo			
rya	ryu	ryo			

右の音節表の、N、Q、Rというのは、「特殊音節」あるいは「モーラ音素」と呼ばれるものである（服部四郎一九六〇、金田一春彦一九六七）。

Nは撥音を表す。たとえば［maŋki（満期）］［manto（マント）］［mampo（漫歩）］の撥音の部分は、-ŋ-、-n-、-m-と違った音声になっているが、我々はそれを意識しない。しかし、「まんき」と「まき」とは違った語を指し、マとキの間にある一音節に相当する長さの鼻音（鼻に抜く音）が言葉を区別している。そこで、この鼻音を一つの音韻と認め、鼻音を代表する符号としてnを用い、音節であることを示すために大文字でNという音韻とした。

Qは促音で、［ikku（一句）］［itta（言った）］［ippu（一婦）］などの［-kk-］［-tt-］［-pp-］の違いは意識しないが、「いっく」と「いく」のように弁別機能を持っているので、その一音節分の長さの無音部分を一つの音韻と解釈して、Qで表す。

長音については、「おおき」を［ooki］と二つの同じ母音が連続していると解釈する立場と、Rという音韻を認め、［oRki］と解釈する立場がある。Rは長母音の後半部分に相当し、一音節分の長さを持ち、前の母音の性格によって、a、i、u、e、oと音が変わるが、母音を長くする「意図」が共通するので、「引き音節」と呼ぶ（「意図」を音韻として認めるのは問題であるという異論もある）。

一般的には、R説を採用し、N、Q、Rの三つの特殊音節（「モーラ音素」）を認める。日本語の音韻の単位を「音節」とするのも、これらの特殊な音韻が音節を単位としているからである。「特殊」というのは、一つの音素が音節に相当することと、N、Q、Rが、それぞれ固定した音を持っているのではなく、前後に来る音によってその具体的な音声が変わることを指している。

この音節表を更に「音素」の段階にまで分析して、

/a, i, u, e, o/

/k, g, s, z, t, d, n, h, b, m, y, r, w, p/

/N, Q, R/

と記述することもできる（拗音の /-y-/ はヤ行の /y/ と同じものと解釈する。ここでは外来語の発音を含めない）。

二　古代の音声

古代語資料とその利用法

日本語の発音（音韻）が体系的に分かるのは奈良時代からである。

奈良時代の日本語の発音を知ろうとするとき、音仮名が重要な資料となる（第二章「表記史」参照）。というのは、音仮名はその当時の漢字の中で、もっとも日本語の発音に近い音を持つ漢字で日本語を写したものだからである。

奈良時代は『古事記』『日本書紀』『万葉集』などが主要な資料であるが、森博達（一九七四・一九七七）は、

『日本書紀』を、漢音に基づくα群（巻十四～十七、十九、二十四～二十七）、呉音に基づくβ群（巻一～三、五、七、九～十三、二十二、二十三）に分けた。

漢音・呉音というのは、当時用いられていた二種の漢字音のことで、現在の漢音・呉音の元となるものである（後述）。漢音は、遣唐使たちが学んできた唐代の中国語で、当時の現代中国語に当たる（「唐代長安音」とも「秦音《しんおん》」とも呼ばれる）。呉音は、それ以前に日本に定着していた漢字音を総称したものである。漢音は当時の中国の標準語で、発音がかなり委しく分かっている。それで、奈良時代の発音を研究する際には、『日本書紀』の漢音部分を資料として使うようになった（森一九九一）。

たとえば、α群の歌は、

瀰《み》致《ち》儞《に》阿《あ》賦《ふ》耶《や》　嗚《を》之《し》慮《ろ》能《の》古《こ》　阿《あ》母《も》儞《に》挙《こ》曾《そ》　枳《き》挙《こ》曳《江》儒《ず》阿《あ》羅《ら》毎《め》　矩《く》儞《に》々《に》播《は》　枳《き》挙《こ》曳《え》底《て》那《な》

（日本書紀・巻十四）

（道に会ふや　尾代の子　母にこそ　聞えずあらめ　国には　聞えてな）

のようにすべて音仮名で表記される。第一句では日本語の「み」に「瀰」を当てている。当時の漢字の中で、日本語の「み」にもっとも似た発音だったのがこの「瀰」であったのであるから、当時の中国語の「瀰」の発音が分かれば、当時の日本語の「み」の発音も分かるということになる。

平山久雄（一九六七）、森（一九九一）の研究成果を第一句に当てはめると、「瀰致儞阿賦耶」は［miě-ti-ni a-fu-ya］という発音に近いものであったと推定できる。このように音仮名を通じて、奈良時代の日本語の発音を知ることができるのである。ただし、漢字の発音がそのまま日本語の発音であったというのではない。音価の決定は、音韻の体系性や平安時代との連続なども考慮しつつ、他の資料との整合性を図らなければならない。たとえば右の「瀰」は中国では七世紀頃はmの子音であったが、唐代長安音では鼻音が鼻音的性格を失ってゆく「非鼻音化」という現象を起こしており、[^{m}bi]のような発音になっていたと言われている。従って当時の音では、日本語の子音mを表すには不適当であった。しかし他に似た音がなかったので、やむを得ずこれらの漢字を選択したと思われる（-iěという母音についても、i母音の一致を重視し、ěは無視したらしい）。中国語音と日本語音のズレについては、濁音表示にも現れる。唐代長安音では、「全濁音の無声化」という現象が生じており、有声音のb・d・gが無声有気音p'・t'・k'に変わっていたため、日本語の濁音を表す漢字がなくなっていた。そこで、たとえば、バ行音には《[^{m}b-]》の音を持つ漢字を当て、ダ行音には《[^{n}d-]》の漢字を当てたり、呉音で濁音の漢字（「駄」「婆」など）を使ったり、まったく同音だったはずの漢字を清音・濁音に分けて使用したりしている（「魔」と「磨・麼」は中国音では同音であったが、「魔」を「マ」に当て、「磨・麼」を「バ」に当てている）。このような日本語の音韻体系と中国の音韻体系のズレに常に注意をしておかなくてはならない。

このような資料を分析した結果、奈良時代の発音は、五十音図を基準にすると、ヤ行の「𛀁」とワ行の「ゐ、ゑ、を」が存在していたこと、「ち」「つ」の発音が《[ti][tu]》であったこと、そして五十音図の枠からはみ出る「上代特殊仮名遣」と呼ばれる現象が存在していたことが分かった。

上代特殊仮名遣

奈良時代の、五十音図に入りきらない音節とは、たとえば、「き」の音節は、平安時代以降は、「きね（杵）」の「き」も「きのね（木の根）」の「き」も、同じ文字で書かれるが、奈良時代では、「杵」の「き」の場合は必ず、(1)岐、伎、支、吉、枳、企、棄、耆のグループの漢字を使い、「木」には必ず(2)紀、記、貴、奇、綺、寄、騎、幾、機、基のグループの漢字を使う。「き」の音節を含む大量の単語は、すべて、(1)か(2)のどちらのグループの漢字で書かれるかが決まっており、整然と書き分けられているのである。

このように二種類の音を持つ音節は、「き・ひ・み、け・へ・め、こ・そ・と・の・も・よ・ろ」の音節とその濁音節であった。そこで橋本進吉（一九一七）は、これを上代特有の仮名遣として、「上代特殊仮名遣」と名付け、⑴の方は「き甲類」、⑵は「き乙類」と呼んだ。上代特殊仮名遣を含む音節は、清音十三音節、濁音七音節の、合計二十音節にわたる。

この中、「も」の二種の区別はほとんど消滅しかかっていたようであるが、『古事記』や『万葉集』の山上憶良などの歌では書き分けられているので、奈良時代ではまだこの区別を持っている人が生きていたらしい。『古事記』については、「ほ」の仮名にも使い分けがあったという意見も根強く、まだ考慮する必要があるだろう（馬渕和夫一九五八、犬飼隆一九七八）。

これだけ多くの音節で、無数に近い単語について明瞭に書き分けることができたのは、実際に発音が異なっていたためである。それは⑴の漢字と⑵の漢字とは、当時の中国語で発音が違っていたことでも立証される。

上代特殊仮名遣の表示法は、「き甲類」「き乙類」、き（甲類）・き（乙類）とする方法もあるが、ここでは、松本克己（一九七五）の提案する、「き[1]」「き[2]」と表記する方法をとる。

森（一九九一）に拠って、万葉仮名の中国音価を、おおむね左頁のように推定しておく。

上代特殊仮名遣の意味

上代特殊仮名遣に関係する各音節の二種類の音価は、オ列甲類が[o]、乙類が[ə]のような音だったと言われ、これはほぼ認められている。中国音に拠ると、イ列甲類は[i]、乙類は[ɪi]（1）、エ列甲類は[iɛi]、乙類は[ʌi]に近い音であったらしいが、イ列・エ列の推定音価は、解釈によって異なってくる。

わ [wɑ]	ら [lɑ]	や [yɑ]	ま [mɑ]	は [pɑ]	な [nɑ]	た [tɑ]	さ [tsɑ]	か [kɑ]	あ [ɑ]
ゐ [·ʏə̌i]	り [lɪi]		み$_1$ [mi]	ひ$_1$ [pi]	に [nɪi]	ち [tɪi]	し [tʃi]	き$_1$ [ki]	い [i]
			み$_2$ [mʏə̌i]	ひ$_2$ [pɪi]				き$_2$ [kɪi]	
	る [lu]	ゆ [yu]	む [mu]	ふ [Fu]	ぬ [nu]	つ [tu]	す [su]	く [ku]	う [u]
ゑ [·ʏɛi]	れ [liɛi]	𛀁 [yiɛi]	め$_1$ [miɛi]	へ$_1$ [piɛi]	ね [nei]	て [tei]	せ [tʃei]	け$_1$ [kiɛi]	え [ʌi]
			め$_2$ [mʌi]	へ$_2$ [pʌi]				け$_2$ [kʌi]	
を [wo]	ろ$_1$ [lo]	よ$_1$ [yo]	も$_1$ [mo]	ほ [po]	の$_1$ [no]	と$_1$ [to]	そ$_1$ [so]	こ$_1$ [ko]	お [ə]
	ろ$_2$ [lɪə]	よ$_2$ [yə]	も$_2$ [mə]		の$_2$ [nə]	と$_2$ [tə]	そ$_2$ [tsə]	こ$_2$ [kɪə]	

濁音節の「ぎ、げ、び、べ、ご、ぞ、ど」の二種の違いは清音と同じなので略した。

まず、注目されるのは、ア列、オ列、ウ列音の間にある排他的関係である。

一つの形態素(最小の意味の単位)の中で、o_1はa・o_1・uと共存するが、o_2はこの三母音とは結びつかない、あるいは結びつきにくいという傾向がある。たとえば、「すそ(裾)」という語であれば、第一音節がsuで、u母音であるから、その下の「そ」は「そ$_1$(o_1)」であって、「そ$_2$(o_2)」は来ないということである。o_2から見れば、o_1・a・uは別のグループに属する母音ということになる。

これらの母音の排他的な関係は、母音が二つのグループに分かれているように見えるので、アルタイ語系言語に共通する「母音調和」の名残ではないかという解釈が提出された(池上禎造一九三二、有坂一九三二)。

「母音調和」というのは、母音が後舌母音、前舌母音の二種類(あるいはそれに中性母音が加わって三種類)に分かれ、一つの単語の中では、それぞれのグループの母音どうしは共存できるが、他のグループの母音とは共存しないという現象である。たとえば、トルコ語では、

後舌母音　a　ı　o　u
前舌母音　e　i　ö　ü

の二種に分かれ、後舌・前舌の二つのグループの母音は一つの単語の中では混在しない。たとえば、karar(決定)という単語は、第一音節がaなので、後には同じグループのa・ı・o・uしか来ない(karerという単語はない)という母音の結びつきの制限である。上代特殊仮名遣も、

①　a　o_1　u
②　ä*　o_2　ü*(*は理論的に推定した音であることを示す)

のような体系が崩れて、ä・üが消えた段階と考えると、この排他的関係の説明がつく。日本語はトル

コ語などのアルタイ系言語とは文法的にそっくりであるので、日本語もアルタイ語に属するという意見も強かったが、母音調和が存在しないことが一つの障害になっていた。もし上代特殊仮名遣が母音調和の名残と解釈できるならば、日本語とアルタイ語はいっそう近いものとなるという期待もあり、この解釈は魅力的であった。しかしその後、いくつかの解釈が発表され、母音調和の名残であるという解釈は少数意見になっている。

(A)八母音説

上代特殊仮名遣が再発見された（第八章「国語学史」参照）昭和初期は、イ列、エ列、オ列の甲類は通常の母音と考え、乙類はそれに対応する中舌母音と見て、a・i・u・e・oに、中舌母音ï・ë・öを加え、八つの母音があったと解釈していた。

(B)六母音説

服部四郎（一九七六a・b）は、イ列とエ列の甲類乙類の違いは、子音の口蓋化の有無による区別であると解釈した。たとえば「き$_1$」は[kj-]という口蓋化した子音で、「き$_2$」は普通の[k-]であったと解釈した。これは琉球方言で口蓋化子音と非口蓋化子音が対立して存在していることにヒントを得た解釈である。エ列も口蓋化した[kj-]と口蓋化していない[k-]が対立していたと解釈する。「ひ$_1$」「ひ$_2$」、「み$_1$」「み$_2$」も同じ原理で、pjとp、mjとmの対立とする。つまりこれらの音節の対立は子音によるものであって、母音は同じものであったと見るのである。そうなればイ列乙類（i_2）、エ列乙類（e_2）は存在しなかったことになる。一方、オ列の甲類乙類については母音が違っていたと解釈するので、結局、a・i・u・e・o_1・o_2の六母音であったことになる。

（C）五母音説

松本（一九七五）は、（B）の六母音説の上に立って、オ列甲類乙類の母音の出現する環境を細かく分析し、オ列甲類（o_1）は、単音節語（子《こ》、粉《こ》、籠《こ》などの語）やu母音が前後にある場合（糞、雲）に多いこと、またオ列音が二つ続く単語の場合には、原則として o_2 が続くという傾向も顕著で、たとえば「とこ（床）」のようにオ列が二つ続く場合には、「と^{2}こ^2（o_2-o_2）」のように、必ず o_2 が現れることを指摘した。これらは相補的分布にあるから、もともと o_1 と o_2 は同じ音であったが、その環境によって異なった発音になったものであると解釈した。つまり、o_2 だけが音韻であり、o_1 は o_2 の「異音」であると解釈したのである（本来は同じ母音であるが、前後の音の影響を受けて本来の音とは違った音色になった音を「異音」と呼ぶ）。この立場に立てば、六母音から o_1 が消えるので、母音は、a・i・u・e・o_2 の五母音になり、平安朝以降の母音体系と同じものになる。しかも o_2 を中心とした母音の排他的関係もなくなるので、上代特殊仮名遣は母音調和の名残とは解釈できなくなる。

その他「七母音説」（森一九八一）、「四母音説」（松本一九九五）などもある。

（A）の八母音説は、書き分けの現象をそのまま言語体系と見なすという単純な解釈なので、最近はこの説をとる研究者は少なく、現在は（B）の解釈をとる研究者が多いように見える。ただ、この解釈では説明しにくい点がいくつかある。

まず、森（一九八一）が指摘するように、万葉仮名のイ列の甲類乙類について、口蓋・非口蓋の違いのある漢字を利用できる場合でも、母音の異なった漢字を用いて区別しているものがあるので、甲類乙類の違いは母音にあったと見る方が素直である。また、イ列全体を考えてみると、甲乙を区別しない一類のイ列音は甲類の母音と同じであったと見るのが一般的であるから、イ列音は、kj-i　ki　s-i　t-i　n-i　pj-i　pi　mj-i　mi　r-i　w-i のようになるだろうが、子音に口蓋的な子音と非口蓋的な子音が混在することになる。この口蓋的子音が存在した理由を説明しなければならない。カ行一行についても、

k-a　k-i　k-u　k-e　$k\text{-}o_1$　$k\text{-}o_2$

kj-i　kj-e　（甲類）

という形であったことになる。平安時代に甲類乙類は合流するが、kjという口蓋化した子音がkになることは考えにくいので、ki keが口蓋化してkji kjeとなったと考えざるを得ず、その説明が困難である。口蓋化による解釈は、母音体系を簡略化させるために、問題を子音体系に移しただけで、上代語の音韻体系全体を考えると、必ずしも整合性のある解釈とは言えないのである（木田章義二〇一二）。

（B）（C）の「六母音・五母音説」の違いは、o_1とo_2が互いに音韻として対立していたのか、o_1がo_2の「異音」であったと解釈するかの違いである。o_1とo_2は、数は少ないが、「そ^1（衣）」と「そ^2（背）」、「こ^{1}ふ（恋）」と「こ^{2}ふ（乞）」のように単語を区別しているので、音韻として認めるという立場が（B）である。しかし、「殿（to_2no_2）」などのオ列乙類が並ぶ単語は多いのに、「百（mo_1mo_1）」のようにオ列甲類が並ぶ単語は例外的なほど少ないこと、オ列甲類が単音節語やuと結びつくときに現れやすいという傾向はあるので、o_1とo_2は本来は一つの母音であるという（C）説も有力である。両説とも決定的な根拠を持たないため、現在、議論が立ち消えている状況である。

上代特殊仮名遣の興味深いところは、音韻だけではなく、活用とも関係するところにある。上代特殊仮名遣が関係する活用だけを挙げると、左のようになる。ハ行・マ行も甲類・乙類の分布は同じであり、

「き$_1$」を「ひ$_1$」「み$_1$」、「き$_2$」を「ひ$_2$」「み$_2$」に置き換えればよい。

		未	用	終	体	已	命
・四段活用	書く	か	き$_1$	く	く	け$_2$	け$_1$
・上二段活用	起く	き$_2$	き$_2$	く	くる	くれ	き$_2$(よ$_2$)
・下二段活用	掛く	け$_2$	け$_2$	く	くる	くれ	け$_2$(よ$_2$)
・上一段活用	着る	き$_1$	き$_1$	き$_1$る	き$_1$る	き$_1$れ	き$_1$(よ$_2$)
・カ変	来	こ$_2$	き$_1$	く	くる	くれ	こ$_2$(よ$_2$)
・形容詞	赤し	け$_1$	く	し	き$_1$	け$_1$ け$_1$れ	○

助動詞は動詞型活用なら動詞と、形容詞型ならば形容詞と同じようになる。二段動詞は上代特殊仮名遣が関係するところは常に乙類の音であることは注意すべきである。四段活用の連用形が甲類なので、カ行・ハ行・マ行については、連用形が甲類か乙類かを見るだけで四段活用か上二段活用か判断できるのである。音価に関係するところでは、平安時代になっても、二段動詞の連用形は音便化しないことに注目すると、この甲類・乙類の音声的な違いは平安時代になっても残っていたらしいこと、更に甲類・乙類の違いが母音にあった可能性が高いことも推察できるのである。

また、四段活用にオ列音が含まれていないことも特に注意しておくべきことである。『日本書紀』歌謡では、オ列音節は甲類・乙類を合わせて二二%を占める。全音節の五分の一を超えるオ列音が、動詞の機能の区別に利用されていないのは不思議というほかない。逆に、助詞は半数以上がオ列乙類音を持つ。音の性格と文法との間に、何らかの相関関係が存在しているように見える。このような点も考慮しながら、上代特殊仮名遣の性格を研究する必要がある。文献時代以前の日本語を復元するときには、活用との関連を明らかにしてゆかねば正しい解釈に至らないであろう（木田一九八八a、二〇一二）。o_2は u母音の影響でo_1になったとしても、aとの対立的傾向は残っているので、母音調和とのつながりはまだ完全には断ち切られていない。

このように上代特殊仮名遣の解釈は、かなり根本的なところでも未解決のところが多く残っている。

ハ行音

奈良時代ではF音であったという意見も強いが、森（一九九一）は中国音からハとヒ乙類は[p]音であったと考えられることから、ハ行全体が[p]であったと解釈している。久島茂（一九八二）は、フがfuである以外は、p音だったと主張する（服部一九七六b）。

奈良時代のハ行が[F]であったという主張は、橋本進吉（一九二八）以来のものであるが、その根拠は平安時代初期成立の円仁（七九四〜八六四年）『在唐記』の梵字のpaの発音に関する記述、

pa　唇音　以㆓本郷波字音㆒呼㆑之　下字亦然　皆加㆓唇音㆒

にある。円仁は梵字の発音について、まず「本郷音（日本漢字音）」で説明し、不足があれば注記で補い、それでも表せない場合は「大唐音（当時の中国語）」で説明している。梵語のpaに対して、本郷音の「波」の字音を当て、「唇音を加えよ」と注記しているのを、橋本進吉は、「波」がpaであったなら、p音に更に「唇音を加える」ことはないと考えた。つまり「波」がFaの音であったために、唇音を加えて（唇音性を強くして）、paの発音を指定したと解釈した。しかし、円仁が学んだ当時の中国語では、pとF（f）の区別が存在していたので、中国で学んだ円仁は、pとFは別の音と認識していたはずである。

従ってpの音に、わざわざF音を当てることは考えにくい。梵字のnaやmaに対する説明にも、「那・摩」の本郷音で注音して、「鼻音を加えよ」と注記しているが、これをハ行と同じように解釈すれば、日本漢字音の「那・摩」は鼻音ではなかったことになる。しかし日本漢字音では「那・摩」は［na・ma］であったので、この注記は、梵語の鼻音は日本語の鼻音より強い閉鎖であったために、強く発音せよという意味と考えられる。ハ行も、日本語のpは梵語のpに比べて弱い閉鎖であったのを、強く発音せよと注意していると考えられる。円仁の時代のハ行音はp音であったと見るべきである（木田一九八九）。ただ、平安時代中期から語中・語尾のハ行音がw音に変化してゆく現象が始まるので（ハ行転呼音、後述）、この時代でも語中・語尾ではFに近い発音になっていた可能性は残る。

その他の注意すべき音

サ行音は複雑である。奈良時代のサ行音に当てられた音仮名は、中国音によれば、

さ　し　す　せ　そ$_1$　そ$_2$

tsa　tʃi　su　tʃe　so　tsə

に近い音であったようであるが、破擦音（ts-、tʃ-）と摩擦音（s-）が混在している。円仁『在唐記』では、「tʃa本郷『佐』字音勢呼レ之」とあるので、日本語の「佐」音がtʃaに似ていたこと、saに対して「大唐『娑』字音」と中国音で説明しているので、日本語にはsaに似た音がなかったことも分かる。梵語にはtsaの音がないので、これらの記述からは日本語のサがtʃaかtsaかは決定できないが、サには破裂音tの要素があったことは間違いなさそうである。母音の音色によって、破裂音の有無や強弱が異なっていた可能性もある。サ行イ音便の語彙の存在から、「シ」だけは摩擦音であったという解釈もある（イ音便を起こす

ためには摩擦音の方が説明しやすい〈橋本四郎一九六二〉。サ行の音価について、［tsa、tʃi、tsu、tʃe、tso］や［^{t}sa、^{t}ʃi、^{t}su、^{t}ʃe、^{t}so、^{t}sə］などの音が考えられているが、定説はない。さらに語頭では破擦音、語中・語尾では摩擦音であったという見解も提出されている（小倉肇一九九八）。

上代特殊仮名遣と関係しないａ・ｕは現代語と大差ない音で、ａは奥舌的な母音、ｕは円唇性の強いｕであったと思われる。

タ行のチ・ツがti tuであって、現代語のtʃi tsuと違っていた（ダ行音di du）。

ヤ行のエ（ye）とア行のエ（e）の区別があった。

ワ行のヰはwi、ヱはwe、ヲはwoであった。

他の音節については現代語と同じであったと考えられている。

語音構造

上代語では、音節は、「母音音節（V）」または「子音＋母音（CV）」の音節ばかりで、促音・撥音・長音などは見られない（中心資料が和歌・歌謡であるという資料の制約による可能性もある）。

また、語の構造を見ると、いくつかの分布制限があった。

(1)母音音節は語頭のみに現れる（「語中・語尾には母音音節は来ない」と表現してもよい）。

もし、母音音節を語頭に持つ単語（たとえば「いそ$_2$〈磯〉」）が複合語の下項に来ると、母音音節が語中に来ることになるので（ara ＋ iso$_2$）、①一方の母音を脱落させるか、②二つの母音を合成して別の母音に変えてしまう。

①あら＋いそ$_2$→ありそ$_2$（荒磯）　ara ＋ iso$_1$→ ariso$_1$（上項末母音の -a が脱落）

②さき＋あり→さけ$_1$り　saki ＋ ari → sake$_1$ri（-ia- が e$_1$に変化）

ただし、イ・ウには、おい（老）、かい（櫂）、まうす（申）、まうく（設）など若干の例外がある。

(2)濁音は語頭に来ない（擬態語や擬声語には例外がある）。

(3)ラ行音は語頭に来ない。

これらの制限は、現代語にも何らかの形で残存している。現代語でも語中の母音は縮約することが多いし（見て＋行く→みてく）、濁音が語頭に来る和語の数は少なく、もし語頭に濁音が来る場合には、あまり良い語感とは感じない（ガラが悪い、がに股）（遠藤邦基一九七七）。和語ではラ行で始まる語は今もほとんどない。

三　平安時代以降の変化

母音の変化

平安時代になると上代特殊仮名遣はなくなってゆく。濁音を含めて二〇もの音節が消えてゆくことになるので、意思伝達に支障が生じるはずであるが、それは単語が長くなることで補われたと言われる。たとえば、「こ$_1$」は「子、籠」、「こ$_2$」は「此、木」の意味を表していたが、それぞれ「こ-ども、か-ご」、「これ、この（み）」というように、単語が長くなることによって意味の区別を守ったというのである（馬渕一九六八、阪倉篤義一九九三）。ただ、コの甲乙は、平安時代になっても区別している文献があり（『新撰字鏡』『高橋氏文』など）、七九五年から八四八年までの国史類（『日本後紀』など）掲載の和歌ではコ甲乙類の区別に誤りがないことから（馬渕一九六八）、この時代にはまだコ甲乙の区別が残っていたようである。十世紀の半ば頃に、ア行のエ[e]とヤ行のエ[ye]の区別がなくなった。エはエの十倍以上の使用例があり、少数のものが多数のものに吸収され、音声的には[ye]（[æ]）一つになった。

十一世紀中頃から、語頭のオ[o]とヲ[wo]が混乱し始める。ヲはオの二倍ほどの用例数があるので、ヲがオを吸収して、音声としては[wo]一つになったと見られている。

一般的に発音の変化は、簡単な発音に変わってゆくのが原則であるから、eがyeに、oがwoに変化するのは原則に合わないように見える。しかし量の多い方が量の少ない方を吸収するというのも原則であるから、量の多いye、woが、量の少ないe、oを吸収したと考えるのは原則に合う。現代でも、eを強く発音するとyeの発音になるし、oもwoと発音されることがあるように、発音としては揺れていたと考えることも可能である。ただ、子音と結合する母音音節（ア行音）が存在しなければ音韻論的な説明が難しいので、音声的にはye、woであっても、音韻としては母音e、oと解釈する。

平安時代以降、母音はほとんど変化がなかったようである。ただ、中世には、「おうかめ（狼）」「うしろい（白粉）」のように、イ列音とエ列音、ウ列音とオ列音が混乱する語彙が散見される。エ列音が先述のごとく[ye]（あるいは[æ]）のような発音であれば、イ列音と混乱しやすいだろう。ウ列とオ列の混乱は、ウ列が円唇母音（唇を丸める発音）であったため、円唇性の強い母音oと混乱したものと思われる。u母音は現代に至る間に平唇音（唇を平らにする発音）に変わったようである。朝鮮資料『海行摠載《かいこうそうさい》』の漢字表記から、十八世紀中頃には平唇母音に変わっているという（朴真完二〇〇五）。

音便

平安時代になると、「書きて」が「書いて」、「飛びて」が「飛んで」となるような変化が起こる。これを「音便《おんびん》」と呼ぶ。音便にはイ音便・ウ音便・促音便・撥音便の四種類があり、イ音便・ウ音便は子音が脱落してできる。たとえば akaki-kinu（赤き衣）は「赤き」の ki の k が脱落して akai-kinu（赤い衣）となる。「早く」が「早う」となる。促音便・撥音便は母音が脱落して生じる。たとえば、ayamari-te（誤りて）の ri の i が脱落して（ayamar-te から）ayamatte（誤って）となる。「読みて」は「読んで」となる。イ音便・ウ音便によって語中語尾にも母音音節が来るようになった。

音便が生じる主な条件は以下のようなものである。

〈イ音便〉形容詞の連体形、カ行・ガ行・サ行四段動詞連用形に「て」が付いた形（赤い衣、置いて、指いて、次いで）

〈ウ音便〉形容詞の連用形、ハ行・バ行・マ行四段活用の連用形に「て」が付いた形（赤う、仕うまつる、呼うで、好《この》うだ）

〈促音便〉ラ行・タ行・ハ行四段活用の連用形に「て」が付いた形（誤って、断って、繕って）

〈撥音便〉マ行・バ行・ナ行四段活用・ナ変の連用形に「て」が付いた形（摘んだる、呼んで、死んで）

これらは同時に発生したのではなく、カ行・ガ行四段のイ音便、ラ行四段の促音便、マ行四段の撥音便などが早く起こった。語彙的に見れば、奈良時代でもイ音便・ウ音便を生じた若干の語があった（キサキ→キサイ〈后〉、オトヒト→オトウト〈弟〉）。

サ行イ音便はイ音便の中でも遅く生じ、中世に特に盛んであったが、現代に至るまでに元の形に戻ってしまう。たとえば、「指す」という語は、一度「さいて」とイ音便化し、現代に至るまでに「さして」

に戻ってしまうのである。これについてはアクセントとの関係や語幹末母音がeの場合などが関係していると言われる（橋本一九六二、柳田征司一九九三）。カ行四段活用の動詞との混同を避けたという面もあるが（「差して」が「差いて」となると「咲いて」と混同される）、同音衝突しないものもあり、元に戻ってしまった原因については未だ明らかになっていない。

新しく生じた撥音・促音は、しばらくの間は音韻としては認められなかったようであるが、撥音は聞き取りやすい音なので先に音韻として安定し、ン、ムなどで表されるようになる（第二章「表記史」参照）。促音がツ表記されることが多くなった十二世紀には、促音も音韻として安定し始めたようである。ただ、鎌倉時代のアクセント資料では、促音音節には声点《しょうてん》（後述）が振られていないことも多く（金田一一九六四、桜井茂治一九六七）、まだ音韻としては不安定だったようである。室町時代には連歌などに促音の語彙が読み込まれると、その促音が一音節として扱われるようになっているので（たとえば「しゅっけ（出家）」はシュ・ッ・ケの三音節として扱われる）、室町時代には促音は音韻として安定したものになっていたと思われる。

ハ行転呼音

ハ行転呼音というのは、平安時代以降の日本語の発音変化の中ではもっとも大きな変化である。十一世紀中頃から始まった現象で、二段階に分かれる。第一段階は、語中・語尾のハ行音がワ行音に変化する現象である。**kapa**（皮）が **kawa** に変わるのである。この変化によって語中・語尾にはハ行音はなくなってしまう（すべてワ行音になる。ただしワ行のウは存在しなかったのでフだけはア行のウになる）。第二段階は、語中・語尾にあったワ行音の中、「ゐ」「ゑ」がア行音「い」「え」に変化する。kawiがkaiに変わってしまうのである。

①第一段階（語中・語尾のハ行音がワ行音に変わる）

かは→かわ	かひ→かゐ	かふ→かう	かへ→かゑ	かほ→かを
kapa→kawa	kapi→kawi	kapu→kau	kape→kawe	kapo→kawo
(kaFa)	(kaFi)	(kaFu)	(kaFe)	(kaFo)

②第二段階（語中・語尾の「ゐ」「ゑ」がア行の「い」「え」に変わる）

kawi→kai　kawe→kaye

①の現象は、十一世紀中頃から顕著になってくる。たとえば『法華釈文《ほつけしやくもん》』（十世紀末加点）の「種」や「裁」は「ウウル」のはずであるが、「ウフル」の仮名が付けられている（フがウと同音、あるいはウに近い音になっていることを示す）。院政時代の終わり頃には、この変化が完了する。②は院政時代末から鎌倉時代に生じた変化で、両者は連続して生じた。

ハ行転呼音が起こるためには、pからwに変化するより、Fからwに変化したと考える方が自然なので、右の第一段階の時点では語中・語尾のハ行音はFになっていたであろう。和歌の掛詞、たとえば「泡（あわ）」を「あはむ（逢はむ）」に掛けた例などの存在から、すでに十世紀はじめからハとワの音が近くなっていたという推定もある（遠藤一九七二）。

十三世紀の中国資料『鶴林玉露《かくりんぎよくろ》』（羅大経、一二四八年）では、日本語のハ行音を写すのにf系の漢字を使っているので、この頃には語頭でもF音であった。十五〜十六世紀成立と想定される中国資料『日本館訳語』でも、ハ行音は「法、非、福、夫」などのf系の漢字で表されている。十六世紀末のキリシタン資料でも、ハ行音はｆで表記されている。十七世紀はじめの頃、日本に滞在したコリャードの『日本文典』には、「ｆは日本のある地方ではラテン語におけるように発音されるが、他の地方ではあたかも不完全なｈのように発音される。……ｆとｈとの中間の音であって……」（大塚高信訳）と言う。これらから見ると、室町末期から江戸初期にかけてもまだＦ音であった。

江戸時代の『音曲玉淵集《おんぎょくぎょくえんしゅう》』（享保十二〈一七二七〉年）の記述や朝鮮資料『改修捷解新語《しょうかいしんご》』（一七四八年改修）によれば十八世紀にはｈ音になっていたらしい。『音韻断』（泰山蔚、寛政十一〈一七九九〉年）ではハ行はフ以外は「喉音」であると明言している。

ハ行転呼音の①②が生じてから、語中・語尾のｉ音を表記するのには「い、ゐ、ひ」の仮名があり、ｅの音節には「え、ゑ、へ」の仮名があることになり、一つの単語を表記するのにどの仮名を使うかが問題となった。そこで藤原定家が古い写本の仮名遣を調べ、それぞれの文字をどのように使うかを定めた。それが「仮名遣」（定家仮名遣）である（第二章「表記史」参照）。

ハ行転呼音によってハ行音は語頭のみに存在することになった。現代語でも語中・語尾にはハ行音は来ない。「はは（母）」や「ほほ（頰）」などの例外があるが、共に、「はわ」「ほを」になっていたのが、「はは」「ほほ」に戻ったものである。この原因は「文字読み」のせいであると言われる。

サ行音

サ行四段活用のイ音便は十世紀頃から見える。イ音便化はシが摩擦音である方が説明しやすいので、先述のとおり、十世紀頃から語中・語尾のシはʃi、あるいは破裂の弱い音になっていた可能性がある。

室町時代末期のキリシタン資料では、サ行は、sa　xi　su　xe　so と表記されており、発音は［sa、

ʃi、su、ʃe、so」であったらしい。奈良時代・平安時代と比べると、破裂の要素が消えたことになる。『音韻断』ではセはサ・ソと同じ扱いになっているので、十八世紀末の京都ではseになっていたようである。ただ、明治になっても各地の方言でʃeの発音を残しており、九州地方のように近年までʃeが残っていた地方もある。

四つ仮名の混乱

「四つ仮名」というのは、ジ、ヂ、ズ、ヅの四つの仮名を言い、それが混同する現象を「四つ仮名の混乱」と言う。「ふぢ(藤)」と「ふじ(富士)」、「はづ(恥)」と「はず(筈)」が同じ発音になる現象である。鎌倉末期から室町時代に掛けて、チ[ti]が[tʃi]に変わり、ツ[tu]が[tsu]に変化した(これを「破擦音化」と言うことが多い)。それに対応する濁音も、[di][du]から[dʒi][dzu]と変化した。そうなると、

ダ行　da　dʒi　dzu　de　do

ザ行　za　zi　zu　ze　zo(あるいはdza　dzi　dzu　dze　dzo)

となって、ザ行のジ、ズと音声的に似てくるので、仮名遣も混乱してくるのである。

ざ	じ	ず	ぜ	ぞ
だ	ぢ	づ	で	ど

↓

ざ	じ(ぢ)	ず(づ)	ぜ	ぞ
だ			で	ど

「四つ仮名」の仮名遣の混乱は、鎌倉時代末期から見え、ジとヂの混乱から始まる。古くは日蓮(一二二二〜八二年)の手紙に混乱があるが、時代的に早すぎるのと、一般的な傾向と異なって、ズとヅの混乱の方が多いという点から、日蓮の育った東国の方言を反映していると言われる。

京都語では、四つ仮名の混乱は、室町時代になって例が多く見られるようになるが、中国資料『鶴林玉露』ではチにt音を持つ漢字を当て、中国資料『書史会要《しょしかいよう》』（一三七六年）でもチ・ツにtの音を持つ漢字を用い、朝鮮資料『伊路波《いろは》』（一四九二年刊）でもt音のハングルでチ・ツを表しているので、十五世紀末までは、破擦音化していなかったと見られる。ところが中国資料『日本考略』（一五二三年刊）になるとチにj、ツにzの音の漢字を当て、中国資料『日本風土記』（一五九二年頃刊）では、ジとヂ、ズとヅがそれぞれ同じ破擦音系の漢字で表される。十六世紀末には、チ・ツの破擦音化は完了し、ジとヂ、ズとヅはほぼ同音になっていたらしい。

キリシタン資料の、サ行、タ行、ザ行、ダ行は左のように表記される。

サ行	sa	xi	su	xe	so	ザ行	za	ji	zu	ze	zo
タ行	ta	chi	tçu	te	to	ダ行	da	gi	zzu	de	do

この綴りを見ると、チ、ツは破擦音化しているが、ジ（ji）とヂ（gi）、ズ（zu）ヅ（zzu）とは区別されている。しかし、ロドリゲス『日本大文典』（一六〇四～八年）では、「都の人々」の発音について、

Gi（ヂ）の代わりにIi（ジ）と発音し、又反対にIi（ジ）と言ふべきところをGi（ヂ）といふのが普通である（引用者注：原文Gi、Iiが転倒しているのを正してある）。

Zu（ズ）の音節の代わりにDzu（ヅ）を発音し、又反対にDzu（ヅ）の代わりにZu（ズ）といふ。……立派に発音する人もいくらかあるであろうが一般にはこの通りである。（土井忠生訳一九五五）

と記述している。当時の都の人々の発音では、四つ仮名の区別はかなり混乱していたらしい。キリシタン資料で四つ仮名の区別がよく守られているのは、宣教師たちが、四つ仮名を区別する日本語を正しい日本語と認め、それを規範としたからであろう（宣教師の活動の中心が、四つ仮名の区別を残していた九州で

あったことも影響していると思われる)。

江戸時代には『蜆縮涼鼓集《けんしゅくりょうこしゅう》』(元禄八〈一六九五〉年)という本が出版される。これは「しじみ、ちぢみ、すずみ、つづみ」で代表した四つ仮名の使い分けを示した本で、当時すでに四つ仮名の混乱が進んでいたことが書かれている。しかし、十七世紀の終わりにもまだ区別できる人がいたことも分かる。

オ段長音

オ段長音というのは、カウ・サウやコウ・ケウのように「ウ」が付いた語が、[kɔː] や [koː] [kyoː] のように長音になったものを言う。多くは漢語であるが、和語でも「早く」のウ音便(はやう)や意志・推量の助動詞「ム」がウと発音されて生じた母音連続(行かう)、ハ行転呼音によって生じた語中のウ音を含む単語(思う)などに見られる。はじめは仮名のとおりにカウ、コウ、ケウと発音されていたが、鎌倉時代頃から、長音でも発音されるようになってきたらしい。

キリシタン資料では、カウ(校)、サウ(草)のような「-a＋ウ」の場合には、kǒ sǒ のようにǒという符号を使用し、コウ(口)・ケウ(教)のような「-o＋ウ」「-e＋ウ」の場合には、kô kyô のようにôの符号を用いた。ǒは「ひろがるo」、ôは「すばるo」と呼ばれ、正確に使い分けられ、発音が異なっていたことを示す。ǒは広い[ɔː]、ôは狭い[oː]の発音であったと言われる。この[ɔː][oː]の二音をそのまま音韻と認めると、長音だけに[ɔː]という母音があったり、[ɔː]が一旦音韻として成立し、すぐに[oː]に合一するという変化となり、不自然である。ロドリゲス『日本大文典』の、

ひろがるǒは恰もooと二字でかいてあるかのやうに発音するのであって、Xǒ は Xoo、tǒ は too のやうに発音する。すばるôは大体にouとかいてあるかのやうに発音するのであって、xô は xou、tô は tou

のやうに発音する。（土井訳一九五五）

という記述に従えば、[ɔ:]の方がooに近く、[o:]はouに近いものであるから、両方とも二重母音として処理できる。日本人はアウ、オウのつもりで発音したが、ポルトガル人には長音に聞こえたために長音表記をしたもので、音韻としては/au/ /ou/ということになる。この[ɔ:]はアウであるという意識がなくなれば、[o:]に合流することになる（浜田敦一九八三、岸本恵実一九九八）。

これに関連して、「-e＋ウ」の結びつきが-ôにならず、-yôとなるのは（ケウ〈教〉がkôとならずに、kyôのようなyを含む長音になる）、当時のe音が口蓋化した音であったからという（ローランド・ラング一九七一）。ア行のエとヤ行のヱが合流したとき、音声としてはヤ行のヱの音になったという解釈を支える現象である。具体的にはyeやæのような母音であろう。

濁音と連濁

濁音は、日本語の音韻の中では特殊な位置にある。音声としては奈良時代から存在しており、単語によって濁音の位置は決まっていたので、音韻として認めてよさそうであるが、八世紀には『古事記』や『日本書紀』のように清濁を書き分ける文献と戸籍帳や木簡のように清濁の書き分けが曖昧な文献があり、後に平仮名の体系が清音・濁音を区別しない形で成立していることなどから、日本語では濁音を音韻と認めるべきかという疑問がある。タマ（玉）が、アカダマ（赤玉）となること（「連濁」と言われる現象）や、濁音は語頭に来ないという制限も、濁音が通常の音韻とは違った性格を持っていたことを示している。これらから、古くは、濁音は音韻ではなく、アクセントと同じような性格のもので、音韻としての位置を得たのは平安時代以降であるとも（木田一九七八）、濁音は清音に鼻音が加わったものとも（亀井孝一九七〇)解釈されている。

連濁《れんだく》(連声濁《れんじょうだく》)というのは、二つの語が複合するとき、後項の語頭の無声子音が有声化する現象である(いし+はし→いしばし)。連濁については「ライマン氏の法則」と呼ばれるものがあるが(Lyman 1894, 小倉進平一九一〇)、同じ指摘は本居宣長『古事記伝』にあり(遠藤一九八九)、それは複合語下項に来る語の第二音節以下に濁音がある場合には連濁を起こさないというものである。たとえば「北」「風」が複合するとき、「風(かぜ)」の第二音節は濁音であるから、「きたがぜ」にならない。この法則は、奈良時代から見られるもので、濁音は二つ続かないと表現されることもある(森田武一九八五)。連濁の要因については、ライマン氏は「石」と「橋」の間に「の」があったのが省略されて、後続子音を濁音にしたと解釈したが(石の橋〈isi-no-pasi〉→isi-n-pasi→isi-basi)、二つの言葉が複合して一語になったことを示す現象とも解釈される(小松英雄一九七五)。

室町時代には、「うむの下濁る」という言い回しがあり、主として漢語の場合であるが、漢字音の第二音節にウ・ム(ン)があるもの、たとえば正《しやう》や転《てん》の下に無声子音(清子音)の漢字が来ると、その無声子音が有声音化(濁音化)した。たとえば「強盗《がうたう》」は「がうだう」、「転倒」は「てんだう」と読まれるのである。このウは中国語の-ŋ音をウで写したものであるから、「うむ」の下というのは鼻音の後という意味になる(鼻音の後の無声子音が有声音化する現象は自然な音声同化である)。この現象のために、中世の漢語には現代と清濁が異なるものが多い(漢語の連濁現象は原則として呉音の場合に生じた)。しかし漢字の知識の浸透とともに、こういう濁音は少なくなる。「盗」も「倒」も漢字音としてはタウであるから、本音に戻っていったのである。

連声

「観音」の本来の音は「かん-おん」であるが、前のkanのn音が後の母音に響いて、kan-non（かんのん）となる現象を「連声《れんじょう》」と言う。連声は-nで終わる語と-tで終わる入声字（入声というのは漢字の声調の分類の一種で、音節末に-p、-t、-kの音を持ったもの。日本漢字音ではフ・ク・ツ・チ・キという音を末尾に持つ漢字がそれに当たる）の後に母音で始まる語が来たときに生じる。現在では、「反応《はんのう》、因縁《いんねん》、雪隠《せっちん》、仏恩《ぶっとん》」などの一部の語彙の中に残っている。十世紀の源順《みなもとのしたごう》『和名類聚抄《わみょうるいじゅしょう》』に「浸淫瘡」を「心美佐宇《しむみさう》」と読むのが最古の例と言われる（「浸」の-m韻尾が次に来るiに響いてmiとなった）。漢字音のm韻尾とn韻尾は十世紀中頃までは区別されていたようである。「三位（さむみ）」と「散位（さんに）」のように両韻尾が区別されている時代から連声の現象があったらしい。明覚《みょうがく》『反音作法《はんおんさほう》』の嘉保二（一〇九五）年書写本には、「濫悪」をラムマク、「真恚」をシンニと読む旨の注記があり、この当時もまだ-mと-nの区別が連声形に反映している。連声は、主として漢語の内部で起こったことであるが、室町期には、「文は《もんな》（mon-na）」「今日は《こんにった》（konnit-ta）」というように-nや-tで終わる漢語の後に助詞「は」や「を」が続いた場合の連声形が見えるようになる。他にも、

一スンノクワウインナシヤリノキン（一寸の光陰は沙里の金）　（世阿弥自筆能本・盛久）

コノブンノイタスナリ（此文ヲイタスナリ）　（浄土真宗伝承音）（福永静哉一九六三）

のような例が見られる。キリシタン資料では、連声する環境にある語句でも連声形では書かれていないが、ロドリゲス『日本大文典』では、n、t字の後にヤ行音、ワ、ヲ、ヲンが来ると連声させること、しかし綴字は語を区別するために非連声形で書くと述べる。つまり、音声としては連声していても表記の上では連声形を書かないというのである。そこで、連声が発生する条件下では常に連声していたから、

連声形を表記する必要がなかったと理解されている（浜田一九六〇）。

現代に伝わる浄土真宗の伝承音（福永一九六三）や謡曲（岩淵悦太郎一九七七）でも、連声する環境にある語は、だいたい連声させているようである。ただし、連声の現象は体系的なものではなく、語彙的なものであったという主張もある（松本宙一九七九）。実際、世阿弥（一三六三〜一四四三年）の自筆能では、クワンノン（観音）とインエン（因縁）、ホウケンナ（宝剣は）とシンケンワ（真剣は）のように連声形と非連声形とが混在している。ただ、ロドリゲスは、-t の後にワが来ると taixetta（タイセッタ）と発音する場合と、taixetua（taixet-ua）と発音する場合があるとも説明しており、連声の条件下にあっても必ずしも連声形をとらなかったようである。

入声字を、日本語の発音習慣には合わない but（仏）のように発音できたのは漢語を学んでいた人々の間であったはずである。漢語に詳しい人が「仏恩」を but-ton のように連声した語形を用いたかどうかはあやしい。漢語の知識が不確かな人間が漢語を使うときや、漢語を日常語の中で使うときに、このような連声形を用いたのではないかと考えられる。経典の読誦や謡曲の場合には音声が途切れないように、また旋律に合わせて発音しなければならないため、必然的に連声形になったという可能性も考慮しておく必要があろう。

連声が衰退してゆく原因は、-n が -ŋ に発音されるようになっていったために、ナ行の連声はなくなった（新村出一九二七）、文字読みの影響と -n・-t がそれぞれ音韻として独立してきたから、連声がなくなっていった（浜田一九六〇）などの解釈がある。現代語では語末のンは ŋ で発音されており、ŋ が連声しにくいのは確かである。

四　その他の問題

音節構造

日本語は一つ一つの音節が一定の長さのリズムの上に乗っているという特徴がある。このリズムを時枝誠記（一九四一）は「等時拍」と呼んだが、現在ではモーラと呼ぶことが多い（「拍」とも呼ばれる）。「かき（柿）」は2モーラ、「かたち（形）」は3モーラである。モーラと音節とは似ているが、ズレが生じることもある。たとえば、「言った」という文節は［itta］という音声で、［it-ta］と二音節に分かれる。しかしモーラで見れば、/i-Q-ta/と分析され、3モーラになり（Qは促音表示。コラム「音声と音韻」参照）、音節による分析とズレが生じる。このモーラのリズム感がなければ、無音の部分（促音）を一拍とは認められない。このようなモーラを単位とする言語をモーラ言語と呼ぶ。現在の中央日本語（関東方言・関西方言）はモーラ構造の言語（モーラ言語）と言われている。

古代の日本語はモーラ言語ではなく、シラビーム構造の言語であったという意見もある。シラビーム構造とは、たとえば「本屋」は、音声ではホン・ヤと二音節であるが、ホンがさらに二つのモーラに分けられる構造（ホ|・ン|）と分けられない構造（ホン|）があり、ホンが二つに分かれない構造を言う。つまり、特殊音節が一つのモーラにならない構造である（柴田武一九六二）。シラビーム構造の方言は、主に東北地方、九州南部、そして琉球に見られると言われ、「方言周圏論」的解釈（言語変化は都を中心として波紋のように、同心円状に波及してゆくという考え方。従って都の両側で同じ現象があれば、それは古い時代の都の言語現象が保存されていると解釈する）によって、中央語も古くはシラビーム言語であったと推定するのであ

る。一方では日本語は一貫してモーラ言語で、新しく生じた促音などの特殊音節をモーラの体系の中に取り込む、その取り込み方が北奥方言・薩隅方言と中央方言とに違いがあったと見る見解もある（木田一九八八b・一九九四）。

和語の世界と漢語の世界

平安時代には、漢語の世界と和語の世界に、語彙・語法・音韻に顕著な差があった（第三章「語彙史」参照）。それ以来、漢語の世界では中国語を真似るために、一部に和語とは違った音節構造を維持してきたらしい。室町時代に至ってもｔ入声字が-tで発音されていたのもその一つである。

もともと和語によって音韻体系、音節構造ができあがった後、漢語を学ぶのであるから、漢語の発音は和語の音韻体系の上に乗った知識音であった。漢語を受け入れるとき、入声字は、-pをフ（pu）、-kをク（ku）・キ（ki）、-tをチ（ti）・ツ（tu）のように、母音を付けて受け入れ、拗音は直音で受け入れ（シャをサ）、ŋ韻尾も母音（ウ）として受け入れた。中世には漢語の声調も和語のアクセントに同化した（この現象を「出合《いであい》」と呼ぶ〈桜井茂治一九七七〉）。連声も、漢語の世界に残っていた特殊な発音を和語の文脈の中に吸収してゆく過程を示す現象なのであろう。江戸時代から明治時代に掛けて、漢語の合拗音kwa（果、火）がkaに変化するが、これも漢語の特殊な発音が、和語の発音に同化されていったのである。

漢字音とその変化

漢字音には呉音、漢音、唐音《とういん》（宋音）がある。

遣隋使・遣唐使によって中国との交渉が密接になり、当時の中国の標準語を受け入れたのが「漢音」

である。漢音は唐代の長安の発音（唐代長安音、秦音《しんおん》）に基づくものであり、体系的に受け入れられている。それ以前に伝わっていた漢字音は朝鮮半島を通じた音、中国江南地方から伝わった音、また、時代も古いものから新しい音まで、かなりの幅のある音で、それらを総称して「呉音」と呼んだと言われる。しかし、日本では七世紀に、すでに文書行政を行っており、そこでは漢字音の体系が確立していたはずである。文字を扱ったのが渡来人、或いはその子孫の氏族であることや新羅僧による仏典の教育などの状況を見ると、その漢字音の体系は朝鮮半島で行われていたものと見るべきである。南中国の晋や宋との交渉は五世紀頃からあったのは確実であるが、それは朝貢であって、数年から二十年に一度という頻度であるから語彙的な影響はあったかもしれないが、体系的な漢字音の体系がもたらされたと考えることは難しい。「呉音」は朝鮮半島に使用されていた漢字音の体系と見る方が良いだろう。奈良末より平安時代に掛けて、朝廷では盛んに「漢音」を使うことを奨励した。大学寮は朝廷の中の組織なので、すぐに漢音を受け入れたが、仏教の世界では、一貫して呉音を使い続けた。それ以来、仏教関係の語は呉音で読み、漢籍関係の語は漢音で読むという習慣ができた。たとえば「経典」は仏教関係では「きょうでん」、漢籍関係では「けいてん」と読む。

「唐音」は宋代・元代の中国音が、主として禅宗とともに入ったものであるが、物とともに入ったものがわずかに生き残っているだけである（行灯《あんどん》、饂飩《うどん》、提灯《ちょうちん》、饅頭《まんじゅう》など）（湯沢質幸一九八七）。禅宗特有の「作麼生《ソモサン》（何か・どうか）」「者箇聻《しゃこにい》（是である）」のような特殊な表現もわずかに残されているが、ほぼ呉音に淘汰されてしまった。

漢音と呉音はもともと同じ漢字の発音であるから、流入した時代や地方が異なるとはいえ、音形は似たもので、相互にある程度の相関性がある。古くは呉音の方が圧倒的に強かったが、呉音の体系を担ってきた僧侶の、社会の中に占める位置が時代とともに後退するのに応じて、漢音の勢力が強くなってきている。たとえば、年号の「延慶」は「えんぎょう」から「えんけい」に、「平城」は「へいじょう」から「へいぜい」と読まれるようになっている（正しくは「へいせい」）。

日本漢字音の体系は、中国の韻書（韻によって漢字を分類した辞書）を基準にして分析する。通常は宋代に編集された『広韻《こういん》』の分韻を元にし、唐末五代の頃の『韻鏡《いんきょう》』という等韻図（中国語の五十音図に相当するもの）の概念で整理する。七世紀の『切韻』『玄応音義《げんのうおんぎ》』、八世紀の『慧苑《えおん》音義』『慧琳《えりん》音義』などの資料で時代的な変遷の細部を修正する。朝鮮漢字音やベトナム漢字音も唐代長安音を受け入れたものなので（朝鮮漢字音は宋代長安音とも言われる）、よく似た体系を持っており、中国大陸各地の現代方言と同じように、日本漢字音の研究に利用できる（平山一九六七、森一九九一）。

アクセントの変化

日本語のアクセントは、高低アクセントである。高低の音節の組み合わせで一つの単語（あるいは形態素）のアクセント型を構成する。高い音節を●、低い音節を○で表す（○、○のように仮名の左右に傍線を引く方式もある）。たとえば、関西方言では「橋」は●○、「箸」は○●、「端」は●●、関東方言なら、「橋」は○●、「箸」は●○となる。

アクセント法則にはアクセントの高い場所（アクセントの「山」）は、一カ所に限られるという原則がある。○●●○のように、高い音節がいくつあっても、連続していれば、「山」は一つである。●○●という形があれば、高いところが二つあるので、一語ではなく、●＋○●か、●○＋●かに分解すべきものである。この原則は日本の各地の方言に共通である。ただし、金田一春彦（一九六五）によれば例外がある

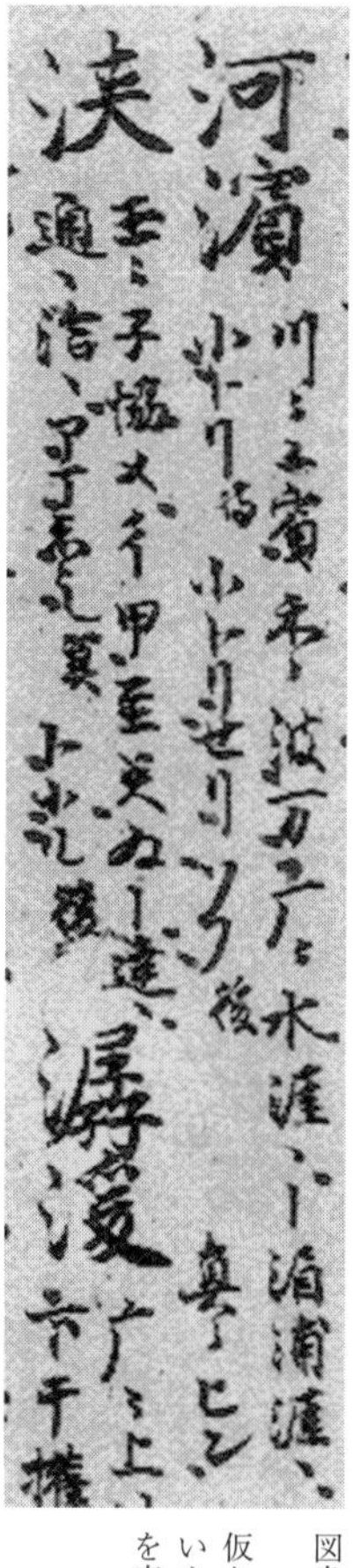
図書寮本『類聚名義抄』より（宮内庁書陵部所蔵）
仮名の左下に、があると低い音、左上にあると高い音を表す

らしい。

古い時代のアクセントは十一世紀頃の辞書『類聚名義抄《るいじゆみようぎしよう》』の声点（アクセントを表示する）によって、紫式部の頃のアクセント体系が復元できる。鎌倉・室町時代は、『四座講式《しざこうしき》』や『補忘記《ぶもうき》』、平曲譜本などを通じてアクセント体系を知ることができる。現代方言とのつながりも重要な資料となる。アクセント型の種類が減ってゆくのが全体的傾向である（金田一一九七四）。

アクセントの変化を概観すれば左のようになる。

◓は高い音から低い音に変化する音節、△は助詞、=は変化なし、×はその形式がなくなったことを示す。一拍名詞は現代京都方言では長呼してほぼ二拍分の長さになるので二拍として処理してある。

〈名詞〉		院政期京都方言	中世京都	現代京都	（語例）
一拍名詞	1-1	●（▲）	=	↓●●	（柄・蚊・子・血・戸）
	1-2	●（△）	=	↓●○	（葉・名・歯・日・藻・矢）

二拍名詞

1-3	○○（△）	→	○●	=	○●	（絵・尾・木・粉・酢）
2-1	●●		=	=	●●	（鳥・飴・梅・顔）
2-2	●○		=	=	●○	（石・音・川・夏）
2-3	○○	→	●○	=	●○	（山・池・馬・草）
2-4	○●		=	=	○●	（糸・肩・空・舟）
2-5	○◓		=	=	○◓	（雨・声・猿・窓）

三拍名詞

3-1	●●●		=	=	●●●	（形・鰯・霞・鎖）
3-2	●●○		=	→	●○○	（間・桜・緑・蜥蜴）
3-3	●○○		=	=	●○○	（鮑・小麦・力・岬）
3-4	○○○	→	●●○	→	●○○	（頭・嵐・鼬・男）
3-5	○○●	→	●○○	=	●○○	（油・朝日・姿・涙）
3-6	○●●		=	→	○○●	（兎・鰻・烏・雀）
3-7	○●○		=	=	○●○	（兜・蚕・鯨・薬）

〈動詞〉（終止形が二音節、連体形が三音節のものは二段活用の動詞）

二拍動詞

2-1	●○（終止形）→	×			
	●●（連体形）	=	=	●●	（売る・置く／着る・煮る）
2-2	○◓（終止形）→	×			
	○●（連体形）	=	=	○●	（会う・書く／来る・出る）

三拍動詞

3-1-1	●●○（終止形）→	×

3-1-2
●●●（連体形）＝　＝●●●（遊ぶ・歌う）
●○（終止形）↓　×
●●●（連体形）＝　＝●●●（借る・負る）

3-2-1
○○◓（終止形）↓　×
○○●（連体形）◓○○　↓●●●（余る・思う）

3-2-2
○◓（終止形）↓　×
○○●（連体形）◓○○　↓○○●（生る・落つ）

3-3
○●○（終止形）↓　×
○●●（連体形）＝　↓○○●（歩く・隠す・入る）

〈形容詞〉

二拍形容詞
○◓（終止形）↓　×
○◓（連体形）○●　＝○●（良し・無し）

三拍形容詞
●●◓（終止形）↓　×
●●◓（連体形）◓●○　↓●○○（赤し・浅し・重し・堅し）
○○◓（終止形）↓　×
○○◓（連体形）◓○○　＝●○○（白し・厚し・多し・高し・近し）

鎌倉から室町時代に掛けて、アクセントの変化が起こり、低平調（名詞2-3や3-4のような○…○型）がなくなり、頭高型（●○…型、あるいは●●○…型）に変わった。尾高型（○○●）も頭高型（●○○）に変化した。アクセントの変化は、アクセント型が同じものは、品詞の違いを越えて、揃って同じ変化をする。動詞の場合には終止形と連体形のアクセント型が異なっていたが、終止形が消滅して連体形が終止形の働きをするようになったために（第五章「文法史」参照）、終止形と連体形が同形になった。

五　おわりに

このように見てくると、日本語の発音は、奈良時代から平安時代の間に大きな断層があるが、平安時代以降は発音の変化を比較的明瞭にたどってゆくことができる。本章で述べてきた変化以外にも、さまざまな現象が見られるが、それらの多くは臨時的な現象であろうと思われる。たとえば、「バマ相通」と呼ばれる現象がある。「けむり」と「けぶり」、「ひも」と「ひぼ」のようにバ行音とマ行音とが混乱する現象である。また先に触れた「ｏとｕ」「ｉとｅ」の混乱（「うしろい」「おしろい」、「かえる」「かいる」など）、これらは単なる語彙的な混乱と思われる。中世には四段動詞の連用形に「合う」が接続すると、「書きやう」と表記されることもあるが、連用形の母音[-i]が[a-]に響いて[ya]に発音され、その発音どおりに「や」と表記しただけのことである。日本語の発音の本質とはあまり関連しない。

漢字の世界と和語の世界は、漢語を受け入れた時から室町時代まで平行して存在していた二つの世界のようである。漢字の発音も、漢語の世界ではかなり後まで、できる限り正確に維持しようとしていたらしい。漢字音の変化も、日本語の発音の変化を探る時には重要な情報となるが、中国音韻学の知識が必要になるので、中国の文献も丁寧に読む必要がある。本章の引用文献と参考文献を糸口として研究を進められたい。ただし、鎌倉時代以降の漢字音の研究は、中国原音との関わりも途絶えており、韻書によって整理された資料や混乱した伝承に基づく資料が多く、日本語の発音との関わりはかなり薄くなっていることに留意されたい。つまり、日本漢字音の変遷という形での研究は可能ではあるが、それが日本語の発音に関わることは少ないということである。

アクセントの歴史的研究も一段落しているように見えるが、二拍第四類と第五類の区別が平安時代から存在していたのか、形容詞の活用語尾が◓のような下降調であるのはどういう意味があるのかなど、まだ検討してゆかなければならないことが残っている。また、各方言アクセントがどのように形成されたのかをはじめとする方言アクセントを利用した研究もまだ新しい知見を与える可能性がある。特に木部暢子（二〇〇〇）をはじめとする琉球方言のアクセント・音韻の研究はこれからも注目してゆかなければならない。

◆引用文献

有坂秀世（一九三二）「古事記に於けるモの仮名の用法について」『国語と国文学』九―一一

有坂秀世（一九五九）『音韻論』三省堂

池上禎造（一九三二）「古事記に於ける仮名「毛・母」に就いて」『国語国文』二―一〇

犬飼隆（一九七八）「上代特殊仮名遣の崩壊過程と古事記のオ、シ、ホのかな」『国語国文』四七―九

岩淵悦太郎（一九七七）『国語史論集』筑摩書房

遠藤邦基（一九七二）「ハ行音価と掛詞修辞」『王朝』五（『国語表現と音韻現象』新典社〈一九八九〉に再録）

遠藤邦基（一九七七）「濁音減価意識」『国語国文』四六―四（『国語表現と音韻現象』に再録）

遠藤邦基（一九八九）『国語表現と音韻現象』新典社

大塚高信訳（一九五七）コリャード『日本文典』風間書房
小倉進平（一九一〇）「ライマン氏の連濁論（上）（下）」『国学院雑誌』一六―七・八
小倉肇（一九九八）「サ行子音の歴史」『国語学』一九五
亀井孝（一九七〇）「かなはなぜ濁音専用の字体をもたなかったか――をめぐってかたる」一橋大学『人文科学研究』一二（『言語文化くさぐさ』吉川弘文館〈一九八六〉に再録）
岸本恵実（一九九八）「ハ行四段動詞アウの発音」『国語国文』六七―八
木田章義（一九七八）「濁音史摘要」『論集日本文学・日本語』一、角川書店
木田章義（一九八八ａ）「古代日本語の再構成」『日本の古代』一四、中央公論社
木田章義（一九八八ｂ）「日本語の音節構造の歴史――「和語」と「漢語」――」『漢語史の諸問題』京都大学人文科学研究所
木田章義（一九八九）「Ｐ音続考」『奥村三雄教授退官記念国語学論叢』桜楓社
木田章義（一九九四）「「音節構造の歴史」補説」『国語学』一七八
木田章義（二〇一一）「上代特殊仮名遣のエ列乙類・イ列乙類の問題」『国語国文』八〇―一一
木田章義（二〇一二）「上代特殊仮名遣と母音調和」『国語国文』八一―一一
木部暢子（二〇〇〇）『西南部九州二型アクセントの研究』勉誠出版
金田一春彦（一九六四）『四座講式の研究』三省堂
金田一春彦（一九六五）「丁寧な発音の弁」『国語国文』三四―一二（『日本語音韻の研究』東京堂出版〈一九六七〉に再録）
金田一春彦（一九六七）「「里親」と「砂糖屋」――〈引き音節の提唱〉――」（『日本語音韻の研究』に再録）
金田一春彦（一九七四）『国語アクセントの史的研究』塙書房
久島茂（一九八二）「日本書紀のハ行子音」『国学院雑誌』八三―七
小松英雄（一九七五）「音便機能考」『国語学』一〇一

阪倉篤義（一九九三）『日本語表現の流れ』岩波セミナーブックス四五、岩波書店
桜井茂治（一九六七）「中世京都方言の音節構造――そのシラビーム的性格について――」『文学・語学』四六
桜井茂治（一九七七）「字音語アクセント資料としての「出合」の研究」『新義真言宗伝『補忘記』の国語学的研究』桜楓社
柴田武（一九六二）「音韻」『方言学概説』国語学会編、武蔵野書院
新村出（一九二七）「音韻変化作用の消長」『東方言語史叢考』（『新村出全集一』筑摩書房〈一九七一〉に再録）
高山倫明（一九九二）「連濁と連声濁」『訓点語と訓点資料』八八
築島裕（一九六九）『平安時代語新論』東京大学出版会
土井忠生訳（一九五五）ロドリゲス『日本大文典』三省堂
時枝誠記（一九四一）『国語学原論』岩波書店
中川芳雄（一九七七）「連濁涵精（上）（下）」『国語国文』四七―二・三
朴真完（二〇〇五）「《海行摠載》から見た中・近世日本語の研究」『国語国文』七四―二
橋本四郎（一九六二）「サ行四段活用動詞のイ音便に関する一考察」『国語国文』三一―四
橋本進吉（一九一七）「国語仮名遣研究史の一発見――石塚龍麿の仮名遣奥山路について――」『帝国文学』二三―一一（『文字及び仮名遣の研究』岩波書店〈一九四九〉に再録）
橋本進吉（一九二八）「波行子音の変遷について」『岡倉先生記念論文集』（『国語音韻の研究』岩波書店〈一九五〇〉に再録）
服部四郎（一九六〇）「日本語の音韻」『言語学の方法』岩波書店
服部四郎（一九七六ａ）「上代日本語のいわゆる〝八母音〟について」『日本学士院紀要』三四―一
服部四郎（一九七六ｂ）「上代日本語の母音体系と母音調和」『月刊言語』五―八、大修館
浜田敦（一九六〇）「連濁と連声」『国語国文』二九―一〇
浜田敦（一九八三）「国語史の諸問題」『続・朝鮮資料による日本語研究』臨川書店

平山久雄（一九六七）「中古漢語」『中国文化叢書』1、大修館書店
福永静哉（一九六三）『浄土真宗伝承音の研究』風間書房
松本克己（一九七五）「古代日本語母音組織考――内的再建の試み――」『金沢大学法文学部論集』二二
松本克己（一九九五）『古代日本語母音論』ひつじ書房
松本宙（一九七九）「連声考拾遺」『宮城教育大学　国語国文』一〇
馬渕和夫（一九五八）「「古事記」のシ、オ、ホのかな」『国語学』三一
馬渕和夫（一九六八）『上代のことば』至文堂
森博達（一九七四）「『日本書紀』巻14～19・巻24～27の歌謡の仮名――基礎となる字音は果して日本漢字音か――」『均社論叢』一
森博達（一九七七）「〈日本書紀〉歌謡における万葉仮名の一特質――漢字原音より観た書紀区分論――」『文学』四五―一一
森博達（一九八一）「漢字音より観た上代日本語の母音組織」『国語学』一二六
森博達（一九九一）『古代の音韻と日本書紀の成立』大修館書店
森田武（一九八五）「日本語の語音連結上の一傾向」『室町時代語論攷』三省堂
柳田征司（一九九三）『室町時代語を通して見た日本語音韻史』武蔵野書院
湯沢質幸（一九八七）『唐音の研究』勉誠社
ローランド・ラング（一九七一）「文献資料に反映した中世日本語エ列音節の口蓋性」『国語学』八五
Lyman, Benjamin Smith (1894) *The change from surd to sonant in Japanese compounds*. Oriental Studies. BOSTON.

第五章　文法史

青木博史

一　活用

語には、固定した形を持つものと、文中での働きの違いに応じて形を変えるものがある。例えば、「人」という語は、文のどの要素として用いられても形を変えないが（「人を」「人が」「人の」など）、「読む」という語は、用いられる環境によって語形が変わる（「読まず」「読みて」「読めば」など）。働きの違いによって語形が変化することを「**活用**」といい、活用する語を「活用語」という。活用語に該当するのは述語に関係する品詞であり、ここでは動詞と形容詞を扱う。

動詞の活用

平安時代における動詞の活用の種類は、一般に四段・上一段・下一段・上二段・下二段・ラ変・ナ変・カ変・サ変の九種類があったとされる。ここで活用によって変化しない部分を「**語幹**」、変化する部分

	A型		B型		AB型				
	四段	ラ変	上一段	下一段	上二段	下二段	ナ変	カ変	サ変
	書く	あり	見る	蹴る	起く	受く	死ぬ	来(く)	為(す)
語　幹	kak	ar	mi	ke	ok	uk	sin	k	s
未然形	kak-a	ar-a	mi	ke	ok-i	uk-e	sin-a	k-o	s-e
連用形	kak-i	ar-i	mi	ke	ok-i	uk-e	sin-i	k-i	s-i
終止形	kak-u	ar-i	mi-ru	ke-ru	ok-u	uk-u	sin-u	k-u	s-u
連体形	kak-u	ar-u	mi-ru	ke-ru	ok-uru	uk-uru	sin-uru	k-uru	s-uru
已然形	kak-e	ar-e	mi-re	ke-re	ok-ure	uk-ure	sin-ure	k-ure	s-ure
命令形	kak-e	ar-e	mi(-yo)	ke(-yo)	ok-i(yo)	uk-e(yo)	sin-e	k-o	s-e(yo)

※奈良時代，「蹴る」は下二段活用であった可能性が高い（「蹴散　クヱハララカス」〈神代紀〉，「鞠打　まりクウル」〈岩崎本皇極紀〉）。

を「**語尾**」と呼ぶとすると、語幹末が子音で語尾が母音交代によって活用するタイプ(＝A型)、語幹末が母音で語尾に「る」「れ」などの要素を付加して活用するタイプ(＝B型)、そしてこの二種が混合された形で活用するタイプ(＝AB型)、に大別することができる。また、上一段と下一段の「活用の種類」は同じで、語幹が異なるのみであることが分かる。上に活用表を示しておく。

　これらの活用の種類は、次第に整備されて現代語へと至る。この変化は、単純化・合理化という要因で説明される。すなわち、A型かB型か、いずれかへの単純化である。まず、A型へ向かう変化は、ナ変に見られる。未然・連用・命令形において、A型的性格を有していたナ変は、属する動詞が「死ぬ」「往ぬ」の二語だけということもあり、連体形・已然形におけるB型的性格を捨てた。また、ラ変は元々A型の活用であったが、終止形に

	A型	B型	AB型Ⅰ	AB型Ⅱ
	書く，ある，死ぬ	見る，起きる，受ける	来る	する
未然形1	-a	ϕ	-o	-a, -i
未然形2	-o	ϕ	-o	-i
連用形1	-i	ϕ	-i	-i
連用形2	-*	ϕ	-i	-i
終止連体形	-u	-ru	-uru	-uru
仮定形	-e	-re	-ure	-ure
命令形	-e	-ro	-oi	-iro

※未然形2は意志形，未然形1はそれ以外。連用形2はテ・タに続く形，連用形1はそれ以外を示す。＊は音便形，ϕは語尾を必要としないことを示す。また，A型とそれ以外における，受身・使役の「レル―ラレル」「セル―サセル」，意志の「ウ―ヨウ」の対立は助動詞における異形態の現れと見て，活用表には反映させない。

おいてのみ、四段とは異なっていた。ここに、**終止形・連体形の合流**(後述)が起こり、終止形「あり」は「ある」となることで、四段活用に吸収された。

B型への収斂は、上二段・下二段において起こった。未然・連用形に現れる「起き」「受け」などの形は、意味に関わる重要な部分であり、この部分を「語幹」とすることで語形の安定化を図った(これは通常、**二段活用の一段化**と呼ばれる)。カ変・サ変は、変則活用として現代語まで引き継がれた。このようにして、現代語の活用の種類は、三種四類に整理された(活用表には語尾のみ示しておく)。

■コラム■二段活用の一段化

二段活用の一段化という現象は、通常次のような活用表によって説明される。

	語幹	未然形	連用形	終止形	連体形	已然形	命令形
上二段 起く	起	き	き	くる	くる	くれ	きよ
↓				↓	↓	↓	
上一段 起きる	起	き	き	きる	きる	きれ	きよ
下二段 受く	受	け	け	くる	くる	くれ	けよ
↓				↓	↓	↓	
下一段 受ける	受	け	け	ける	ける	けれ	けよ

「き」と「く」あるいは「け」と「く」という「二段」に活用していたものが、「き」または「け」のいずれか「一段」に統一されるというものである。しかし、「一段」に「活用」するというのは奇妙な説明であって、活用していない部分は「語幹」とすべきである。すなわち、「二段活用」においては「起き」「受け」までが語幹なのであり、「二段活用の一段化」は、語幹の増加による語形の安定化を図るものであったと考えられる。出来上がった「上一段」「下一段」の間に活用の種類の違いはなく、両者の相違は語幹の相違である(「活用の種類」としては同じB型)。

この変化は、院政期より始まり、江戸中期頃に完了したと考えられる。付属語よりも自立語の方が早く、已然形よりも終止連体形の方が早く進行しており、これは使用頻度と比例している。また、音節数の多い語よりも少ない語の方が早く進行しており、このデータは、右に述べたような「語形の安定化」という見方を支えていよう。

残された問題は、上二段と下二段のどちらが先に進行したかということと、室町期の一段化例がヤ行に多い（柳田征司〈一九七三〉など）ことの解釈である。まず前者について、発生当初の院政鎌倉期のデータ（山内洋一郎一九七二）や、完了直前の江戸期のデータ（坂梨隆三〈一九七〇〉など）からは、上二段の方が先に進行したように見える。しかし、下二段の方が圧倒的に所属語数は多いのであり、狂言台本のデータ（蜂谷清人一九六八）や、現在方言も視野に入れて見るとき（迫野虔徳一九九八）、文法現象としての一段化を推し進めたのは下二段の方であったと考える可能性もあろう。後者のヤ行の問題については、ア・ハ・ワ行動詞のヤ行化もまた、語幹保持のために起こった変化であることを考え合わせる必要がある。「変ふる」を例にとると、「カウル→コール」のように長音化する可能性があるため、「カユル」とすることでこれを避けたのではないかというわけである。すなわち、語幹保持・語形の安定化を目指すという点で、二段活用の一段化と同じ動機づけによる音韻変化であったと考えられ、両者が連動する形で起こった可能性が考えられる。

形容詞の活用

平安時代における形容詞の活用の種類は、次に掲げる二種類である。

		語幹	未然形	連用形	終止形	連体形	已然形
A型	高し	たか	く	く	し	き	けれ
B型	美し	うつくし	く	く	φ	き	けれ

※通常、A型はク活用、B型はシク活用と呼ばれる。

両者の相違は、終止形においてのみ現れている。ここに**終止形・連体形の合流**が起こることによって、A型・B型という活用の区別は消滅した（語幹に「し」を含むか含まないか、という相違になる）。現代語の終止連体形は、「き」のイ音便である「い」が用いられている（「高い」「美しい」）。

A型に属する形容詞は属性を表すものが多く（「高し」「黒し」）、B型に属する形容詞は感情を表すものが多い（「美し」「悲し」）。「属性」と「感情」の相違は現代語においても観察され、様々な環境において異なった振る舞いを示す。現代語でいくつか例を掲げる（*は非文法的であることを示す）。

(1) a　*おもがる、*しろがる、*たかがる
　　b　まぶしがる、うれしがる、なつかしがる

(2) a　*私は空が青い。*私は山が高い。
　　b　私はお化けが恐ろしい。私は彼女がうらやましい。

現代語では、「属性＝A型」「感情＝B型」という一致を必ずしも見ないが、古代語においては、意味の相違が形態の相違に対応していた可能性が高い（山本俊英〈一九五五〉、川端善明〈一九七九〉参照）。

なお、形容詞の活用には、助動詞に付接するための補助活用がある。これは、連用形の語尾「く」に「あり」が膠着しkuari→kariとなったものである。したがって、ラ変型の活用をする。

いわゆる「形容動詞」と呼ばれる、「明らかなり」のような形容詞がある。これは、「明らかに」のような副詞に「あり」が膠着し、niari→nariとなったものである。形容詞の補助活用と同じ原理に基づくものであり、したがって活用もラ変型である。

	語幹	未然形	連用形1	連用形2	終止形	連体形	已然形	命令形
明らかなり	明らか	なら	に	なり	なり	なる	なれ	なれ

「なり」は、「にてあり」「であり」を経て、「である」→「でぁ」→「だ」（西日本では「じゃ」）と変化した。また、連体形は「る」が脱落して「な」となった（小松英雄〈一九九九〉参照）。

一方で、「堂々と」のような副詞に「あり」が膠着し、「堂々たり」のような形容詞も生まれた。この形は、漢文訓読文およびその流れを汲む文章においてよく用いられたが、次第に「堂々たる〜」のような連体形以外、使われなくなっていった。

■コラム■形容動詞

「明らかなり」「堂々たり」などは、用法としては形容詞であるが、ラ変動詞と同じ活用をするということから、形容「動詞」と名づけられた。しかし、現代語では動詞と全く異なった活用をするので、形容動詞という名称は、少なくとも現代語においては適切でない。このため、通常の形容詞は「イ形容詞」、形容動詞は「ナ形容詞」と呼ばれることも多い。また、文法的な振る舞いとしては、むしろ名詞と近いことから、「形容名詞」の名称が主張されることもある（影山太郎一九九三）。

現代語の「がらあき」「上々」などは、体言に続く場合「—な」でなく「—の」であるが、名詞であるとは考えにくい（村木新次郎一九九八）。古典語において、「名詞＋ノ」とされてきた例も、形容詞的用法として再検討する余地もあろう。

二　述語の形態と意味

述語が表す「過去」「推量」「受身」などの「意味」は、助動詞（のみ）が担うものであるかのように記述されることが多かった。しかし、山田孝雄（一九〇八）でこれらが「複語尾」とされるように、述語形式は「動詞＋助動詞」で一まとまりと考えるべきである。以下では便宜上、助動詞（および一部の助詞）の形態のみを取り出して述べるが、それらを含めた述語形式の記述であると理解されたい。

テンス・アスペクト

文によって表現される事柄が、基準時（主として発話時）から見て過去のことか、現在のことか、未来のことかを表し分ける文法的範疇を「**テンス**」という。また、動的な出来事を表現する場合、その出来事を丸ごと捉えるか、ある段階のみを取り出して述べるか（進行中の過程、結果の状態など）、といった違いを表し分ける文法的範疇を「**アスペクト**」という。

平安時代、時間性に関する助動詞は「キ」「ケリ」「ツ」「ヌ」「タリ」「リ」の六つがあった。このうち、「キ」「ケリ」はテンスの領域、「ツ」「ヌ」「タリ」「リ」はアスペクトの領域を主に表していた。

「キ」は、テンスとしての過去を表す基本的な形式であった（細江逸記〈一九三二〉では、この場合の「過去」を〈直接経験した事柄を語るもの〉とされる。「ケリ」は〈他からの伝聞を伝えるもの〉であるとして区別される）。

(1)　またの日、大臣、西の対に「昨日、上は見たてまつりたまひきや」と聞こえたまへり　（源氏物語・行幸）

「ケリ」は、形態上「あり」を含んでおり、本来はアスペクトを表す形式であったと見られる（鈴木泰一九九九）。そこから、会話文でよく用いられる「気づき」の意味（＝(2)a）、地の文でよく現れる過去テンスの意味（＝(2)b）が派生したものと考えられる（異なる見方として、井島正博〈二〇〇二〉など参照）。

(2)a　暗くなる程に、「今宵、中神、内裏よりは塞がりて侍りけり」と聞こゆ　（源氏物語・帚木）

b　いづれのおほん時にか、女御・更衣あまた侍ひ給ひける中に、いとやむごとなき際にはあらぬが、すぐれて時めき給ふ、ありけり　（源氏物語・桐壺）

「ツ」「ヌ」は、「**完成相**（＝運動を局面に分割せず、ひとまとまりの出来事として捉える捉え方）」を表す。「ツ」は動作の完成、「ヌ」は変化の完成を表すという違いはあるが、いずれも出来事を丸ごと捉えて表すという点では一致している。

(3)a　「宮の侍に、平重経となん名のり侍りつる」と聞こゆ　（源氏物語・東屋）

b　「夜ふけ侍りぬ」と聞こゆれど、なほ入り給はず　（源氏物語・須磨）

これらは近接する過去の事態を表すことが多いが、次のように未来を表す場合もあることから、テンスは存在しないものと考えられる。

(4)a　はてはいかにしつるぞと、あきれて思さる　（源氏物語・若菜下）

b　渡守、「はや舟に乗れ、日も暮れぬ」といふに　（伊勢物語・九段）

「タリ」「リ」は、動作・変化の完成とそれに伴う結果・効力の存続を表す。現代語の「テイル」に近いが、進行中の事態を表すことはなく、このような捉え方を「**パーフェクト相**」と呼ぶ。

(5)a　さと光るもの、「紙燭を差し出でたるか」とあきれたり　（源氏物語・蛍）

b　宮は、この人参れりと聞し召すも、あはれなり　（源氏物語・蜻蛉）

これらに加え、「はだか形（＝助動詞が付接しない形）」もアスペクト体系の中に位置づける必要がある。この形式が表すアスペクト的意味は、運動がその過程にあることを表す「**継続相**」の場合（＝(6)a）と、「完成相」の場合（＝(6)b）とがあり、中立的であると考えられる。

(6)a　たつた川もみぢ葉ながる神なびのみむろの山に時雨降るらし　（古今和歌集・二八四）

b　「まうとは、何しにここにはたびたび参るぞ」と問ふ　（源氏物語・浮舟）

時代が下ると六つの助動詞の区別は曖昧になり、「タリ」の後裔である「タ」一語を残してすべて滅びた。まず、「リ」は、元々四段とサ変にしか付接しないという制約があり、「給へり」という形に固定化するなどして、文法的形式として発達することができなかった。一方、「タリ」はパーフェクト的意味を薄れさせ、完成的意味の側面を強めていった。ここにおいて、「ツ」「ヌ」との競合が起こることになるが、テンスを持たない「ツ」「ヌ」に対し、「タリ」は発話時以前の出来事であることを表しえた。このため、「タリ」が完成相過去を表すものとして、「ツ」「ヌ」を駆逐していくこととなった。これは同時に、「キ」を駆逐することでもあった。

「タ」が過去テンスへとシフトしていくことにより、アスペクト的意味の不足を補うために「テアル」の形が用いられるようになった。次に掲げる例は、室町期のものである。

(7)a　管仲之子孫、斉ニ禄セラレテ名大夫ニナリテアル者ガ十余代アッタゾ　（史記抄・巻十）

b　唐土ハ土ノ性モハツタトシテアルゾ　（史記抄・巻二）

(7)aは主語が有情、(7)bは主語が非情であり、いずれもパーフェクトを表している。そして「イル」が状態動詞化する（金水敏一九八三）ことで、「テイル」の形も用いられるようになった。

(8)　南江ハ泉南ニ引コミテ居ラレタホドニ、江湖ノコトヲ詩ニモ作リタ也　（中華若木詩抄・上巻）

(8)の主語は有情であって、ここから次第に「有情―テイル」「非情―テアル」という対応が出来上がっていった。

「有情―テイル」という対応は、動作継続(進行)というアスペクト的意味を生み出した。これは古代語の「タリ」「リ」では表しえなかった意味である。

(9)　親子三人念仏していたところに、竹の編戸をほとほととうちたたく音がした

(天草版平家物語・巻二)

この後「テイル」は発達し、有情・非情にかかわらず、動作継続の意味を担うようになっていった。この結果、「テアル」は、結果状態を表すのみとなった。さらに、非情主語の結果状態であっても、自動詞であれば「テイル」を用いるようになり(「花が咲いている」)、「テアル」が用いられるのは「非情―結果状態―他動詞」の場合のみとなった(「花が植えてある」)。

「テイル」が継続相として確立することにより、はだか形は完成相を表すものとなった。こうして、現代語のような「スル―完成相・非過去」「シタ―完成相・過去」という体系が確立していった。

■コラム■文法化

文法化とは、それまで文法の一部ではなかった形式が、歴史的変化の中で文法体系に組み込まれるプロセスをいう。自立性を持った語彙項目(内容語)から文法的要素(機能語)への変化がその典型である。その際、意味的・統語的・形態的観点から、次のような現象が普遍的に観察される。

a　意味の漂白化＝本来の実質的意味が弱まり、抽象化する。

b　脱範疇化＝本来の語が持っている形態的・統語的特性を失う。

c　語形の縮約＝短縮・融合など音声的摩滅を生じる。

日本語の主要なアスペクト形式は、基本的に文法化によって生じており（「読み＋あり→読めり」「読みて＋あり→読みたり」「読みて＋いる→読んでいる」など）、待遇に関する形式も文法化の過程を経たものが多い（「給ふ」「侍り」「まゐらす→まらする→ます」など）。この他にも、日本語の歴史的研究においては、「付属語化」「形式語化」などといった形での多くの研究の蓄積があり、一般言語学に寄与する部分も大きい（秋元実治〈二〇〇二〉、『月刊言語』三三―四〈二〇〇四〉、『日本語の研究』一―三〈二〇〇五〉など参照）。

ムード

「ムード」「モダリティ」「叙法」などの概念は一様でない。ここでは、文内容（事態）と現実との関わりについての文法的な表現形式を**モダリティ**と規定しておく。蓋然性・可能性・必然性など、いわゆる「判断」のありように対応する意味上の概念を指すこととなる。モダリティが文レベルの文法的範疇であるのに対し、**ムード**は述語の位置における語レベルの文法的範疇である。

古代語におけるムードの助動詞には、現実性判断に関わる「ム」「ラム」「ケム」「ジ」「マシ」、可能性・当然性判断に関わる「ベシ」「マジ」、様態性判断に関わる「ラシ」「メリ」「終止ナリ（＝終止形接続のナリ）」がある。

「ム」「ラム」「ケム」は、それぞれ未来（あるいは時の区別と関わらない一般的事態）・現在・過去という時制に、存在または成立する事態を想定する場合に用いられる。

(1) a　うぐひすは今は鳴かむと片待てば霞たなびき月は経につつ　（万葉集・四〇三〇）

b　憶良らは今は罷らむ子泣くらむそれその母も我《あ》を待つらむそ　（万葉集・三三七）

c　古の賢《さか》しき人の遊びけむ吉野の川原見れど飽かぬかも　（万葉集・一七二五）

このように、時制的区別を表すムード形式が存在するというのは、古代語の特徴である。「マシ」は、現実に反する非現実の事態の想定に用いられる。

(2)　草枕旅行く君と知らませば岸の埴生《はにふ》ににほはさましを　（万葉集・六九）

「マシ」が反現実的な事態を表すのに対し、「ム」は即現実的であり、その点において両者は対立する（山口堯二二〇〇三）。「マシ」は「**連体ナリ**（＝連体形接続のナリ）」（後述）に後接しないが「ム」は後接するという事実も、「現実性」における両者の異なりを示している（高山善行二〇〇二）。

「ジ」は「ム」の否定形に相当する。

(3)　荒雄らを来むか来じかと飯《いひ》盛りて門に出で立ち待てど来まさず　（万葉集・三八六一）

「マシ」のような仮想対象を表す形式、「ジ」のような（後述する「マジ」も同様であるが）否定的対象を表す形式は、いずれも現代語には存しない、古代語特有のムード形式である。

「ム」が「非現実事態を仮構する」という述べ方であるのに対し、「ベシ」は「非現実事態を承認する」という述べ方である（尾上圭介二〇〇一）。このように捉えることによって、いわゆる推量・可能・当然などの意味分化の様相をうまく説明することができる。

(4)　a　物皆は新たしきよし唯《ただ》しくも人は古りにし宜しかるべし　（万葉集・一八八五）

b　都なる荒れたる家にひとり寝ば旅にまさりて苦しかるべし　（万葉集・四四〇）

c　この時のところに、子うむべきほどになりて　（蜻蛉日記・上）

(4)aは非現実事態が未来において生起するという認識（＝現実性判断）、(4)bは非現実事態が成立する可能性があるという認識（＝可能性判断）、(4)cは想定される事態が当然そうなるはずだという認識（＝当然性判断）を表している。

「マジ」は「ベシ」の否定形に相当し、否定的対象に対する可能性判断・当然性判断を表す。

(5)　ここにおはするかぐや姫は、重き病をし給へば、え出でおはしますまじ　（竹取物語）

この他「ベシ」「マジ」には、事態の妥当性について述べる場合（現代語の「〜べきだ」に相当、大鹿薫久（二〇〇四）ではモダリティに含まれない）もある（「言ひおくべき事ありけり」（竹取物語））。

「ラシ」「メリ」「ナリ」は、いずれもある様態についての話し手の認識を表すが、情報の入手方法が示されるという**証拠的（evidential）**な性格を有している（「メリ」は視覚的、「ナリ」は聴覚的）。

(6)a　沖辺より潮満ち来らし可良の浦にあさりする鶴《たづ》鳴きて騒きぬ　（万葉集・三六四二）
　b　竜田川もみぢ乱れて流るめり渡らば錦なかや絶えなむ　（古今和歌集・二八三）
　c　秋の野に人まつ虫の声すなり我かと行きていざとぶらはん　（古今和歌集・二〇二）

「ラシ」は、平安時代に入ると和歌においてしか用いられなくなり、そのまま姿を消した。

古代語のムード形式の用法が現代語と異なる点は、いずれの形も連体用法を持つという点である。

(7)a　古に恋ふらむ鳥はほととぎすけだしや鳴きし我《あ》がおもへるごと　（万葉集・一一二）
　b　いつしかとわが松山に今はとて越ゆなる波に濡るる袖かな　（後撰和歌集・五二二）

また、これらの形式の文法的振る舞いに注目すると、以下のように三つのグループに分類される（近藤泰弘二〇〇〇）。

(8)a	ム、ラム、ケム、ジ	活用不完備	過去形なし	疑問文と共起
b	メリ、終止ナリ	活用不完備	過去形あり	疑問文と非共起
c	ベシ、マジ	活用完備	過去形あり	疑問文と共起

活用が不変化型であること、テンスの分化がないことは、「主観性」の高さを裏付けるという（金田一春彦一九五三、高山二〇〇二）。これは、「連体ナリ」に前接するのは「客体的表現」であって、これが可能なのは(8)cの形式のみであるという指摘（北原保雄一九八一）ともうまく符合する（一五九頁参照）。

時代が下ると、「ム」は「む→ん→う」、「ラム」も「らむ→らん→らう」となるが、「ケム」（けむ→けん）は使われなくなっていった。「ケム」に代替したのは、次のような「ツラウ」であった。

(9)a　草の陰にても余おしうやおもはれけむ　（覚一本平家物語・巻三）

b　草のかげでもさこそなごり惜しう思はれつらう　（天草版平家物語・七九頁）

鎌倉期の『平家物語』と、それを基に作られた室町期の『天草版平家物語』の間で、「ケム」と「ツラウ」が対応している。これは、「未来ム・現在ラム・過去ケム」という推量体系の崩壊を示している。

室町期の代表的形式といえる「ラウ」であったが、江戸中期頃からあまり用いられなくなり、代わって「であろう」が用いられるようになった。これは「ダロウ」の形で現在に至っている。

(10)　戻ってこの仕合わせを話いたならば、さぞ喜ぶであろう　（虎寛本狂言・鬼瓦）

そして「ウ」は、四段動詞以外に接続する形の「ヨウ」を生み出すが（大塚光信〈一九九六〉参照）、両者とも意志用法へ収斂する（大鹿〈二〇〇四〉では、モダリティ形式ではなくなることになる）。

「ウズ」（むとす→むず→んず→うず）は、室町期を中心としてよく用いられた。

(11)a　ナキ人ヲ見進ゼ玉ハンコト難カルベシ　（百二十句本平家物語・巻九）

b　ない人をご覧ぜられうことは難からうず　（天草版平家物語・二八二頁）

右の(11)に顕著なように、「ウズ」は「ベシ」の意味領域をカバーした（山田潔〈二〇〇一〉など）。一方「ベイ」（べし→べい）は東国方言においては用いられたが、中央語では衰退した。そして否定形としては、

「マイ」(まじ↓まじい↓まい)がよく用いられたが、これは衰退した「ジ」をカバーするだけでなく、「ウ」「ラウ」「ウズ」のすべてに対応する否定形として機能した(山口二〇〇三)。

江戸時代に入ると「ウズ」は衰退するが、これに代わって「カモシレナイ」「ニチガイナイ」や「ハズダ」といった分析的な形式が生まれた。ここにおいて、「ベシ」→「ウズ」が未分化のまま担ってきた可能性判断・当然性判断が、それぞれ分担されることになった。

(12) a 誰もおらぬとみえた。が、だますかも知れぬ　(虎寛本狂言・子盗人)
b 蟒蛇《うかばみ》の化ねへ所が魔性の物に違ねへ　(浮世風呂・前上)
c 月もさいく女郎に揉まれたれば、水になるはづじゃ　(難波鉦・巻一)

様態性判断の「メリ」「終止ナリ」は鎌倉室町期には衰退するが、これに取って代わるのが「ゲナ」(げなり↓げなる↓げな)、「サウナ」(さうなり↓さうな↓そうだ)である。

(13) a 御史ガ詔書ヲウケタマハリテ施行スルモノヂヤゲナゾ　(史記抄・巻八)
b 「やれ〳〵雨が降るそふな、子ども苫をふけ」といひもあへず　(猿源氏草子)

「ゲナ」は江戸期には上方語となっていった可能性が高く、一部の方言を除いて衰退した。この後「ヨウダ」「ラシイ」は江戸期に、「ミタイダ」は明治期に発生し、現代に至っている。

(14) a 今夜は大《だい》ぶ土手が永《なが》いやうだ　(遊子方言・発端)
b 何でもあの内儀さんは、おぬしに余程気があるらしいゼ　(いろは文庫・七〇回)
c 「牢屋みたいだな」と兄が低い声で私語《ささや》いた。　(夏目漱石「行人」)

「ラシイ」は「男らしい、まことらしい」(ロドリゲス『日本大文典』)のような、接尾辞から発展したものと見られる(此島正年〈一九七三〉など)。「ミタイダ」は「見たようだ」が文法化したものである。

■コラム■モダリティ

モダリティの規定については様々な立場があるが、大きく分けて次の二つの捉え方がある。

(i) a　文内容に対する把握の仕方・心的態度（仁田義雄〈一九九一〉、益岡隆志〈一九九一〉など）

b　文内容と現実との関わり（尾上〈二〇〇一〉、野村剛史〈二〇〇三〉、大鹿〈二〇〇四〉など）

(i)aの立場においては、文の構造が、客体的な事態を表す「**命題（proposition）**」と、主体の心的態度を表す「**モダリティ（modality）**」の二つに分けられる。そして、モダリティは、命題に対する判断（事態の捉え方）を表す領域と、表現・伝達に関わる態度（文の述べ方）を表す領域にさらに分かれる。「ねえ、どうやら昨夜激しく雪が降ったようだよ。」という文では、「昨夜激しく雪が降った」という事態（命題）を、「どうやら――ようだ」という判断のモダリティが包含し、さらにそれを「ねえ――よ」という伝達のモダリティが包含するという、意味的階層構造が見出されることとなる。

(ii)［ねえ［どうやら［昨夜激しく雪が降った］ようだ］よ］

一方、(i)bの立場は、文成立の問題が根幹にある。文は「陳述」によって成立するが、陳述の有り様の異なりによって「感動文」「命令文」「叙述文」に分かれる。叙述文における基本的な陳述がモダリティであり、それは文内容と現実の関係把握である。通常の言表は現実内の事柄を伝え合うことが基本であり、そのため具体的なモダリティ形式は、現実外のことを表す形式ということになる。尾上〈二〇〇一〉では、モダリティは「専用の述定形式をもって非現実の事態を語るときそこに生じる意味」であると規定されている（これらの他、近藤〈二〇〇〇〉、森山卓郎他〈二〇〇〇〉、高山〈二〇〇二〉、宮崎和人他〈二〇〇二〉、『日本語学』二一―二〈二〇〇二〉など参照）。

先に、「ベシ」における「事柄の望ましさ」を表す用法について触れたが、このような価値判断に関わるものもモダリティと認めるとすると、**命令**・**禁止**などの言い方もこれに含まれる。

古典語における命令形は、現代語と異なり、丁寧語・尊敬語も用いることができる点が特徴的である（次の⒂は現代語訳すると「*止まりませ」）。

⒂　日暮れにたる山中にあやしきぞ。止まり候へ　（徒然草・八七段）

禁止の形式としては、①ナ―、②ナ―ソネ、③ナ―ソ、④―ナ、の四つがあるが、このうち①②は奈良時代においてしか用いられない。「禁止」を、禁止する対象が実現していない場合（＝禁止）とすでに実現している場合（＝制止）に分けると、④は前者の用法しか持たなかった（小柳智一一九九六）。

⒃　a　照る月を雲な隠しそ島陰に我が舟泊《は》てむ泊まり知らずも　（万葉集・一七一九）

b　まそ鏡かけて偲《しぬ》へとまつり出す形見の物を人に示すな　（万葉集・三七六五）

平安時代までは③の方が用法も広く、用例数も多かったが、文末に判断が示されるという趨勢に従う形で、次第に④の方が優勢になり、江戸時代に入ると③の形式は滅びた。

出来事の実現を望む**希求**の表現には、「〜したい」という自己に関する場合と、「…に〜してほしい」という他者に対する場合とがある。古代語における前者の形式としては「シガナ」「バヤ」、後者の形式としては「ナモ・ナム」「（モ）ガナ」があり、助動詞「マホシ」は、これら両方の場合を表すことができた。鎌倉期に入ると、「タシ（タイ）」の隆盛の前に、他の形式は用いられなくなっていった。

ムード形式ではないが、**説明**の形式として「連体ナリ」がある。

⒄　はやても龍の吹かするなり　（竹取物語）

⒄の例では、「なり」は「龍の吹かする」という「**準体句**」（後述）を承けており、この点において通常

の助動詞とは異なっている。助動詞の相互承接についてはこれまでも若干触れるところがあったが、「連体ナリ」を承接の基準とした述語形式の分類を、ここで示しておく（北原〈一九八一〉参照）。

(18) a　常に前接するもの
　　（サ）ス、シム、（ラ）ル、マホシ、マジ、ツ、ヌ、タリ、リ、キ
　b　常に後接するもの
　　ム、ラム、ケム、ジ、ラシ、メリ、終止ナリ
　c　前接したり後接したりするもの
　　ケリ、ズ、ベシ

ムード形式はほぼ(18)bに属すること、その中にあって「ベシ」は(18)cに属すること、テンス・アスペクト形式はほぼ(18)aに属すること、その中にあって「ケリ」は(18)cに属すること、などが見てとれ、非常に興味深い。この他、「連体ナリ」が狭義係り結びと共起しない点は注目され、係り結びの機能（の一部）を受け継いだ可能性も考えられる。時代が下ると、準体句の衰退に伴い、「連体ナリ」は「ノダ」へ変化したものと考えられる。

(19) a　熟睡ナラネバ分明ニハヲボヘヌ也　（中華若木詩抄・上巻）
　b　江戸ツ子の金をおまへがたがむしり取て行《いく》のだ　（浮世床・初中）

ヴォイス

内容的に同じ事柄を表現する場合にあっても、文に関与する格成分のうち、何に視点をおいて述べるかによって文内容の中心者が変わってくる。「太郎が次郎を叱る」「次郎が太郎に叱られる」のような、

「能動」と「受動」の対立がその典型である。このように、述語形式に応じて格が規則的に交代する現象に関わる文法的形式を「**ヴォイス**」と呼ぶ。「太郎が歩く↓太郎を歩かせる」のような「使役」、「英語を話す↓英語が話せる」のような「可能」も、ヴォイスに含まれる。

受動文の歴史において注目されるのが、非情物名詞句が主語となるタイプである。古典語において、「非情物ガ―非情物ニ―～(ラ)ル」「非情物ガ―〈非表示〉―～(ラ)ル」というタイプは存在したが、「非情物ガ―有情物ニ―～(ラ)ル」というタイプは存在しなかった。

(1) 露ハ月ノ光ニ被照(テラサレ)テ　（今昔物語集・巻十九―十七話）

これが近代に入り、欧文の直訳において「ニヨッテ」という形を獲得するにあたって、「非情物ガ―有情物ニ―～(ラ)レル」というタイプの文を表現することができるようになった(金水一九九一)。

(2) 彼所ニ併ナガラ一二ノ一般ノ規則ト而シテ経験ガ此ニ就テ巧者ナル語学者ニ由テ定メラレテアル　（竹内宗賢〈一八五六〉『和蘭文典読法』）

他動文においては、抽象的な非情物名詞句が「原因」の**意味役割**として主語に立つタイプ(コラム「プロトタイプ」参照)は古典語にはなく、やはり欧文脈において成立したものと見られる(青木博史二〇〇六)。

(3) 我等ノ先祖ノ博愛アル事ト勇気アル事ト取リ極リアル事トガ此国ヲ自由ニシタ　（大庭雪斎〈一八五五〉『訳和蘭文語』）

自動詞・他動詞の対立は、助動詞「(ラ)ル」「(サ)ス」などの有標の形式を用いることなく、ヴォイスの対立が示される(「家が建つ―家を建てる」)。古代語の自動詞・他動詞の対応タイプは、形態の上から次のような二種類が区別される。

(4) 活用の種類の違いによるもの

たつ（立）四段［自］⇓たつ下二段［他］、きる（切）四段［他］⇓きる下二段［自］

(5)　語尾の違いによるもの

a　なる（成）［自］⇕なす［他］、うつる（移）［自］⇕うつす［他］

b　かる（枯）［自］⇓からす［他］、まぐ（曲）［他］⇓まがる［自］

(5)bのような、「r」自動詞、「s」他動詞を派生させるシステムから、助動詞「（ラ）ル」「（サ）ス」は成立したと見られる。「（ラ）ル」は「受身」「自発」「可能」といった意味を分化させ（＝(6)a・b・c）、「（サ）ス」は「使役」の意味を表した（＝(6)d）。

(6)　a　ありがたきもの。舅にほめらるる婿。また姑に思はるる嫁の君（枕草子・七五段）

b　秋来ぬと目にはさやかに見えねども風の音にぞ驚かれぬる（古今和歌集・一六九）

c　御胸のみつとふたがりてつゆまどろまれず、明かしかねさせ給ふ（源氏物語・桐壺）

d　これをたゞに奉らばすゞろなるべしとて、人々に歌よませ給ふ（伊勢物語・七八段）

そしてこれらは後に、尊敬の意味をも表すようになった（「（ラ）ル」の多義性については、Shibatani〈1985〉、尾上〈二〇〇三〉参照）。

奈良時代における受身の助動詞は、「見ゆ」「聞こゆ」などのユ語尾自動詞から分出した「（ラ）ユ」が用いられており（朝山信彌一九四二、柳田一九九三）、また、使役の助動詞としては「シム」が用いられていた。しかし、「r」「s」の標識が確立されるにしたがって、「（ラ）ユ」は「あらゆる」「いわゆる」など特定の語の中に、「シム」は漢文訓読の中に固定化し、用いられなくなっていった（釘貫亨〈一九九六〉など）。

可能を表す形式として、四段動詞から下二段動詞を派生させた「読むる」のような形が、室町末から江戸初期にかけて用いられるようになった。

(7) a　上聲ニモ去聲ニモ成ト見ヘタゾ。此デハ今ハヨメヌゾ　（史記抄・巻十四）

b　此句モ含ノ字マメツシテ正字ヲシラヌホドニヨメヌゾ　（玉塵抄・巻七）

これは、自他対応の(4)のタイプを利用した派生形式であると考えられる。**「可能動詞」**と呼ばれるこの新しい派生形式は、助動詞「(ラ)ル」の用法を奪う形で成長した。その後、四段(五段)以外の動詞からも、「来れる」「見れる」「食べれる」などの形を派生するようになった。これらは「らぬきことば」などと呼ばれるが、新しい「可能動詞」である。

■コラム■プロトタイプ

プロトタイプ論とは、原型・典型を設定し、そこからの距離によって連続的に捉えようとする見方である。言語における「意味」は、常にある種の連続性を有しており、自他の問題も同様に考えられる。Hopper & Thompson(1980)やヤコブセン(一九八九)に基づき、ここでは「他動性」のプロトタイプ(原型)を以下のように設定しておく。

a　関与している事物(人物)が二つある。すなわち、動作主(agent)と対象(object)である。

b　動作主から対象への働きかけがある。

c　対象は変化を被る。

右の三つの要素すべてを満たすところに最も典型的な他動文が存在し、一部の要素しか満たさない場合は、典型から外れた他動文として位置づけられることになる。現代語の「私たちは空襲で家財道具を焼いた」「城壁が町を囲んでいる」「父の死がジョンを悲しませた」といった文は「動作主」の要件を欠いており、典型から外れた例ということになる。内省の効かない古典語の分析においては、プロトタイプ的な見方が有効に働くことも多いであろう。

三　文の構造

文末で文を支え、文の中心的な要素となるのが「述語」である。そして、述語が表す意味を補う形で関与する名詞句を「補語」という。「主語」や「目的語」などがそれである。また、事態や事物を修飾・限定するものを「修飾語」という。述語を修飾するものを「連用修飾語」、名詞を修飾するものを「連体修飾語」という。

名詞句が示す文中での役割を「**格**」という。「主格」「対格（目的格）」などがそれである。このとき用いられる助詞を格助詞と呼ぶ。また、述語の対立者（対象）を示し、「係り」と「結び」の統一によって成立する文を「係り結び文」と呼ぶ。このとき用いられる助詞を係助詞と呼ぶ。そして、文中のあらゆる要素に付接して副詞的に働く助詞を、副助詞と呼ぶ。

単一の述語を中心として構成された文を「**単文**」といい、複数の述語からなる文を「**複文**」という。複文を構成するところの述語を中心としたまとまりを「**節**」という。複文は複数の節で構成されることになるが、これらの中で文全体をまとめる働きをする節（原則的に文末の述語を中心とした節）を「**主節**」

と呼び、主節に対して従属的な関係で結びつくものを「**従属節**」と呼ぶ。従属節には、「名詞節」「関係節（連体節）」「副詞節（連用節）」の三つがある。

係り結び

「係り結び」の近代的概念は、山田孝雄によって形成された（本居宣長・萩原広道など、近代以前についてはここでは触れない）。山田（一九三六）では、次のように規定される。

(1) 係とは述語の上にありてその陳述の力に関与する義にして、結とは係の影響をうけて陳述をして終止するをいふなり

このとき、係助詞は「陳述をなす用言に関係ある語に附属して、その陳述に勢力を及ぼすもの」と定義される。山田文法のいう「係の影響を受ける陳述」、すなわち「係結」は、「主—述」二項に分立したものの統一体である「述体」の句を構成する形式である。その範囲は、次のようなものとなる（森重敏〈一九五九〉、川端〈一九九四〉など参照）。

(2) a 結が活用語である係結（「虎か吼ゆる」〈万葉集・一九九〉、「恋こそ増され」〈万葉集・二二四五〉）

b 結が体言である係結（「蓮葉《はちすば》はかくこそあるもの」〈万葉集・三八二六〉、「国は葛城」〈古事記・仁徳〉）

c 係助詞相互の係結（「鳥も使ひそ」〈古事記・允恭〉、「誰か知らむも」〈万葉集・三九五〇〉）

通常「係り結び」という場合には、(2) aを指していう。平安時代における係助詞と結びの活用語の対応は、以下のとおりである。

(3) a ハ・モ——終止形（無標）

b ゾ・ナム・ヤ・カ——連体形

c　コソ――已然形

⑴の定義に従えば、⑶aも「係り結び」に含まれ、これは現代語にまで引き継がれていることになる。「係り結び」を古代語特有のものと考えるなら、⑶b・⑶cのみとなる。

⑶cの形式は、逆接を表す已然形句と呼応する形で成立したと見られる。「人こそ知らね松は知るらむ」（万葉集・一四五）のような、「人は知らないけれど」といった逆接表現を基とし、次第に強調表現へと展開したと考えられる。⑶bの形式の成立には、準体句の文末用法（後述）が関与したと考えられるが、これには現在三つの見方がある。

一つは「倒置説」ともいうべきもので、「山を高みか夜ごもりに出で来る月の光乏しき」（万葉集・二九〇）のような場合、「月の光乏しき／山を高みか」という文が基にあり、「山を高みか」を強調するために倒置が起こって前に置かれ、述部で働く終助詞であったものが係助詞になり、文末が準体句の形になるという考え方である（大野一九九三）。もう一つは「挿入説」ともいうべきもので、元々あった連体形終止文における疑問・嘆きなどの意味を強調し、文の焦点を卓立するために係助詞が挿入された（「いかに我がせむ」→「いかにか我がせむ」〈万葉集・七九五〉）という考え方（阪倉一九九三）。そしてもう一つは「注釈説」ともいうべきもので、「間なく恋ふれにかあらむ草枕旅なる君が夢にし見ゆる」（万葉集・六二一）のような場合、係りである「恋ふれにかあらむ」は、「君が夢にし見ゆる」という連体形喚体句を主語とする注釈的先行述語であり、このような係りと連体形句の呼応によって係り結びが成立したという考え方である（野村一九九五）。

係助詞は一つの体系をなしており、いくつかの統語的・意味的観点から分類が可能となる。結びの語の活用形が「連体形」か「已然形」か、表す意味が「強調」か「疑問」か、といった以外にも、疑問詞を承けるか承けないかという観点から、疑問詞を承けない「ハ」「コソ」「ナム」「ヤ」と、疑問詞を承ける「モ」「ゾ」「カ」の二系列が認められる（大野一九九三）。また、強調・疑問の焦点が、「A係助詞B」という場合の前接語Aにあるか、ＡＢの結合全体にあるかという観点から、「ゾ」「カ」を前者、「ハ」「モ」「ヤ」を後者と位置づける可能性も考えられる（尾上二〇〇二）。

(3)ｂ・(3)ｃとして示した最狭義の係り結びは、時代が下ると消滅する。奈良時代における「―係助詞―ノ・ガ―連体形。」という語順法則（佐佐木隆一九九二、野村一九九三）が平安時代には見られないという点を重視すると、係り結びは平安時代には大きく変容しているということになる。「係――連体形句」から「係――連体形述語」へ変化しているというわけである（野村一九九五）。単なる形態の呼応として形式化したところに**連体形終止の一般化**が広まれば、形式上の存在価値も失うこととなる。ここにおいて「ゾ」は文語化し、「ナム」は間投助詞化した後、消滅したと考えられる。一方、「カ」は疑問語単独および「ヤ」に取って代わられるが、「ヤ」も次第に文末助詞にその場所を譲ったと見られる。また、已然形と呼応する「コソ」は、形そのものは室町期まで残っているが（安田章〈一九九二〉参照）、結局副助詞として現在に至っている。

■コラム■連体形終止

連体形には、体言に連なる用法（連体修飾）と、それ自体体言的に働いて**準体句**を構成する用法（「名詞節」参照）の二つがある。準体句には、文中用法と文末用法とがある。係り結びの結びとなる場合を、準体句の文末用法を起源とすると考えると、古代語における連体形の用法は、次のようにまとめられる

（接続助詞に続く場合は除いてある。一七七頁参照）。

連体用法――「うつくしき事かぎりなし」（竹取物語）「童べの踏みあけたる築地」（伊勢物語・五段）

準体用法

文中――「雨など降るもをかし」（枕草子・初段）「菊の花のうつろひたるを折りて」（伊勢物語・十八段）

文末

係助詞あり「卯の花の過ぎば惜しみかほととぎす雨間も置かずこゆ鳴き渡る」（万葉集・一四九一）

係助詞なし「夏草の露分け衣着けなくに我が衣手の乾《ふ》る時もなき」（万葉集・一九九四）

係助詞を伴う連体形終止文、すなわち係り結び文は、ある種の強調表現である。その一方、係助詞を伴わない連体形終止文（＝準体句の文末用法）についても、特殊な表現価値が認められる。

（i）a　みよしのの山の白雪ふみわけて入りにし人の音信《おとづれ》もせぬ　（古今和歌集・三二七）

b　夏草の露分け衣着けなくに我が衣手の乾る時もなき　（万葉集・一九九四）

c　仏を紛れなく念じ侍らむとて、深くこもり侍るを、かかる仰言にて、まかり出で侍りし　（源氏物語・手習）

（i）aは「便りもくれないことだ」という詠嘆を表している。（i）bは逆接条件句に対する帰結となっており、「着もしないのに、私の衣の袖の乾く間もないことだ」といった意を表している。（i）cは、「仰せによって山から出てきたのです」のように、解説をする表現である。奈良平安時代において、このような文が用いられるのは、（i）の諸例のように和歌か会話文に限られていた。

これが院政時代頃より、特殊な表現価値を伴わない連体形終止文が増えてくるようになった。

（ii）a　カシコナル女ノ頭ニケダモノ、アブラヲヌリテヌル　（三宝絵詞・中）

b　心ニ慈悲有テ身ノ才人ニ勝タリケル　（今昔物語集・巻十九―二話）

(ii)aは会話文であるが、(ii)bは地の文である。そして室町時代以降、このような連体形終止が一般的になった。これを、**連体形終止の一般化**（終止形・連体形の合流）と呼ぶ。この変化は、(i)a・(i)bのような「詠嘆」「余情」的表現が好まれるようになったためと説かれることも多いが、(i)c・(ii)bのような「解説」的表現の延長にあるものと考えた方がよいだろう。

係助詞が衰退する一方で、格助詞が発達した。この二つの現象は表裏一体の関係にあり、時代が下るにしたがって、論理的な格関係が前面に出されるようになったことを意味している（森重一九五九、尾上二〇〇一）。古代語では、主格・目的格の名詞句には助詞を付けないことが多いが、現代共通語の規範的な文では、名詞句には義務的に助詞が付加される。

(4)a　竹取の翁といふもの有けり → 竹取の翁という者があった

b　玉の枝とりになむまかる → 玉の枝をとりに行くのです

主格助詞「ガ」は奈良時代から存したが、「君が行く道」のような「ガ――用言＋体言」という連体節の中で用いられることが多かった。ただし少数ながら、主節で用いられたように見える例もある。

(5)　あしひきの山を木高み夕月をいつかと君を待つが苦しさ　（万葉集・三〇〇八）

それでも、(5)は「ガ――用言（形容詞語幹）＋サ」という形式であり、やはり体言句を形成している。他に「ガ」が用いられるのは、準体句の中、**ク語法**句（後述）の中、係り結びの連体形結び句の中などであることを考え合わせると、主格助詞「ガ」は、古くはある種の体言句の中で用いられるという制限があったといえる。

これが、平安期に入ると、「ガ――用言」という用言句の中で多く用いられるようになる。

(6) a　程なく罷りぬべきなめりと思ふが悲しく侍るなり　（竹取物語）

b　女のまだ世経ずとおぼえたるが人の御もとに忍びて　（伊勢物語・一二〇段）

(6)aは感情形容詞の対象語として用いられた例、(6)bは動作主として用いられた例である。しかし(6)は、いずれも主節の終止形述語に直接係っていく例ではない。主節の主格として用いられる例は、院政鎌倉期に下ってからはじめて見られるようになる。

(7)　年五十許《ばかり》ナル男ノ怖シ気ナルガ、水干装束シテ打出ノ太刀帯ビタリ

（今昔物語集・巻二六―十八話）

格助詞「ノ」は、奈良時代では「ガ」と非常によく似た環境で用いられていた。連体格用法が最も多く（「大君の命《みこと》」〈万葉集・三六四四〉）、主格用法（「雪の流れ来るかも」〈万葉集・八二二〉）もあった。このとき、これらの助詞に前接する語（名詞）は、「ガ」より「ノ」の方がより広く一般的であった。「ノ」はこの他、枕詞・序詞を導く比喩的用法（「置く露の消《け》ぬべく」〈万葉集・二三三五〉）、同格用法（「咲きたる花の梅の花」〈万葉集・三九九〉）があり、概して「ガ」よりも用法が広い（大野〈一九七七〉、野村〈一九九三〉参照）。

「ガ」は既述のように主格助詞として発達していくが、主格用法の「ノ」は従属節内にとどまり、一部の方言を除いて連体格助詞になっていく。これは、「ノ」が用言を承けることができなかったのに対し、「ガ」は用言を承けるようになったことが大きな要因となっている。主格助詞は、(7)のような用言連体形（＝準体句）を承けるタイプから発達していったと見られるからである（石垣謙二〈一九五五〉）。

目的格助詞「ヲ」も、すでに奈良時代から見られる（「父母を見れば」〈万葉集・八〇〇〉、「みどり子の泣く

をも置きて」〈万葉集・四八一〉）。奈良時代の「ヲ」には、間投助詞（「近くを来鳴きてよ」〈万葉集・四四三八〉）、終助詞（「山も近きを」〈万葉集・三九八三〉）があるが、統語的環境によって区別される（近藤二〇〇〇）。格助詞の「ヲ」それ自体の用法は、現代語に至るまで基本的には変わっていないと考えられるが、次のような古代語特有の用法には注意が必要である（コラム「ミ語法」も参照）。

(8) a 紫のにほへる妹を憎くあらば人妻ゆゑに我《あれ》恋ひめやも （万葉集・二一）
b あふさかにて人をわかれける時によめる （古今和歌集・三七四）
c 御迎へに来む人をば長き爪して眼をつかみつぶさん （竹取物語）

■コラム■とりたて

「とりたて」とは、文中のある要素について、同一範列内で対立する他者との関係を示しながら述べる働きである（沼田善子〈二〇〇〇〉など参照）。いわゆる「副助詞」の働きの大部分がこれにあたるが、これらは「とりたて詞」と呼ばれることになる。この文法概念は、日本語研究の中から生まれた独自のものであり、簡潔な意味記述の道具立てが用意されていることもあって、日本語教育を中心とした現代語の記述的研究でよく用いられている。以下に一例を示す。

a 太郎だけが学校に来る。
主張＝断定・自者―肯定　　含み＝断定・他者―否定
b 太郎も学校に来る。
主張＝断定・自者―肯定　　含み＝断定・他者―肯定

「とりたて」という概念が、歴史的研究に有効に働くかどうかは試されてよい。山田（一九〇八）以来、

「副助詞」「係助詞」として分析されてきたが、「コソ」のように、係助詞から副助詞に転じたものもあり、あらためてこれらの関係について考える必要がある。これには、方言も視野に入れた形での多角的な研究が望まれる（沼田善子・野田尚史編〈二〇〇三〉、『日本語文法』八―二〈二〇〇八〉など参照）。

平安時代における副助詞は、統語的振る舞いから大きく二分される（近藤二〇〇〇）。

(9) a　格助詞に後接、副助詞に後接、形容詞連用形に後接＝ノミ、ダニ、サヘ
　b　格助詞に前接、副助詞に前接、形容詞連用形に後接せず＝バカリ、マデ

(9)aは文の成分に後接して、その成分を含む節全体（＝事態）に関係し、(9)bは語に後接して、その語（＝事物）にだけ関係している。「限定」を表す「ノミ」「バカリ」の例を掲げておく。

(10) a　光をのみ添へたまふ御容貌〈光をお加えになる一方のお姿〉（源氏物語・行幸）
　b　直衣ばかりを取りて〈直衣だけを取って〉（源氏物語・紅葉賀）

(9)には「類推」を表す「スラ」が含まれていないが、平安時代では漢文訓読専用となっているためである。奈良時代では、格助詞・副助詞に後接しており、「ダニ」「サヘ」と近い性格を示す。「例示」を表す「ナド」は、格助詞に前接も後接もする点で（「などに」「になど」）特殊である。

「限定」を表す形式は、鎌倉期に入ると「ノミ」が文語化し、「事物の限定」しか表さなかった「バカリ」が「事態の限定」をも表すようになる。江戸後期に入って「事物の限定」を表す「ダケ」が生じ、「バカリ」との間で役割分担を果たすようになった。

院政鎌倉期以降の「極限」を表すものの変遷に関しては、「ダニ」「スラ」の「類推」を、これまで「添

加」を表していた「サヘ」が担うようになった。これによって「ダニ」は衰退し、早くから訓読語となっていた「スラ」は文章語として現在へ至っている。そして「サヘ」が表していた「添加」は、範囲における限界を表していた「マデ」が担うようになった。

係助詞であった「コソ」は江戸後期に副助詞化した。格助詞への後接、副助詞への後接、といった統語的特徴が失われた段階に、係助詞性の弱化を見てとることができる(9)参照)。

名詞節

節それ自体が名詞として働くものを**名詞節**と呼ぶ。古典語における名詞節は、次のように節末が用言の連体形によって構成される。この形は伝統的に「**準体句**」と呼ばれている。

(1) a ［程なく罷りぬべきなめりと思ふ］が悲しく侍るなり (竹取物語)

b ［いみじき愁へに沈む］を見るに、たへがたくて (源氏物語・明石)

次のように名詞句末に「コト」を用いたものを名詞節とする立場もあるが、ここでは**連体節**と見ることとする。「事(こと)」を主名詞とした連体修飾構造と見るわけである。

(2) a ［節を隔て、よごとに金ある竹を見つくる事］かさなりぬ (竹取物語)

b ［枕とて草ひき結ぶこと］もせじ秋の夜とだにたのまれなくに (伊勢物語・八三段)

奈良時代においては、「ク」を付接する「**ク語法**」と呼ばれる形式も多く用いられた。活用語に「-aku」という形態素を付接して形成されており、ここではこれも名詞節と見ておく。

(3) a 潮満てば入りぬる磯の草なれや［見らく］少なく［恋ふらく］の多き (万葉集・一三九四)

b 我がやどの梅の下枝《しづえ》に遊びつつうぐひす鳴くも［散らまく］惜しみ (万葉集・八四二)

しかし、平安時代以後あまり用いられなくなり、「言はく」「すべからく」など漢文訓読文でわずかに見られる程度である。現代語では「恐らく」「願わくは」など、若干の語が化石的に残っている。

連体形のみで形成される、準体句としての名詞節は鎌倉室町時代から江戸時代にかけて次第に用いられなくなり、現代語では節末に「ノ」を付した形で表されるようになる。(4)は、(1)を現代語訳したものである。

(4) a ［間もなく帰らなければならないと思っているの］が悲しいのです
　　b ［たいそうな悲しみに沈んでいるの］を見ると、耐え難くて

このような「準体型」から「ノ型」への変化は、室町末江戸初期において起こったと見られる。

(5) a 如何に申さんや、姫が肌に、［父が杖をあてて探すの］こそ悲しけれ　（貴船の本地）
　　b ［そなたが嘆きやるの］をば思ふては　（狂言記・武悪）

(5)aは主語節、(5)bは目的語節として用いられており、このような述語の**項**（＝必須要素）となる場合から準体助詞「ノ」の使用が始まったと考えられる。これは、①現代共通語において「ニ」に続く場合には「ノ」を必要としないことがある（「言うに及ばない」「するに限る」など）、②現代方言において述部で用いられる場合（共通語の「ノダ」に相当）には「ノ」を必要としないことが多い（「行くだ」「寒いだ」静岡県他）、という二点から裏付けられる。

準体助詞「ノ」は、次のような代名詞用法から発達したものと見られる。

(6) 人妻と我がのとふたつ思ふには馴れにし袖はあはれまされり　（好忠集・四五七）

右の「ノ」は、「妻」という〈ヒト〉を指しており、このような「ノ」が、室町期に入って活用語の連体形にも付接するようになったと考えられる。

(7) せんどそちへわたひたのは何としたぞ　（虎明本狂言・雁盗人）

「わた（渡）ひたの」は「銭」という〈モノ〉を表しているが、このような〈モノ〉〈ヒト〉を表す「ノ」が〈コト〉を表すものへと拡張することによって、(5)のような「ノ型」の名詞節が成立したと考えられる（青木〈二〇〇五〉など参照）。

■コラム■準体句

古典語においては、活用語の連体形が体言に準ずる働きをすることがある。山田孝雄は、そのような働きをする連体形が述語となって「句」を構成するものを「準体句」と呼んだ（山田一九〇八）。「準体句」には、大きく分けて次の二種がある（石垣〈一九五五〉参照）。

(i) a [友の遠方より訪れたる] を喜ぶ。
　b [友の遠方より訪れたる] をもてなす。

(i)aは「友ガ遠方より訪れたコトを喜ぶ」という意を表す（「友の」は主格）のに対し、(i)bは「友デアル遠方より訪れたヒトをもてなす」という意を表している（「友の」はいわゆる同格）。このように準体句は、〈コト〉タイプと〈ヒト〉〈モノ〉タイプの二種に分けられる。

(i)bの〈ヒト〉〈モノ〉タイプは、古典語において非常によく用いられた。このとき、「友の」のような〈ヒト〉や〈モノ〉の属性を表す名詞句の現れ方には、様々なものがある（黒田成幸〈一九九九〉、近藤〈二〇〇〇〉、小田勝〈二〇〇六〉など参照）。

(ii) a [ある人の子の [童なる]]、ひそかに言ふ　（土左日記）
　b [いとやむごとなき際にはあらぬが [すぐれて時めきたまふ]] ありけり　（源氏物語・桐壺）

c　［少し遠く立てりける桜を］［近く掘り植ゑ給ひける］］が枯れ様に見えければ
（大和物語・七四段）

(ii) aは(i) b同様「ノ」を伴ったもので、このタイプが最も多い。「ある人の子デアル童であるヒト」の意となる。(ii) bは「ガ」を伴い、なおかつ名詞句が準体句になっているのでやや複雑である。「大して重々しい家柄ではない方デアッテ、目立って帝のご寵愛を受けていらっしゃるヒト」の意となる。(ii) cは準体句末の述語の格関係が保たれたままなので分かりにくいが、「遠くに立っていた桜ヲ近くに植えかえなさったモノ」の「モノ」は、直前に出てきた「桜」である。

奈良時代によく用いられた**ク語法**にも、(i)で示した二種類があったものと見られる。

(iii) a　我妹子に恋ふるに我はたまきはる短き命も［惜しけく］もなし
（万葉集・三七四四）

b　前妻が菜こはさば［立柧稜の実の無けく］をこきしひゑね
後妻が菜こはさば［いちさかきの実のおほけく］をこきだひえね
（古事記歌謡・十、日本書紀歌謡・七）

しかし、(iii) bのような〈モノ〉を表すタイプのク語法は、万葉集以降においては見られない。訓点資料によく見られる「イ」による準体は、〈ヒト〉を表すタイプである。

(iv) a　［此を持つ］いは称を致し、［捨る］いは謗を招きつ
（宣命・四五）

b　［一切衆生喜見と名ケラルル］い、婆羅門憍陳如に語りて言はク
（西大寺本金光明最勝王経古点・一―一二）

副詞節

いわゆる接続助詞が節末に付加されることによって従属節を形成したものを**副詞節**と呼ぶ。平安時代の代表的な形式は、**従属節の従属度**という観点から、次の三つに分類される（近藤二〇〇〇）。

(1) A類　テ、ツツ、ナガラ、デ、連用形
B類　未然バ、已然バ、ハ、ド・ドモ、トモ、モノノ・モノカラ・モノユヱ
C類　ニ、ヲ、（ガ）　※平安時代に接続助詞の「ガ」が成立していたかは微妙である。

現代語における南不二男（一九九三）の分析を基にしたもので、まず節末の述語が注目される。A類にはテンス・アスペクト形式、モダリティ形式のいずれも現れないが、C類にはこれらがすべて現れる。B類はこれらの中間的な振る舞いを示す（高山〈二〇〇二〉も参照）。

(2) a　親しき女房、御乳母などを遣はしつつ、ありさまを聞こしめす　（源氏物語・桐壺）
b　かくあさましき空ごとにてありければ、はやくとく返し給へ　（竹取物語）
c　御心を乱りし罪だにいみじかりけむを、今はとてさばかりのたまひ　（源氏物語・総角）

包摂される順序としてはA類が一番内側（＝左側）で、B類、C類の順で外側（＝右側）に来る。

(3) a　[[かぐや姫あやしがりて]A類 みれば]B類、鉢の中に文あり　（竹取物語）
b　[[限りあれば]B類 例の作法にをさめたてまつるを]C類、母北の方、同じ煙にのぼりなむと、泣きこがれたまひて　（源氏物語・桐壺）

接続助詞「ニ」「ガ」「ヲ」は、いずれも格助詞から変化した。「ニ」がすでに奈良時代から接続助詞としての用法を持っていたのに対し、「ガ」「ヲ」は文献において発達の跡がうかがえる。

(4) a　髪、いとけうらにて長かりけるが、分けたるように落ち細りて　（源氏物語・真木柱）

b　女二人ありけるが、姉は人の妻にてありける　（宇治拾遺物語・巻三―十五話）

(5)a　梅の花折りかざしつつ諸人の遊ぶを見れば都しぞ思ふ　（万葉集・八四三）

b　行きとぶらひけるを、む月の十日ばかりのほどにほかにかくれたり　（伊勢物語・四段）

補語と述語の関係にあったものが、節と節の関係へと推移している。(4)aから(4)bへの変化は十二世紀頃、(5)aから(5)bへの変化は十世紀頃起こったものと見られる（石垣一九五五、近藤二〇〇〇）。

現代語の「タラ」「ナラ」に相当する**条件節**（＝仮定条件を表すもの）は、古代語では「未然バ（＝未然形接続のバ）」で表される。

(6)a　こち吹かば匂ひおこせよ梅の花あるじなしとて春をわするな　（拾遺和歌集・一〇〇六）

b　名にし負はばいざこととはむ都鳥わが思ふ人はありやなしやと　（伊勢物語・九段）

(6)aのような動作が完了した場合を仮定する用法と、(6)bのような非完了性の仮定の用法とを未分化の形で含んでいる。室町期以降、これらは「タラバ」「ナラバ」に分化して継承されていった。

(7)a　若《もし》サウナツタラバ、御内ト二人シテ秦国ヲ謀《ハカ》ラハウゾ　（史記抄・巻十一）

b　命ヲ天ニ受ルナラバ、ヨイ者モアラウズ、ワルイ者モアラウズホドニ　（史記抄・巻十一）

この後「未然バ」の衰退とともに、「バ」を脱落させた「タラ」「ナラ」が用いられるようになった。

「已然バ（＝已然形接続のバ）」が用いられた文は、原因・理由とその帰結（＝(8)a）、前件と後件の偶然の成立（＝(8)b）、前件と後件の恒常的な成立（＝(8)c）、を表した。

(8)a　いみじうむつかしけれど、夜にいりぬれば、たゞあくるを待つ　（蜻蛉日記・上）

b　とみのこととて御ふみあり。おどろきて見れば、うたあり　（伊勢物語・八四段）

c　世の中の人の心は、目かるれば忘れぬべきものにこそあめれ　（伊勢物語・四六段）

「已然バ」は、(8)cのような「恒常性」を表す用法を基に、習慣的・一般的な判断を背景としながら未来における個別的な事態を予想する、といった用法へ徐々に変化し、ついには「仮定形」「条件形」と呼ばれるべきものへと変化した（阪倉一九七五、小林賢次一九九六）。これに伴い、(8)bのような「偶然性」を表す用法は、時間的な前後関係を表す「ト」が補う形となった。また、(8)aのような「原因・理由」を表す用法は、鎌倉室町期の「ホドニ」「ニヨッテ」などを経て、江戸後期に現れた「カラ」「ノデ」の使用が定着していった。

　古代語の**逆接節**には、「ド・ドモ」「トモ」が用いられるが、「トモ」は仮定的な用法でしか用いられず、両者は意味によって使い分けられていた。

(9)a　真木柱太き心はありしかどこの我《あ》が心鎮めかねつも　（万葉集・一九〇）

b　うぐひすの鳴くくら谷にうちはめて焼けは死ぬとも君をし待たむ　（万葉集・三九四一）

時代が下ると「トモ」は「テモ」に取って代わられ、「ドモ」も「ガ」「ケレドモ・ケド」「ノニ」などの発達の前に姿を消すこととなった。

　動作や状態の**並列**を表す場合、古典語には「ミ」「ヌ」「ツ」「タリ」などの形式があった。

(10)a　河内の国、生駒の山を見れば、くもりみ晴れみ立ちゐる雲やまず　（伊勢物語・一四三段）

b　たちぬ居ぬ、指をさしなどかたり居れば　（宇治拾遺物語・巻十一―八話）

c　七十人シテヲロシケル大船ヲ、一人シテヤスヤストアゲツヲロシツシケリ　（延慶本平家物語・巻五本）

d　皆人ハ重キ鎧ノ上ニ重キ物ヲ負タリ懐タリシテ入レバコソ沈ケレ　（延慶本平家物語・巻六本）

(10)の諸形式のうち「ミ」は早くから文語化し、他の形式も「行きつ戻りつ」のような慣用句の場合を除き、「タリ」以外は姿を消した。その一方で、江戸初期には接続助詞「シ」が生まれた。

⑾　路次すがら付合をして、付たらは松を取まいし、ゑ付ずは松をとらふ　（虎明本狂言・富士松）

「シ」の起源は、形容詞活用の旧終止形と見られる（出雲朝子〈一九八五〉、鈴木浩〈一九九〇〉など）。

■コラム■ミ語法

奈良時代語文献には、「瀬をはやみ」「花をよみ」のように、「…ヲ〜ミ」（「〜」は形容詞語幹）の形で原因理由を表す、「ミ語法」と呼ばれる形式が多く見られる。

a　我背子がやどの橘花を好《よ》み鳴くほととぎす見にぞ我が来し　（万葉集・一四八三）

b　上野《かみつけの》安蘇山つづら野を広み延《は》ひにしものをあぜか絶えせむ　（万葉集・三四三四）

aは「花をよいと思って」、bは「野が広いので」、のように訳し分けられることも多く、この形をめぐって様々な説が出されてきた。

ここでの「ヲ」は、「〜ミ」の「対象語」（時枝誠記一九四一）として示されたものと考えたい。したがって、「〜ミ」は感情形容詞相当の述語であり、感情主体が主節の主語ということになる。つまり、「Aハ[BヲCミ]D」という構造として捉えられ、〈主節の主語Aが、Bに対してCという評価・判断を下したためにDのようにする（なる）〉という意味を表すものと考えられる（青木二〇〇四）。aは「ほととぎすが花を良いと思って鳴く」、bは「葛が野を広いと思って延びる」という意となる。

◆引用文献

青木博史(二〇〇四)「ミ語法の構文的性格」『日本語文法』四—二

青木博史(二〇〇五)「複文における名詞節の歴史」『日本語の研究』一—三

青木博史(二〇〇六)「原因主語他動文の歴史」『筑紫語学論叢Ⅱ』風間書房

秋元実治(二〇〇二)『文法化とイディオム化』ひつじ書房

朝山信彌(一九四二)「国語の受動文について(二)」『国語国文』一二—一二

石垣謙二(一九五五)『助詞の歴史的研究』岩波書店

井島正博(二〇〇二)「中古語過去助動詞の機能」『国語と国文学』七九—一

出雲朝子(一九八五)「「はさみこみ」について——文法史的考察——」『国語学』一四三

ウェスリー・M・ヤコブセン(一九八九)「他動性とプロトタイプ論」久野暲・柴谷方良編『日本語学の新展開』くろしお出版

大鹿薫久(二〇〇四)「モダリティを文法史的に見る」『朝倉日本語講座』6(文法Ⅱ)、朝倉書店

大塚光信(一九九六)『抄物きりしたん資料私注』清文堂出版

大野晋(一九七七)「主格助詞ガの成立(上)(下)」『文学』四五—六・七

大野晋(一九九三)『係り結びの研究』岩波書店

小田勝(二〇〇六)『古代語構文の研究』おうふう

尾上圭介(二〇〇一)『文法と意味Ⅰ』くろしお出版

尾上圭介(二〇〇二)「係助詞の二種」『国語と国文学』七九—八

尾上圭介(二〇〇三)「ラレル文の多義性と主語」『月刊言語』三二—四

影山太郎(一九九三)『文法と語形成』ひつじ書房

川端善明(一九七九)『活用の研究Ⅱ』大修館書店

川端善明(一九九四)「係結の形式」『国語学』一七六

北原保雄(一九八一)『日本語助動詞の研究』大修館書店
金水敏(一九八三)「上代・中古のキルとヲリ――状態化形式の推移――」『国語学』一三四
金水敏(一九九一)「受動文の歴史についての一考察」『国語学』一六四
金田一春彦(一九五三)「不変化助動詞の本質(上)(下)――主観的表現と客観的表現の別について――」『国語国文』二二―二・三
釘貫亨(一九九六)『古代日本語の形態変化』和泉書院
黒田成幸(一九九九)「主部内在関係節」黒田成幸・中村捷編『ことばの核と周縁』くろしお出版
此島正年(一九七三)『国語助動詞の研究――体系と歴史――』桜楓社
小林賢次(一九九六)『日本語条件表現史の研究』ひつじ書房
小松英雄(一九九九)『日本語はなぜ変化するか』笠間書院
小柳智一(一九九六)「禁止と制止――上代の禁止表現について――」『国語学』一八四
近藤泰弘(二〇〇〇)『日本語記述文法の理論』ひつじ書房
阪倉篤義(一九七五)『文章と表現』角川書店
阪倉篤義(一九九三)『日本語表現の流れ』岩波書店
坂梨隆三(一九七〇)「近松世話物における二段活用と一段活用」『国語と国文学』四七―一〇
迫野虔徳(一九九八)「九州方言の動詞の活用」『語文研究』八五
佐佐木隆(一九九二)「上代語における「―か―は―」の構文」『国語国文』六一―五
鈴木泰(一九九九)『改訂版　古代日本語動詞のテンス・アスペクト――源氏物語の分析――』ひつじ書房
鈴木浩(一九九〇)「接続助詞「し」の成立」『文芸研究』六四
高山善行(二〇〇二)『日本語モダリティの史的研究』ひつじ書房
時枝誠記(一九四一)『国語学原論』岩波書店
仁田義雄(一九九一)『日本語のモダリティと人称』ひつじ書房

沼田善子(二〇〇〇)「とりたて」『日本語の文法』2(時・否定と取り立て)、岩波書店
沼田善子・野田尚史編(二〇〇三)『日本語のとりたて――現代語と歴史的変化・地理的変異――』くろしお出版
野村剛史(一九九三)「上代語のノとガについて(上)(下)」『国語国文』六二―二・三
野村剛史(一九九五)「カによる係り結び試論」『国語国文』六四―九
野村剛史(二〇〇三)「モダリティ形式の分類」『国語学』二一二
蜂谷清人(一九六八)「狂言古本に見られる一段活用化の現象」『国語学』七四
細江逸記(一九三二)『動詞時制の研究』泰文堂
益岡隆志(一九九一)『モダリティの文法』くろしお出版
南不二男(一九九三)『現代日本語文法の輪郭』大修館書店
宮崎和人他(二〇〇二)『新日本語文法選書』4(モダリティ)、くろしお出版
村木新次郎(一九九八)「名詞と形容詞の境界」『月刊言語』二七―三
森重敏(一九五九)『日本文法通論』風間書房
森山卓郎他(二〇〇〇)『日本語の文法』3(モダリティ)、岩波書店
安田章(一九九二)「コソの領域」『国語国文』六一―一
柳田征司(一九七三)「活用から見た抄物の語彙」『愛媛大学教育学部紀要 第Ⅱ部 人文・社会科学』五―一
柳田征司(一九九三)『室町時代語を通して見た日本語音韻史』武蔵野書院
山内洋一郎(一九七二)「院政鎌倉時代における二段活用の一段化」『国語学』八八
山口堯二(二〇〇三)『助動詞史を探る』和泉書院
山田潔(二〇〇一)『玉塵抄の語法』清文堂
山田孝雄(一九〇八)『日本文法論』宝文館
山田孝雄(一九三六)『日本文法学概論』宝文館

山本俊英（一九五五）「形容詞ク活用・シク活用の意味上の相違について」『国語学』二三

Paul J. Hopper & Sandra A. Thompson (1980) "Transitivity in Grammar and Discourse" *Language*, 56-2.

Shibatani Masayoshi (1985) "Passives and Related Constructions: A Prototype Analysis" *Language*, 61-4.

第六章　敬語史

森山由紀子

一　はじめに

「敬語」について

敬語とは、話し手が、話し手自身・聞き手・話題の中に登場する人物相互の関係に応じ、当該の人物に敬意を表すために用いる形式である。この場合の「敬意を表す」とは、話し手がある人物を「上位」に待遇しているという表明を行うことである。この場合の「ある人物」とは、必ずしも聞き手に限られるわけではなく、たとえば次の例のように、その場にいない第三者に対しても用いられるべきものである。

（親しい同僚に対して）「明日の出張、部長もいらっしゃるんだってね。」

右の例の「いらっしゃる」というのは、「いる」の敬語形式であり、主語である「部長」が話し手にとって上位者であるため、その「部長」に対する敬意を表すために選択されたのである。

ただし、特に現代語の敬語は、こういった、その場にいない第三者に対してよりも、対面コミュニケーションの場面で直接聞き手に向けて用いられる場合での使用が大きな比重を占める。そういった、対面コミュニケーションの場面では、その人物が年齢や地位の面で「上位」である場合だけではなく、あまり親しくない、すなわち「疎」の関係にある場合、また、話し手の属する組織の「外」に位置づけられるといったことも、敬語使用の重要な要因となる。

しかし、古典語の敬語においては、対面コミュニケーション場面における距離よりも、むしろ、絶対的な上下関係の比重が重く、上位の第三者に対する敬語は標準的に用いられ、組織のウチソトといった関係はあまり配慮されない。

そもそも、比較的閉じた人間関係の中で階級制度が明確に存在していた平安時代の宮廷社会と、さまざまな集団が重層的に個人を取り巻いている現代社会とでは、「敬意」のあり方そのものが、同列には扱い得ないものであると言える。逆に言えば、後に詳しく述べるように、それぞれの時代や社会における「敬意」のあり方を比較する事自体、敬語史研究の大きなテーマとなるわけで、「敬意」の定義もひとまず大きくとらえておきたい。

なお、日本語以外の言語でも、敬意を表す表現はある。たとえば英語では、命令文に please をつけたり、呼称として、sir を用いたりする。また、would you～・could you～のように、遠まわしな言い方を用いる場合も多い。日本語でも英語と同様、他の語を付加したり言いまわしを変えたりすることで丁寧さを表す手法は用いられる。しかし日本語はそれ以前に、実質的な意味を同じくするいくつかの語の中で、どの形式を選択するかということが敬意の有無の表明になる言語である。たとえば、「○○が来たよ」「○○がいらっしゃったよ」「○○が来ました」「○○がいらっしゃいました」「○○が参りました」

というバリエーションは、実質的な意味としてはまったく同じであるにもかかわらず、話し手は、人との関係等を考慮して、どの表現を選ぶかを決定しなければならない。本章では、広い意味での敬意表現にも言及するものの、主として、形式のバリエーションとしての「敬語」について取り上げたい。

素材敬語と対者敬語

さて、現代日本語の敬語は、①「話題の人物に対する敬語」（素材敬語）と、②「聞き手に対する敬語」（聞き手敬語・対者敬語）とに分けられる。

普通「敬語」というと、目上の人と話すときに用いられる語という印象がある。たとえば、同僚同士では「明日、出張に行く。」と言うのが、目上の人物である上司に対しては、「明日、出張に行きます。」と言うようなものである。ここで、「ます」が添加されるのは、聞き手が目上であるか、そうでないかによって決まったわけであるから、この「ます」は、②「聞き手に対する敬語」であると言える。その他、「明日、出張に参ります。」という表現も、同僚同士では絶対に使わない表現であり、聞き手が目上の場合には用いられる。「参る」というのは、古典の知識からすると、「行く」相手への敬意であると考えがちであるが、現代語においては、②「聞き手に対する敬語」として機能していると言えるのである。

一方、敬語は、同等の間柄や目下相手など、対者敬語を用いない関係の間柄でも用いられる場合がある。「目上の人物を話題にする場合」である。たとえば、冒頭に挙げたように「明日の出張、部長もいらっしゃるんだってね。」といった同僚同士の会話で用いられる「いらっしゃる」は、目の前にいる聞き手に対して用いられた敬語ではなく、部長という、話題の人物に対して用いられた敬語である。

もっとも、たとえば当の部長を聞き手として、「明日の出張、部長（あなた）も、いらっしゃるんですね。」のように用いられる場合もある。この場合は、「話題の人物」が、たまたま「聞き手」と一致したものであると考えられる。

また、一般の会話において、特にインフォーマルな友だち同士の会話場面であれば、「明日の出張、部長も行くんだってね。」のように、素材敬語が用いられない場合もしばしばある。こういった、インフォーマルな会話は、聞き手が目下または同等であることが多いため、「いらっしゃる」の使用が、聞き手との関係にも関与しているかのようにも思える。しかし、同僚と話すときよりも、上司と話すときのほうが、「いらっしゃる」という言葉が使われやすいのは、聞き手が目上であることによって、全体として敬語を使う文体が選択されているだけであって、「いらっしゃる」という言葉の敬意の対象が聞き手であるということではない。

ただし、古典語においては、話題の人物が発話場面にいない場合でも素材敬語が省略されることはほとんどない。反対に、現代語においては聞き手に対する敬語が省略されることがない。古典語に比して現代語は、話題の人物に対する敬意よりも、聞き手に対する敬意が重視されるということが言える。

美化語

さらに、聞き手や話題の人物との関係とは無関係に、話し手によって、敬語の使用・不使用が分かれる場合がある。たとえば、「風呂」という言い方に対して「お風呂」という言い方があるが、「お風呂」という言葉を使う人は、たとえ家族に対して、自分の家の風呂をさして言う場合であっても、「お風呂」と「お」をつけて言うことが多い。しかしまた、同じような状況であっても、「風呂」と言う人もある。この場合、「お」という形式の有無は、話し手による違いであると言える。これは「美化語」と呼ばれ、他の敬語とは区別される。ただし、同じ「お茶」であっても、次の例のように、相手側に属する場合には「お」をつけ、自分側に属する場合にはつけないという対立がある場合には、「尊敬語」であると考えられる。

右馬．この茶を飲うで息を継いで、まちっとお語りあれ。
喜．はあ、これはかたじけない。冥加もないお茶でこそござれ。
（天草版平家物語・巻四）

敬語形式成立の過程への関心

以下、美化語を除き、日本語の素材敬語・対者敬語について歴史的な変化を概観するが、限られた紙幅の中で、本章では、これまでの敬語史研究において明らかにされてきた敬語語彙の共時的な働きを踏まえた上で、それぞれの敬語形式がそれ以前に持っていた意味を離れて文法的な敬語形式として確立する過程に着目して記述することを心がける。各時代の敬語を表す形式は、はじめから敬語専用の形式だったわけではなく、他の意味を表す語が、敬語を表す形式として用いられたものである場合が多い。各時代における敬語形式のおおよその働きが明らかになった現在、それぞれの時代において、どうしてその語が敬意を表現する形式として用いられるようになったのかという視点から敬語史を問い直すことは、日本語の敬語の変化を体系的にとらえる上で新たな知見をもたらすばかりでなく、言語一般の変化のあり方を考える上でも、豊富な資料を提供することになると思われる。

二　素材敬語の歴史的変化

尊敬語と謙譲語

話題の人物に対する敬語、すなわち素材敬語は、敬意の対象となる人物がその行為等の主語であるか否かによって、さらに二種に分けることができる。

まず、「○○が来た」と言う場合の「○○」は、「来る」という行為の主体である。この○○が、敬意の対象とするべき人物――たとえば「部長」――であるならば、「部長がいらっしゃった」のように、「来た」の部分が「いらっしゃった」に変わる。このような、行為の主体に対する敬意を表すために用いられる敬語を「尊敬語」と呼ぶ。

一方、「○○に渡す」「○○からもらう」「○○のために調べる」等、行為の主体とならない○○が敬意の対象となった場合、現代語においては、それぞれ、「お渡しする」「いただく」「お調べする」という形式が用いられる。このような、行為等の主体とならない素材に対する敬意を表すために用いられる敬語を「謙譲語」と呼ぶ。

尊敬語の諸相

尊敬語は、上代から現代まで一貫して用いられる敬語である。従って、運用面においては、通時的な変化はさほど認められない。しかし、他の敬語同様、個々の語彙については、通時的に何度も交代してきている。左に、各時代で用いられた、一般的な動詞を尊敬語化する主要な形式と考えられるものを一覧する。ただし、もう使われなくなった古い時代の形式が、たとえば、現代語における「ごめんあそばせ」や「―なさる」のように、慣用的な表現の中や、古めかしく荘重な語感を表すためなどに、引き続き用いられることがある。

時代	尊敬語を作る形式
上代	―（い）ます・―す・―たまふ
中古	―おは（しま）す・―（さ）せおはします・―（さ）す・―（さ）せたまふ・―たまふ・―（ら）る
中世	（御）―ある・（御）―なさるる・御―になる・（御）―やる・―（さ）しまう・―（さ）します・―（さ）せおはします・―（さ）せたまふ・―しめたまふ・―たまふ・―（させ）（ら）るる
近世	（御）―あそばす・（御）―ある・（御）―なさる（なはる）・（御）―やる・―さんす・―（さ）しゃる・―さしゃんす・―しゃんす・―なる・―（ら）る・―んす
近世 後期	御―になる

〈上代の尊敬形式〉

まず、上代について見ると、「―す」「―たまふ」「―（い）ます」という三つの形式が用いられている。

このうち、「―す」は、

……この岡に　菜摘須児《なつますこ》　家きかな　名告紗根《なのらさね》……　（万葉集・一）

のように、天皇が娘に対して用いた場合もあれば、

……朝狩に　今立須《たたす》らし　夕狩に　今他田渚《たたす》らし……　（万葉集・三）

のように、臣下から皇族に対して用いた場合もあり、特に上接する動詞の制限も認められない。文献以前のことは不明であるが、少なくともこの時点においては、親愛の情も表現できる、極めて汎用性の高い敬語となっていた可能性がある。しかも、この時期にはすでに、「おもほす」「きこす」「けす」「せす」「めす」「をす」など、他の語に下接して多くの敬語動詞を作る要素となっていることから考えて、かなり早い時期に広く用いられていたものが、尊敬の動詞を作る語尾として形式化して一部分生き残っていた時代だと考えられるであろう。

それに対して、「―(い)ます」については、上接する語に制限が認められる。

たとえば、吉野政治(二〇〇五)によれば、『古事記』における「―(い)ます」は、「そういった状態である」という時間的継続相を表す表現で用いられるか、そうでない場合には、移動動詞に接続して用いられる。「(い)ます」という動詞が単独で用いられた場合には、敬意の対象である人物(以下「尊者」と言う)が存在することを表す。それが、「移動」という、「存在」を内包する行為を表現する際にも同様に用いられたと考えられる。そういった点から言えば、「―(い)ます」は、尊者そのものの存在を表現する語であって、敬意のみを表す形式ではなく、未だ存在という実質的な意味合いを残した語であったことを示している。

一方、「―たまふ」については、現存する資料からは、上接する語に制限があったか否かの判断を下すことは難しい。たとえば、森山由紀子(一九九八・一九九九)では、『古事記』における「―たまふ」が、一例を除き、支配者から被支配者への下向きの方向性を持つ行為や、話し手への行為である場合に限って用いられていることを述べた。これは、「―たまふ」もやはり、本来の「上位者が下位者に給する(下位者が上位者に「もらう」ではない)」という意味を残しつつ用いられていた時期があることを示唆する。

もっとも、『古事記』にもただ一つ、

是に於いて、天皇患《わずらひたまひ》賜て、御寝の時……　(垂仁天皇)

のように、「患う」という、支配者としての下向きの行為でも視点者への行為でもない動詞に付して用いられた例がある。同様の例は、『万葉集』になれば、さらに一般的に見られるようになる。

……なびかひし宜しき君が　朝宮を忘賜や　夕宮を背《そむき》賜や……　(万葉集・一九六)

ありつつも　御見《めし》多麻波むそ　大殿の　こともとほりの　雪な踏みそね　(万葉集・四二二八)

これらの例では、「患う」「宮殿を忘れる」「宮殿を離れる」「雪を見る」のように、本来、話し手(視点者)とは関わりのない行為に「―たまふ」という語を付加することで、尊者と話し手との間の上下の関係が表現されている。ここでは、すでに「―たまふ」が尊敬語を作る文法的な形式として働いているわけで、『古事記』に見られる「たまふ」使用の偏りとは違う、新しい様相を呈していると言える。

〈**中古の尊敬形式**〉

中古に入ると、「―す」「―(い)ます」は衰退した。「―おは(しま)す」は、「―(い)ます」に代わる形として、存在および時間的な継続相を表す意味を含む場合に用いられたが、次のように、本来の語義を失って、尊敬の意味を添えるために用いられる例もある。

「常に参るや」と問はせおはしまして……　(和泉式部日記)

ただし、こういった例はあまり多くなく、この時期は基本的に「―たまふ」の全盛期である。

また、「―(さ)せおはします」「―(さ)せたまふ」のように、使役の助動詞「―す」を「―たまふ」に上接させることによって、より敬意の高い敬語、すなわち最高敬語が作られた。ここで、使役の形式が使われるのは、この時代の宮廷社会においては、貴人とのやり取りにおいては、間に人が介されることが多かったことによる。

辛島美絵（二〇〇三）によれば、「―（ら）る」という形式は、訓点資料および院政期以前の和文資料でも一般的ではなかったが、古文書においては早く平安時代の初期から確例が見出されるという。同書は、古文書に見られる「る・らる」について、尊敬とも受身とも解される例が非常に多いことと、相手に希求する文で多用される（従って、尊者は、文書の宛名の人物となる）ということを指摘している。さらに、古文書では、「AガBニCサレル」という受身文は少なく、〈「AガBヲCスル」という行為をDが被る〉（Dは話し手）という間接受身文が多く、そこには「受益の気持ちが強く表現されている」と述べ、次のような例が挙げられている。

請被永停止以公浪人被補人太神御領名張山預職状。……。望請、祭主裁。永被停止件山預、盡功能以神戸預等子弟、長奉件預。仍注愁状、請裁。（天慶九年八月二六日　伊賀國神戸長部解案）

右には、三つの「被」があるが、該当するのは、傍線を施した二例である。一つめは、状のタイトルで、〈依頼相手である「祭主」が、「公浪人が太神御領名張山預職に補人されること」を、「停止」する〉という行為を書き手（依頼主）が「被」る状と解釈される。二つめは、同様に〈「祭主」が、「件の山預」を「停止」〉することを「書き手」が「被」り、とあるが、その後、「働きと腕前をつくして、わが子弟を預かりに報じたい」（辛島二〇〇三）と、書き手主体の文にそのまま続いていることから、より、その構文が明確である。

つまり、尊敬を表す「―（ら）る」という形式は、本来受身を表す形式であって、尊者の行為を、話し手が尊者からの恩恵として受け止めるという意味から拡張した表現であると言える。これは、「―たまふ」と似た発想であるが、「―たまふ」の場合は、「尊者ガ与える」わけであるから、尊者を主体とした表現であるのに対して、「―(ら)る」の場合は、「話し手ガ被る」わけで、話し手を主体とした表現であるという点で異なっている。

〈**中世の尊敬形式**〉

中世になって現れるのが、「御―ある」「御―なさるる」「御―になる」「御―やる」など、「御」をつけた動詞の連用形(あるいは漢語)に、「ある」「なさる」「になる」「やる」(「ある」の変化形)といった語を付け加える形式である。次にその一例を挙げる。

いかにシャント、わがまだ生きて居る中に、別の妻をば何としてお持ちあらうぞ?　(天草版伊曽保物語)

御意のごとく、早々おくだりなされてよう御ざらふ。　(虎明本狂言集・入間川)

末尾のバリエーションはさまざまあるものの、共通する「御＋動詞連用形」(次第に「御」のない形も用いられるようになるが、基本は「御―」である)の部分は、「尊者の―という行為」のように、尊者が何かすることを、いったん尊敬語つきの名詞として表現するものである。

これは、「尊者が―する」のように、尊者を主語として、その文を、「尊者の行為がある」「尊者の行為という状態になる」といった、尊者の行為の存在や、状態への移行を表現する文に転換する機能がある(「お―なさるる」については、「尊者の―という行為を尊者がされる」のように、結局尊者を主語とすることになる)。このように、尊者を行為の主語とせず、間接的に述べるという点は、前代の「―(ら)る」におけるる〈「AガBヲCスル」という行為をDが被る〉という構文についても共通する。

〈近世の尊敬形式〉

江戸時代になると、文献に現れてくる人物の階層も多様になり、階層に応じたさまざまな変異形が見られるが、基本的には従来の形式の複合や、省略によるものである。この時代から見られる、「―(さ)しゃる」という形式も、前代の「―せらる」の変化した語であるとされている(湯沢幸吉郎一九三六)。

此の春はもう烏丸へはいかしやんな。(浄瑠璃・大経師昔暦)

それに対して、

そんならばともかくも随分ぬからしやんすなと、(同右)

という例では、「―しゃる」に加えて「―す」が添加されている。この「―す」は、「―しやる」に「ます」のついた「―しやます」の変化した形であると考えられているが、もしそうだとするならば、尊敬語と対者敬語が融合している例となり、興味深い。後に「―(さ)しゃんす」の「んす」は、対者敬語の形式として独立して用いられるようになる。

謙譲語の諸相

次に、謙譲語を作る形式の変遷を概観する(尊敬語と同様、文章語や荘重な文体において、次の表にはない前代の形式が用いられることがある)。

時代	謙譲語を作る形式	
	非主語尊敬	被支配待遇
上代	―奉る・―まつる・―まをす	―たまふ［下二］・―はべり
中古	―聞こゆ・―聞こえさす・―奉る・まかり―・―申す・―参らす	（―たまふ［下二］・―はべり）
中世	―参らする（まらする・まいする）・まかり―・―申す・―申し上ぐる	
近世	―ます・―申す・お―申す	

〈非主語尊敬〉

「謙譲語」とは、行為の主語とならない素材に対する敬意を表す表現であると定義づけたが、さらに、二種に下位分類することができる。一つは、右の表の上段の、「非主語尊敬」と分類したもので、従来「受け手尊敬」と呼ばれているとおり、行為の及ぶ相手に対する敬意を表すものである。ここで、あえてこれを「受け手尊敬」と呼ばず、「非主語尊敬」と呼ぶのは、平安時代には、この「行為の及ぶ相手」が、現代語の場合よりも若干広く、必ずしも「受け手」とならない場合にも敬語形式が用いられるからである。

現代語においては、

課長に書類をお渡しした。

取引先の方を会社までご案内する。

課長から役に立つ話を伺った。

病気の母を先生にお預けする。

のように、「渡す相手」「案内する相手」「話をしてくれた相手」「預ける相手」が上位者である場合、一定の敬語の形式を用いて、その「相手」への敬意を表す。これが、行為の「受け手」に対する尊敬という意味で、「受け手尊敬」と呼ばれるものである。

この場合、「～から聞く」「～から受け取る」のように、「から」格にあたるものでも、「聞く」という行為の「受け手」、「受け取る」という行為の「受け手」であり、いずれも「受け手尊敬」の形式が用いられる。

一方、たとえ補語にあたる人物であっても、

＊彼は病気の先生を私にお預け申し上げた。

＊こんなすばらしい先生をお持ち申し上げて幸せだ。

＊「〇〇様をおはじめ申し上げ、多くの来賓の方が……」

（＊印の例文は、その敬語の使い方が不適切であることを示す。以下同じ）

のように、「尊者の領域への直接的な踏み込み」がない場合、すなわち行為の「受け手」でない場合には、「受け手尊敬」は用いられない（森山一九八九）。

それに対して、平安時代においては、現代語では「受け手尊敬」が用いられない次のような文脈においても、敬語形式が用いられる。

「「御胸まじなへ」と上の（落窪姫を私に）預けたてまつり給ひつなり。」（落窪物語・巻二）

「などかくあしき親を持ちたてまつりけん。」（同右・巻四）

まづ院の御むかへに、殿をはじめたてまつりて、殿上人、地下などもみなまゐりぬ。

（枕草子・関白殿二月二一日に）

右の傍線部は、「落窪姫を私にお預け申しあげる」「悪い親をお持ち申しあげる」「殿をはじめ申しあげて」といった意味であるから、いずれも、現代語の「受け手尊敬」の用法にはあてはまらない。つまり、平安時代は、その行為と補語との関係のあり方には関わりなく、何らかの格関係を有する尊者への言及があれば、敬語形式が必要とされたということであり、これが「非主語尊敬」である。

さらに、平安時代の「非主語尊敬」には、現代の「受け手尊敬」とは違う用法がもう一つあった。それは、次に挙げるような用法である。

（帝が）一の宮を見たてまつらせたまふにも、若宮の御恋しさのみ思ほし出でつつ……

（源氏物語・桐壺）

この例では、「―たまふ」が、見る主体である帝への敬意を、「―たてまつる」が、見られる一の宮への敬意を表している。

このうち、帝が息子である一の宮を「見る」という行為に、「たてまつる」が用いられるのを、現代語に直すとするならば、

＊天皇が皇太子を拝見なさった。

という表現にあたる。しかし、こういった表現は、現代語では誤用となる。これは決して、「受け手尊敬」＋「尊敬語」という敬語形式の重複が問題なのではない。なぜならば、

部長は、天皇を間近で拝見なさったそうだ。

のように、主語が、その行為を受ける人よりも、下位の場合は、「受け手尊敬」＋「尊敬語」という重

複が可能だからである。

つまり、現代の「受け手尊敬」は、主語が「受け手」よりも上位であってはだめで、必ず下位になければならない。すなわち、「受け手尊敬」の形式を用いるということは、同時に、主語を下位に位置づけるということを示している。

それに対して、帝が一の宮を「見たてまつる」という表現が可能な、平安時代の「非主語尊敬」は、「主語を下げる」という機能は持たないと言える。遡って上代の用例にも、

天つ神の御子ながらも、天に坐す神の依さしまつりしまにまに　（続日本紀宣命・第一詔）

のように、神から天皇への行為について「―まつる」という語が用いられている。

では、そういった「非主語尊敬」を表す形式として、どういった語が用いられているだろうか。「―たてまつる」のもととなった、「まつる」には、上代において次のような、神を主語とする用法が見られる。

この御酒は我が御酒ならず　酒の司　常世に坐す　石立たす　少御神の　神寿き　寿き狂し　豊寿き　寿き廻し　麻都理許斯　御酒ぞ　止さず飲せ　ささ

これは、神功皇后が、御子（後の応神天皇）に酒を献上したときの歌であるが、「これは私の酒ではなく、少御神が醸して「奉《まつ》り来し」酒だ」と言っている。ここでは、決して少御神は下位に位置づけられているわけではなく、むしろ、御子に対する「神の祝福」という権威をつけるために用いられていると言える。すなわち、「まつる」という語は、高貴な立場の人に物を贈与することであるが、贈り主は、必ずしも低い立場の者である必要がないことがわかる。

だからこそ、「―（たて）まつる」という形式は、「尊者に関わる行為」に下接し、非主語への尊敬を表

す補助動詞として広く用いられた。

しかし、「尊者への行為」というのは、必ず一方で、それを行う側の人物があるわけである。そして、行為を行う側と受ける側とが両方高位である場合は稀であって、非主語への配慮が必要な場合の行為の主体は、むしろ、話者と一致する場合が多い。そうすると、「尊者を高めること」と、「行為者を低めること」とが一致するわけで、そこで次第に「下位者の行為である」という意味が生まれていったと考えられる。

〈被支配待遇〉

謙譲語にはもう一類、下段の「被支配待遇」と呼ばれるタイプがある。

是如キことを我聞きたまへキ　（西大寺本金光明最勝王経古点）

天皇朝廷に仕へ奉れる親王・諸王・諸臣・百官人等、天下四方国の百姓諸々集侍《はべり》て、見食倍《みたまへ》、尊《たふとみ》食倍《たまへ》、歓食倍《よろこびたまへ》、聞食倍《ききたまへ》　（中臣の寿詞）

右の例では、「聞く」「見る」「尊む」「歓ぶ」「聞く」という、下位者の行為を表す場合に「―たまふ(下二段)」が用いられている。この語は、先の「非主語尊敬」とは逆に、「聞く」「歓ぶ」といった、尊者への言及を持たない語にも下接する。つまり、尊者への言及には関わりなく、行為の主体を下位に位置づける表現である。では、誰に対して「下位」なのかと言えば、その場で想定される支配者であり、行為者を、尊者の支配のもとにある「被支配」の立場に位置づけるという意味で、「被支配待遇」と呼ばれる。

「たまふ(下二段)」という語は、「たまふ(四段)」の受身形であり、「尊者から与えられる」という意味を持つ。それを補助動詞として用いた「―たまふ」という表現は、ある人物の行為や存在を、尊者への言及がないにもかかわらず、尊者の恩恵のもとにあるものとしてとらえることで、尊者への敬意を表現しているわけである。「―たてまつる」等の「非主語尊敬」とは対照的に、下位者の側に焦点をあてた表現であるとも言える。

被支配待遇の形式としては、もう一つ「―はべり」がある。上代における仮名書きの「―はべり」の確例はない。しかし、

謹美禮末比仕奉都都侍利　（続日本紀・四一詔）

という例、および『日本書紀』や祝詞等の古訓によって、「侍」という字がおそらく「ハベリ」と読まれたのであろうと考えられる。右の宣命の例は、「はべり」が本動詞として用いられており、意味的にも「貴人の傍に仕える」という、実質的な意味で用いられた例であると解される。それに対して、次の例の「侍」が、「ハベリ」と読まれたとするならば、「患」「怠息」という、動詞性の語に下接した例になる。

然全万呂以去月七日臥病、至今東西患侍、但昨日明日間少怠息侍。
（大日本古文書・5―天平宝字六〈七六二〉年）

これらの例でも、「患」「怠息」といった状態で「居た」という、「はべり」という動詞が本来持つ「存在」の意味は保持している。しかし、この場合は、物理的に貴人のすぐ傍に居たわけではない。つまり、傍に侍していたわけではないが、より広く貴人の支配下で存在していたことを表現するために「はべり」が用いられていると言える。つまり、この場合の「はべり」は、「貴人の傍に居る」という状況を描写する語ではなく、「居る」ことを表現する際に、「その人物の、その行為は貴人の支配下にある」という

ことが意識された結果、「居る」に代わって用いられた「はべり」である。これは、すなわち尊者への意識の有無によって使用が決定される語、すなわち敬語である。しかも、下位者の側が行為の主体となる謙譲語であるが、「―たてまつる」のような受け手尊敬とは違って、尊者との格関係がない中で、行為の主体を下げて表現している、被支配待遇の表現であると言える。

中古の「―たまふ（下二段）」は、会話文・手紙文の中で、一人称の「思う」「見る」「聞く」に下接して用いられる。杉崎一雄（一九八八）は、

（玉鬘から夕霧へ）過ぎにし（源氏の）御こともいとど忘れがたく、思うたまへられける。
（源氏物語・竹河）

のように、聞き手ではない第三者（源氏）を敬意の対象とする場合と、

（馬頭から源氏らへ）世の有りさまをみたまへあつむるままに、（源氏物語・帚木）

のような、聞き手（源氏）を敬意の対象とする場合とを報告し、『源氏物語』においては、後者のように聞き手を尊敬する場合が頗る多いと述べる。聞き手を尊敬する用法については次節で詳しく述べるが、前者のような被支配待遇の用法が、平安時代中期まで残っていたことがわかる。つまり中古の「―たまふ（下二段）」は、上代からの被支配待遇の用法を残しつつも、徐々に、聞き手を尊者とする場面で用いられるようになっていった。一九七頁の表で中古の「―たまふ（下二段）」を括弧内に入れたのは、その過渡期にあたることを示している。

同じく「―はべり」も、中古には会話文か手紙文の中でのみ用いられるようになるが、『古今和歌集』の詞書には、その一歩手前の状態の「―はべり」が見出される。布山清吉（一九八二）は、『古今和歌集』の詞書の中の「―はべり」のうち、

かむなりのつぼに……ゆふさりまで侍りて……　（古今和歌集・三九七）

宮のうちに侍りける人につかはしける　（古今和歌集・九六二）

といった宮仕えを意味するもの（九例）、また、

かひのかみに侍りける時……　（古今和歌集・九三七）

つかさとけて侍りける時によめる　（古今和歌集・九六四）

といった、官職の「補任補職・解任解職・流謫」（十一例）に用いられた用法について、「被支配待遇動詞中心用法」であると指摘している。森山（二〇一〇）では、『古今和歌集』詞書の「（—）はべり」のうち、後世に書写の段階で混入したものを除けば、それらはすべて「人の存在」の範囲で用いられており、百年後の『源氏物語』などに見られる聞き手敬語の「—はべり」より一段階前の、あくまで「被支配待遇」として解釈できるものであることを述べた。その後、「—はべり」は対者敬語へと変化していくことになる。

三　対者敬語の成立

丁寧語と丁重語

対者敬語、すなわち聞き手に対する敬語は、大きく二種に分けることができる。

一つは、話題の位置づけに関わりなく、基本的にすべての文末（あるいは句末）に用いて聞き手への敬意を表すもので、これを「丁寧語」と言う。現代語においては、「～です」「—ます」「～（で）ございます」が、これにあたる。

もう一つは、行為の主体が聞き手に対して下位である場合に用いて、聞き手に対する敬意を表すもので、「(―)致す」「参る」「おる」などがこれにあたる。たとえば、

私が担当致します。

明日は、出張に参ります。

といった例は、目下の人物相手に用いられることはないので、聞き手に対する敬意が表現されていることは確かである。しかし、「〜です」「〜ます」とは異なり、「(―)致す」や「参る」という語は、いくら聞き手が目上であっても、次のように、行為の主体が上位者である場合に用いるのは誤用とされる。

＊先生が担当致します(＊致されます)。

＊先生は明日東京に参りますか(＊参られますか)。

(ただし、「御社の企画は、弊社の社長自らが担当致します。」のように、話し手にとっては目上であっても、聞き手に対して話し手側に属する人物を主語とする場合には、用いられる。)

このように、このタイプの敬語は、「聞き手に対する敬語」でありながら、「話題の人物」の位置づけも関与してくるため、「素材敬語」と「対者敬語」との中間的な性質を持つものであると言える。つまり、現代語においては、行為の主体を低めるという点で「謙譲語」と共通する性質を有することから、素材敬語のほうを「謙譲語1」と呼び、こちらを「謙譲語2」と呼ぶことがある。また、話し手の「丁重な」姿勢を表すことから、「丁重語」とも呼ばれる。

現代の大人同士の会話では、よほど親しい間柄を除き、「丁寧語」は特別な表現ではなく、常に使用することがむしろ一般的である。対して、「丁重語」は、話し手の、より改まった姿勢を表すときに用いられる(従って、「丁重語」には必ず「丁寧語」が併用される)。

時代	対者敬語の形式 丁寧語	丁重語
上代		
中古	（―）はべり・―たまふ［下二段］・（―さふらふ）	
中世	―さふらふ（さう・そろ・す）・〜でおぢゃる・〜でおりゃる・〜でござある・〜でござる・〜でござりまする・〜です・―まらする（まっする・まする・ます）	（―致す・―申す）
近世	〜でござる・〜でござります・〜でございます・―ます・―やす・―やんす・―んす	（―）致す・（―）申す

被支配待遇から対者敬語へ

日本語において対者敬語が用いられるようになったのは、平安時代に入ってからであるが、そのさきがけは前節で述べた被支配待遇の動詞が補助動詞となった「―はべり」「―たまふ（下二段）」であった。ただし、この時代の聞き手への敬意の表現のあり方は現代とは異なっている。

その根拠としては、『源氏物語』が成立した一〇〇〇年頃であっても、「―はべり」は、尊者を主語とする動詞には用いられることが少ないということがしばしば挙げられる。たとえば次の例は、随身から主人に向けての発話で、傍線を施したように、基本的に「―はべり」が用いられている文である。しかし、尊者が主語となる場合には、波線を施したように、「―はべり」は用いられない。

（惟光から源氏へ）「何か、さらに思ほしものせさせたまふ。さるべきにこそよろづのことはべらめ。人にも漏らさじと思うたまふれば、惟光下り立ちてよろづはものしはべる。」（源氏物語・夕顔）

これが、現代語であれば、

何をいまさらくよくよなさいます。（『新編日本古典文学全集』現代語訳）

のように、尊者を主語とする文でも、尊敬語「なさる」に丁寧語「―ます」を重ねることで、素材である行為の主語と、聞き手に対して、同時に敬意を表すところである。それが、右の例のように、尊敬語を使用していれば、聞き手に対する敬意は改めて表現する必要がないということは、この時代の聞き手への敬語が、文体的に必須なものではなかったということである。

また、この時代の大半の「―はべり」が、聞き手を敬意の対象として用いられている一方で、話し手自身を主体とする動詞について用いられやすいという指摘もされている。では、現代の「丁重語」であるかと言えば、そうでもない。と言うのは、この時代の「―はべり」はすでに、自己側を主体とする語にのみ付される形式でもなくなっていて、たとえば、次のように、「雨」という自然物を主語とする場合にも用いられる場合があるからである。

雨の降り侍ればげにさも侍らむ。（枕草子・大進生昌家に）

そもそも被支配待遇とは、前節で述べたように、ある行為を尊者の支配下にあることとして意識しながら述べる表現である。この、支配―被支配の関係は、天皇と臣下といった、実質的な世界での関係に基づくものであったのだが、それが、発話現場における支配者と被支配者、すなわち聞き手と話し手との関係に置き換えられたのが、被支配待遇が対者敬語化する発端であると考えられる。その「置き換え」

はどのようにして起こったのかというのは、極めて興味深いテーマである。右に述べた通り、被支配待遇から丁寧語への過渡期にあたる「―はべり」については、その境界が曖昧であることが従来から指摘されてきた。杉崎(一九八八)は、この曖昧な状況を「かしこまりの語法」と称するが、では「かしこまり」とは何なのかということが十分に説明されているわけではない。

この、『源氏物語』の時代の「―はべり」の性質に揺れがあるように見えることについて、森山(二〇一一b)では、謙譲語としての古い「―はべり」と、対者敬語として用いられている新しい「―はべり」とが「併存」していたためであって、決して両者の中間的な性質の「―はべり」が存在していたわけではないということ、つまり、対者敬語としての「―はべり」はすでに成立していたということを述べた。また、対者敬語としての用法が確立していたことにより、「―はべり」が人形遊びの場面で「奥様言葉」のように用いられた例や、親しい間柄で、「―はべり」使用の文体と不使用の文体をコードスイッチすることにより語用論的な意味を生み出した例などが見られることについて述べた。

なお、この当時の「―たまふ(下二段)」と「―はべり」は、被支配待遇の頃と同様、「思ふ」「見る」「聞く」といった知覚動詞につくのが「―たまふ(下二段)」、それ以外の動詞につくのが「―はべり」という使い分けがなされていた。その後、「―ている」のような時間的継続相や、「～である」のような状態を表す場合にも、広く用いることができる「―はべり」が優勢となり、「―たまふ(下二段)」は衰退していった。

その後、平安後期には、「―はべり」も荘重な語感を持つ古語となり衰退した。「―はべり」に代わって同様に「貴人のもとに居る」という原義を持つ「―候ふ(さぶらふ・さうらう・そろ、他)」が多用され、院政期には丁寧語として機能するようになった。書状などでは、「候文体」として、すべての文末に「候」

が付されるようになる。「候」が、改まった場面での文末表現として定着することで、行為の主体を下げるという本来の意味も失われて、書き言葉における、文体としての丁寧語が成立していくのである。

尊敬語から対者敬語へ

次いで、室町時代に入って話し言葉の中でさかんに用いられた対者敬語は、尊敬語に起源を持つ「〜でおぢゃる」「〜でおりゃる」「〜でござる」の系統である。金水敏（二〇〇四・二〇〇五）は、謙譲語に起源を持つ語が対者敬語となるのは、敬意の向かう方向が重なりやすいことから自然であるのに対して、尊敬語を起源とする語が対者敬語となるのは、変化の経路が異なっているはずだと述べる。また、それが可能であった理由を、「〜でござる」が存在詞であったことに求めている。存在詞は、

あそこに〇〇さんがいる。

のように、「空間的に存在する」ということを表す場合（空間的存在文）だけではなく、

被害にあった人がたくさんいる。

のように、「ある条件を備えた人がこの世界にいる」ということを表す場合（限量的存在文）がある。空間的存在文では、必ず尊敬語が必要とされるのに対して、限量的存在文では、

花族も栄耀も面をむかへ肩をならぶる人なし。（覚一本平家物語）

のように、必ずしも尊敬表現でなくてもよい。しかし、尊敬表現を用いてはいけないわけではないから、そこで使われた尊敬表現が、聞く側からは丁重表現と「誤解」されることで、丁重語的な使い方が広がった可能性があるという推論である。

この推論は、前代において素材敬語から対者敬語に移行した「―はべり」「―候ふ」もまた、存在の

表現であったこととも呼応し、対者敬語の出現の仕組みを考える上で興味深い。

受け手尊敬から対者敬語へ

右に述べた「〜でござる」の系統は、現代の「〜です」「〜でございます」につながる対者敬語であるが、現代の「―ます」につながる対者敬語が、動詞連用形に直接接続する「―まらする（まっする・まする）」である。「―まらする」のもとの形は「参らす」で、中古には受け手尊敬の謙譲語として機能していた語である。

エソポこれを見て、たち帰って、（国王シャントに）「風呂にはただ一人居まらする」と言うたれば……

（天草版伊曽保物語・二三―六）

といった例が、謙譲語の「受け手」にあたるものがなく、しかも自分以外の第三者を主語とする、完全な対者敬語として挙げられる。ただし、この『天草版伊曽保物語』において、話し手を主語としない動詞に「―まらする」が付されるのは、この例を含め、国王に向けての改まった場面で用いられた三例のみで、あとはすべて、話し手を主語として用いられている。すなわち、受け手尊敬として用いられていた語が対者敬語として使われるようになる前段階としては、まず、「主語以外の関係する人物への敬意を表す」という受け手尊敬の機能が、「話し手の行為を低く表現する」という機能へと変化していることが必要であったと推測される。その上で、改まった発話場面を背景として対者敬語としての機能を獲得していったであろうことは、他の対者敬語と同様である。

しかし、「はべり」「候ふ」「ござる」とは異なり、存在の意味を持たない「参らす」という語が、どのようにして対者敬語として用いられるようになっていったのかということについては、さらに詳しく解明していく必要がある。また、対者敬語として機能していた「―まらする」も、やはり、聞き手への尊敬語と併用して用いられる必要はなく、話し言葉における文体としての丁寧語の成立は、まだ先のこととなるのである。

四　その他の対人配慮表現

この他、現代語における対人配慮の表現として、重要な役割を果たしているのが、「―てくれる」「―てもらう」（それぞれの謙譲語・尊敬語としての「―てくださる」「―ていただく」）といった受給表現である。これらの表現は、本来、物の授受を表す語であるけれども、現代においては、実質的な授受の意味を失って、敬意を表すために用いられることがある。

まず、

タバコを一本ください。

という表現は「タバコ」という実質的な物が実際にやり取りされることを想定している。次に、

その窓を閉めてください。

という場合、窓が閉められることによって、聞き手は労力を失い、話し手は利益を受けるわけで、物のやり取りはないけれども、利益の授受がなされていると考えられる。さらに、

どうぞお大事になさってください。

といった表現も可能である。この場合、「大事にする」というのは、聞き手が自分の健康に気を配るということであって、聞き手にとっては利益になることであるが、話し手にとっては実質的な利益は何ら

発生しない。これは、「―てくださる」という形式を用いて、仮想的に聞き手から話し手に利益の授受が行われるように表現することで、聞き手を上位に待遇しようとする表現である。

そして、このように、仮想的な受益を表現することによって、相手への敬意を表現する用法が可能となる背景には、相手から利益を得た場合には、そのことを表明しなければならないというルールが先に存在しているということがある。たとえば、窓を開けてほしいと望んでいるのを聞いて窓を開けた人があったことを、

＊窓を開けてほしいと言ったら、彼が窓を開けた。

と言うことはなく、

窓を開けてほしいと言ったら、彼が窓を開けてくれた。

と言うのが普通である。

宮地裕（一九七五）は、「事態の受給的認識をこまかく表現しわける傾向」が平安時代には存在せず、十五世紀後半から十六世紀初頭前後から見られるようになることを指摘している。たとえば、ロドリゲス『日本大文典』には、次のような記述がある。

接続法を用いた或る言ひ方がある。その第一は、このTe（て）に終わる形に、乞ふとか願ふとか与へるとかの意味を持った動詞のあるもの、例へば、Cudasaruru（下さるる）、Cururu（呉るる）、Tamŏru（賜うる）、Tanomu（頼む）等を添へて用ゐたものであって、多く使はれ、甚だ上品な言ひ方である。……（中略）……例、Caite cudasarei.（書いてくだされい。）Maitte tamŏre.（参ってたまうれ。）Xite curei.（してくれい。）

（日本大文典・第一巻接続法七三頁）

宮地（一九七五）は、こういった、「事態の受給表現」の発達を、次の二点において、「近代敬語の特徴

的事実に深くかかわるもの」と位置づけている。一つは、敬語表現の単純化に伴う「敬語に代わる繊細な人間関係の認識とその表現」である。もう一つは、丁寧語の発達と並行する、「事態の認識における話し手の関与」である。

これら、対人間の授受関係の認識は、立場上の上下関係の認識を基礎とする狭義の「敬語」とは、基本的に異なっていると言える。しかし、現代において、次の例のように、授受関係の認識を欠いた表現を行うことは、対人関係への配慮を欠いた不適切な表現となる。

＊先日は、ご懇切にご指導なさって、ありがとうございました。

今後は、狭義の敬語に関わるものにとどまらず、このような語用論的な観点も含めた、より広い丁寧さの表現の研究も視野に入れていく必要がある。森山（一九九一・二〇一一a）、森勇太（二〇一〇・二〇一一）、金水（二〇一一）は、そういった研究の方向性を指向するものである。

膨大で詳細な蓄積を持つ、日本語の敬語研究を、言語変化や敬意表現一般の問題意識へ、いかにつなげていくかということが、今後の敬語史研究の大きな課題である。

◆引用文献

辛島美絵（二〇〇三）『仮名文書の国語学的研究』清文堂出版
金水敏（二〇〇四）「日本語の敬語の歴史と文法化」『月刊言語』三三―四
金水敏（二〇〇五）「日本語敬語の文法化と意味変化」『日本語の研究』一―三
金水敏（二〇一一）「丁寧語の語源と発達」高田博行・椎名美智・小野寺典子編著『歴史語用論入門』大修館書店
杉崎一雄（一九八八）『平安時代敬語法の研究――「かしこまりの語法」とその周辺――』有精堂出版

布山清吉（一九八二）『「侍り」の国語学的研究』桜楓社
宮地裕（一九七五）「受給表現補助動詞「やる・くれる・もらう」発達の意味について」『鈴木知太郎博士古稀記念国文学論攷』桜楓社
森勇太（二〇一〇）「行為指示表現の歴史的変遷――尊敬語と受益表現の相互関係の観点から――」『日本語の研究』六―二
森勇太（二〇一一）「申し出表現の歴史的変遷――謙譲語と与益表現の相互関係の観点から――」『日本語の研究』七―二
森山由紀子（一九八九）「謙譲語成立の条件――「謙譲」の意味をさぐる試みとして――」『奈良女子大学文学部研究年報』三三
森山由紀子（一九九一）「依頼を表す動詞の用法史試論――「頼む」と「願う」をめぐって――」『同志社女子大学学術研究年報』四二―四
森山由紀子（一九九八・一九九九）「古事記における補助動詞「―タマフ」の用法」『国語語彙史の研究』一七・一八、和泉書院
森山由紀子（二〇一〇）「『古今和歌集』詞書の「ハベリ」の解釈――被支配待遇と丁寧語の境界をめぐって――」『日本語の研究』六―二
森山由紀子（二〇一一a）「日本語における聞き手敬語の起源――素材敬語の転用――」高田博行・椎名美智・小野寺典子編著『歴史語用論入門』大修館書店
森山由紀子（二〇一一b）「源氏物語にみる「はべり」の表現価値試論――敬語形式の確立と意味の重層性――」『源氏物語の展望』一〇
湯沢幸吉郎（一九三六）『徳川時代言語の研究』刀江書院
吉野政治（二〇〇五）『古代の基礎的認識語と敬語の研究』和泉書院

第七章　文体史

木田章義

文体の定義はたいへん難しく、未だ定説がない。本章では、「書き手が、ある主題について、意図をもって、日本語で書いたものが文章であり、その文章の特徴を抽象化し、いくつかにまとめたものが文体である」と、最小限の定義付けに留めておく。この定義によれば、訴えるべき内容を外国語を用いて表現したもの、たとえば漢詩文は本章では論じないことになる。漢文に訓点を付けて日本文のように読んだ訓読文は、日本文として理解できるようになっているので文体論の対象になる。漢詩文も、その漢文がどれだけ正格であるか、中国のどの時代の表現の影響を受けたかなどという分析から、文体の背景を明らかにする資料にはなるし、漢文形式を借りて、どのように工夫して日本文を表示するようになったのかというような問題設定もあり得るので無視はできない。

一　奈良時代から平安時代

奈良時代は、どのような日本語を使っていたのか、また、いろいろな形式で表記された文章がどのような日本語で読まれたのかがほとんど分からない。そのため、表記の違いを文体の違いと見て、表記法によって分類するという方法をとらざるを得ない。

奈良時代の文章としては、正格漢文で書かれた「漢文体」、漢文の中に和習（正格漢文から外れる表現）を含む「和化漢文」、日本語の語順に漢字を並べ、万葉仮名で送り仮名などを加えた「宣命体《せんみょうたい》」（一部に返読を含む）、そして万葉仮名で書かれた和歌・歌謡、そして万葉仮名で表記された「正倉院万葉仮名文書」などがある。正格漢文は前述のとおり、分析対象とせず、和歌のような「韻文体」も形式的な制約が強いため文体論では扱わないのが普通である。「正倉院万葉仮名文書」は、書簡形式に則ったものとも言われるが（奥村悦三一九七八）、日本語の散文が万葉仮名で表記されているという点から貴重な資料である。したがって、奈良時代の文体は、和化漢文、宣命体、万葉仮名文体という単純なものとなる。この時代は、和化漢文がどのように和習を含んでいるか、和化漢文・万葉仮名文体・宣命体が、平安時代に発達する和漢混淆《わかんこんこう》文体・和文体とどのようにつながるのかなどが中心となる。

和化漢文

『古事記』（七一二年成）や木簡・文書類は、漢文形式で書かれているが、漢文としては読めないところが多くあり、このような和化した漢文文体は「和化漢文」、あるいは「変体漢文・変態漢文」と呼ばれてきた。この時代の文章には、正格漢文を書こうとして書き損じたものか、和化漢文を用いたものか判断が難しいものもあるが、『古事記』をはじめとする当時の資料を見れば、「和化漢文」が日本語を表記する文体として存在していたことは明らかである。

たとえば、『古事記』の冒頭は以下のようになっている（割り注を省く）。

天地初発之時、於二高天原一成神名、天之御中主神、次高御産巣日神、次神産巣日神。此三柱神者、並独神成坐而、隠レ身也。次国稚如二浮脂一而、久羅下那州多陀用弊流之時、如二葦牙一因二萌騰之物一而成神名、宇摩志阿斯訶備比古遅神、次天之常立神、此二柱神亦、独神成坐而、隠レ身也。

天地初めて発《ひら》けし時、高天《たかま》の原に成れる神の名は、天之御中主神《あまのみなかぬしのかみ》、次に高御産巣日神《たかみむすひのかみ》、次に神産巣日神《かみむすひのかみ》。此の三柱の神は、並独神《みなひとりがみ》と成り坐《ま》して、身を隠《かく》したまひき。次に国稚《わか》く浮きし脂《あぶら》の如《ごと》くして、久羅下那州多陀用弊流之時《くらげなすただよへるとき》、葦牙《あしかび》の如く萌《も》え騰《あが》る物に因《よ》りて成れる神の名は、宇摩志阿斯訶備比古遅神《うましあしかびひこぢのかみ》、次に天之常立神《あめのとこたちのかみ》、此の二柱《ふたはしら》の神も亦《また》、独神と成り坐《ま》して、身を隠したまひき。

（日本古典文学大系『古事記・祝詞』）

右の、「如ク二葦牙ノ一因リテ二萌エ騰ル之物ニ一而成レル神ノ名ハ一」という句では、「もえあがる」という日本語を正式な漢文では表現できないので、「萌」「騰」という漢字の訓を利用し、中国語には存在しない「萌騰」という組み合わせで表現している。つまり、正格漢文を書こうとして書き損じているのではなく、日本語を表現するための和化漢文で書かれているのである。その上の句「久羅下那州多陀用弊流《くらげなすただよへる》」などは古い言い回しをそのまま再現しようとしたもので、こういう部分は和化漢文を用いても表現できないので、音仮名で表記している。『古事記』の編者・太安万侶は、表記・文体で苦心したことをその序文で語っている（第二章「表記史」参照）。

『古事記』より少し前の資料を見ると、六〇七年のものと思われる法隆寺の金堂の薬師（如来坐）像光背銘に、

池辺大宮治二天下一天皇、大御身労賜時、歳次二丙午一年、召三於大王天皇与二太子一而誓願賜、我大御

病太平欲坐故、将二造レ寺薬師像作仕奉一詔。然当時崩賜造不レ堪者、小治田大宮治二天下一大王天皇及
東宮聖王、大命受賜而歳次二丁卯年一仕奉。
池辺大宮《いけべのおほみや》に天下治しし《あめのしたしろしめ》天皇《すめらみこと》、大御身《おほみみ》労《いたつ》つき賜《たま》ひし時、歳《ほし》、丙午《ひのえうま》に次《やど》る年、大王天皇《おほきみすめらみこと》と
太子《ひつぎのみこ》とを召して、誓《うけ》ひ願《ねが》ひ賜《たまひ》しく、我《あ》が大御病太平《おほみやまひたひらぎ》まさまく欲《おも》ほし坐《ま》す故に、寺《ほとけのみや》を造り、
薬師《くすりし》の像《みかた》を作り仕《つか》へ奉《まつ》らまくおもほすと詔《の》りたまひき。然《しか》はあれども当時《そのとき》に、崩《かむ》さり賜《たま》ひて、造《つく》
り堪《あへ》たまはざりければ、小治田大宮《をはりだのおほみや》に天下《あめのしたしろ》治しめす大王天皇及《ま》た東宮《ひつぎのみこのみや》、聖王《ひじりのみこ》、大命《おほみこと》を
受《う》け賜《たま》はりて、歳《ほし》、丁卯《ひのとう》に次《やど》る年に、仕《つか》へ奉《まつ》りき。
（大矢透『仮名源流考及証本写真』）

のような文章が書かれている。「推古遺文」と呼ばれる資料の一つであるが、漢文的返読の部分と日本語の語順になっているところが混在している。傍線部のように「御──」や「──賜・奉」など、敬語が多用されているが、これらの敬語は漢文式表記では表現しきれないので、日本語に合わせて漢字を並べて表現している。

七世紀末の、滋賀県野洲市西河原・森ノ内遺跡出土木簡でも、

椋直伝之、我持往稲者、馬不レ得故、我者反来之、故是汝卜部、自舟人率而可レ行也、其稲在処者、
衣知評平留五十戸、旦波博士家
椋《むく》の直《あたひ》、伝ふ、我が持ち往《ゆ》く稲は馬得《え》ぬ故に、我は反《かへ》り来《く》。故是《かれここ》に、汝《なむち》、卜部《うらべ》、自ら舟人を率《ゐ》て
行くべし。其の稲の在る処は、愛知郡《えちのこほり》・平留五十戸《へるのさと》・旦波博士家《たにはのはかせのいへ》。

のように、助辞「之」や「不レ得」「可レ行」以外は、日本語の語順どおりに漢字を並べてある。

これが極端になると、上野国山名村碑《やまなむらひ》（天武十〈六八一〉年）では、

辛巳歳集月三日記　佐野三家定賜健守命孫、黒売刀自、此新川臣児・斯多々弥足尼孫大児臣娶生児

長利僧母為記定文也　放光寺僧

かのとみの歳の集《じふ》(十)の月三日記す。佐野《さの》の三家《みやけ》を定め賜ひし健守命《たけもりのみこと》の孫・黒売刀自《くろめとじ》、此の新川《あらかは》の臣《おみ》の児・しただみの足尼《すくね》の孫・大児《おほこ》の臣を娶《めと》りて生める児・長利僧《ちやうりそう》、母の為に記《しる》し定めし文なり。放光寺僧《はうくわうそう》

のように、漢字の並び方が日本語の語順のとおりになって、漢文式の返読がない(このような表記法を仮に「和順漢文」と呼んでおく)。奈良時代以前から日本人は漢字をかなり自由に利用していたのである。正格漢文と比べると『古事記』の文章は砕けた和化漢文に見えるが、これらの「和順漢文」に比べると、当時においてはかなり漢文的な文体であったらしい。奈良時代にはすでにこのような文書の性格による文体の分化があったようである。ただ、一般的には漢文的返読形式(不レ可、治二天下一のようなもの)を含む表記方法で書くのが正式であったらしく、中央に提出するものは、正格漢文か和化漢文で書いている。たとえば、『出雲風土記』では、

母理郷、郡家東南卅九里一百九十歩、所レ造二天下一大神、大穴持命、越八口平賜而、還坐時、來二坐長江山一而詔、我造坐而、命国者、皇御孫命、平世所レ知依奉、但八雲立出雲国者、我静坐国、青垣山廻賜而、玉珍置賜而守詔、故云二文理一

母理《もり》の郷《さと》、郡　家《こほりのみやけ》の東南《たつみ》のかた卅九里《さと》一百九十歩《あし》なり。天《あめ》の下造《したつく》らしし大神《おほかみ》、大穴持命《おおなもちのみこと》、越《こし》の八口を平《ことむ》け賜《たま》ひて、還《かへ》りましし時、長江山《ながえやま》に来まして詔《の》りたまひしく、「我《あ》が造《つく》りまして、命《し》らす国は、皇御孫《すめみま》の命《みこと》、平《たひ》らけくみ世《よ》知らせと依《よ》さしまつらむ。但《ただ》、八雲立つ出雲の国は、我《あ》が静《しづ》まります国と、青垣山廻《あをがきやまめぐ》らし賜ひて、玉珍《たま》置《お》き賜ひて守らむ」と詔《の》りたまひき。故《かれ》、文理《もり》といふ。

（日本古典文学大系『風土記』）

のように、『古事記』に似た和化漢文で書かれている。

『日本書紀』や『続日本紀』の記録によると、国史を置いてその地域の記録を書かせたり（履中《りちゅう》天皇四〈四〇三〉年秋八月）、「天皇記《すめらみことのふみ》」「国記《くにつふみ》」「臣連伴造国造百八十部并公民等本記《おみむらじとものみやつこくにのみやつこももあまりやそとものをあはせておほみたからどものもとつふみ》」のような記録を作らせたりしている（推古二八〈六二〇〉年）。欽明二（五四一）年三月には「帝王本紀」に多くの古字が使われており、編集者が文字を替えたり、伝写する間に齟齬が生じていたことが記録されている。これらもおそらく和化漢文、あるいはそれに類した文体で書かれていたと思われる。和化漢文も使用文字や語法には変化があったわけである。

これらの和化漢文・和順漢文から当時の日本文を復元することは、現在では難しいが、当時は容易に復元でき、事務的な用件も通じ、記録もできたものと思われる。この時代の和化漢文は通用文体と考えて良いだろう。碑文や木簡などの「和順漢文」も当時の実用の通用文体と見ても良いかもしれない。

このような和化漢文は平安時代になっても使用され続ける。文書類でも、木簡でも、その文体に関しては、奈良時代と平安時代との間に線を引くことは難しい。平安朝初期には『日本霊異記《にほんりょういき》』（景戒《きょうかい》、弘仁頃〈八一〇～二四年〉）に和化漢文が用いられており、光定《こうじょう》（最澄の弟子、七七九～八五八年）の手になるものと言われる『伝述一心戒文《でんじゅついっしんかいもん》』などもあり、平安時代の僧侶たちも、和化漢文を実用文体として用いていたようである。

天慶三（九四〇）年に平将門《まさかど》が没して間もない頃の成立とされる『将門記《しょうもんき》』も、和化漢文の例として知られている。

就レ中《なかにつきて》、貞盛進二メ身ヲ於公《おほやけ》一ニ、事発《をこ》ル以前ニ、参二上シ於花ノ城一ニ。経迴《けいくわい》之程、具《つぶさ》ニ由《よし》ヲ聞二ク於京都一ニ。仍《より》テ彼ノ君案二ジ物ノ情《こころ》一ヲ、貞盛ハ寔《まこと》ニ与二彼ノ前《さき》ノ大掾《だいじょう》源護《まもる》并《なら》ビニ其ノ諸子等一ト皆同党之者也《なり》。（真福寺本）

すべてが漢字で書かれているが、漢字の並びは、当時の日本語で固定していた漢文式定型表現の部分と日本文式の語順とが混淆して読みにくい（「具由聞於京都」など）。男性日記のような定式化した和化漢文に至る過程にあるのだろう。男性の日記を見ると、たとえば、九世紀末の『宇多天皇御記《うだてんのうぎょき》』寛平二（八九〇）年二月十三日の記事は、

十三日己巳《つちのとのみ》、大臣参入シテ言ヒテ曰ク、可レシ加二フ小童《こわらは》・仲平《なかひら》元服一ヲ、即チ簾ノ前ニ立チ椅子ニ就《つ》ク之、大臣祗候《しこう》ス、爰《ここ》ニ使二ム散位定国先ニ結レハ髪ヲ、次ニ朕ガ著レケ冠ヲ、此ノ時左大臣融《とほる》朝臣参入ス、太政大臣并《なら》ビニ仲平相ヒ具シテ舞踏ス、賜フ二仲平ニ白掛《しろうちかけ》一領《りよう》一ヲ。（『歴代宸記』）

というような単純な和化漢文で、『将門記』に比べて読み易い。和化漢文の表現法の定型化が進んでいることが窺える。

仮名交じり文

(a) 宣命体

宣命体は、名詞や動詞語幹などを正訓字で書き、助詞・助動詞や活用語尾を万葉仮名で補った表記法をとる文体で、「現御神止大八嶋国所レ知倭根子天皇命、授賜比負賜布（現御神《あきつかみ》と大八嶋国《おほやしまくに》知らす倭根子天皇命《やまとねこすめらみこと》、授賜《さづけたま》ひ負賜《おほせたま》ふ）」のような、「万葉仮名交じり文」である（第二章「表記史」参照）。日本語を正確に、かつできるだけ簡潔に書こうとすると、必然的に到達する表記法であった。神に告げる言葉（祝詞《のりと》）、天皇の言葉（宣命）など、厳密さが要求される場合に、特に早く、発達したものと思われる。表記だけを捉えれば、七世紀末の木簡（藤原京・伊場遺跡）にも部分的に宣命書《せんみようがき》になっているものがある。宣命体は特殊な表記法ではあるが当時の日本文の形を示すものとして貴重である。たとえば、七八一年の能登内親王薨去《のとないしんのうこうきょ》の

折の宣命は、

此月頃間《このつきごろのあひだ》身労《みつから》須止《スト》聞食《きこしめし》弖《テ》　伊都《いつ》之可《シカ》病止《やまひやみ》弖《テ》参入《まゐり》弖《テ》　朕心《わがこころ》毛《モ》　慰《なぐさ》米麻佐牟止《メマサムト》　今日《けふ》加《カ》有《あら》牟《ム》明日《あす》加《カ》有《あら》牟止《ムト》
所念食《おもほしめし》都都《ツツ》待《また》比《ヒ》賜間《たまふあひだ》尓《ニ》　安加良米佐《あからめさ》須《ス》如事《ことのごと》久《ク》　於与豆礼《およづれ》加毛《カモ》　年《とし》毛《モ》高《たか》久《ク》成《なり》多流《タル》朕《あれ》乎《ヲ》置《おき》弖《テ》　罷《まかり》麻之奴止《マシヌト》
聞食《きこしめし》弖奈毛《テナモ》　驚《おどろき》賜《たま》比《ヒ》悔《くやし》備《ビ》賜《たま》比《ヒ》大坐《おほましま》須《ス》。

〈天応元〈七八一〉年二月十七日、『続日本紀』宣命五八詔〈北川和秀編一九八二〉〉

のようなもので、伝統行事や習慣的になった行事の詔勅ではなく、そのときに起こった出来事に対する詔勅であるために、古めかしい定型表現の中に、その時代の表現と思われる「およづれ」「～かあらむ」「待たふ」「坐す」「悔ぶ」のような『万葉集』と共通する語彙・語法を使用している。宣命も、状況に応じて、その時代を反映する表現をしていたようである。和文体が発達する直前の資料として大きな重みをもっている。宣命体が和漢混淆文の淵源であるという意見もあるが〈春日政治一九八三、大野晋一九五二、小谷博泰一九八六〉、宣命体が奈良時代末・平安初期の間に、一般的に用いられた形跡がないので、直接的な関係があったとは考えない方が良いだろう。

(b)草仮名交じり文(万葉仮名交じり文)

万葉仮名は、平安時代になると、「草仮名」と呼ばれる字体となるが、平安時代はじめには、草仮名が漢字の間に混じえて使われることもあった。「有年申文《ありとしもうしぶみ》〈讃岐国司解《さぬきのこくしのげ》藤原有年申文〉」〈八六七年〉は以下のような文章である〈三八頁図版参照〉。

改姓人夾名勘録進上　許礼波奈世无尓加　官尓末之多末波无　見太末不波可利止奈毛　於毛不　抑刑大
史乃多末比天　定以出賜　以止与可良無　有年申

改姓人夾名勘録《けうめいかんろく》進上　これはなぜむにか　官《つかさ》にましたまはむ　見たまふばかりとなも　おもふ

抑《そもそも》刑大史《ぎやうたいし》のたまひて　定《さだ》（めて）以《も》（つて）出《いだ》（し）賜《たま》（はむ）　いとよからむ　有年申す。

右の文の傍線部は草仮名によって書かれたところで、漢字仮名交じり文と呼んでも良い状態である。

同じ頃の円珍（八一四〜九一年）の「病中言上書《びやうちゆうごんじやうしよ》」（九世紀末期）にも、

雲上人波見奈　衣参之太布末之久波部太布奈利

雲上人は皆、え参じ給ぶまじく侍給ぶなり

のような追記が付せられている。このような公の文書にもほぼ和文と言って良い文章が追記されるようになっているのである。

九八九年には、覚超《かくちやう》（九六〇〜一〇三四年）が宣命体に近い漢字平仮名交じり文の『修善講式《しゆぜんこうしき》』を著している（後掲）。

(c) 片仮名交じり文

九世紀には、訓点資料の中に、片仮名交じり文で書かれたものが現れてくる（春日一九八三）。たとえば、九世紀前半（天長頃）のものと思われる「金光明最勝王経《こんこうみやうさいしようおうぎやう》注釈（飯室切《いいむろぎれ》）」には、行間に、

意《こころ》ニ云《い》ハク、住《ぢう》セシムル明力《みやうりき》ヲ生《しやう》ス。三摩地《さんまぢ》ナリトイフ　（金光明最勝王経注釈・巻四）

のような漢字片仮名交じり文が書かれている。この文章は、本文を訓読したものでなく、自らの解釈を書いたものである。

七九六年から遠くない頃に書かれたと言われる『東大寺諷誦文稿《とうだいじふじゆもんこう》』（九世紀初）の文章は、

万乃物乃子雖愛ツミカタシト　父公ハ不宣愛ツミカタシトモ　無キ一乃利毛子友等ヲ己ソ宣ケレ愛トハ　千乃珍雖有母

氏ハ不宣珍トモ　愚癡《オカ》ナル子友等ヲ己ソ宣ケレ珍トハ云々

万《よろつ》の物の子、愛《む》つみがたしと雖も、父公《ちちぎみ》は愛《む》つみがたしとも宣《のたま》はず、一の利も無き子ども等をこそ愛《めぐし》とは宣《のたまひ》けれ、千の珍《たから》有りと雖も母氏は珍《たから》とも宣はず、愚痴《おろかにかたくな》なる子ども等をこそ珍とは宣けれ云々《うんぬん》

（東大寺諷誦文稿）

のような文体である（中田祝夫一九七九）。これは部分的に漢文の構文を利用しつつ、片仮名（一部は万葉仮名）を小書きにして、日本文を表記している。訓読文にはあまり使用されない係り結びが使われている点などから、かなり和文的な要素を含んでいることがわかる。同書は、仏教の法会の際、聴衆に向かって話す原稿であるから、法談口調と見られる。このような漢字片仮名交じり文が発展してゆき、和漢混淆文と言われる文体につながってゆく。

■コラム■訓読文

もともと訓読文は、漢文を日本文として読んだものであるから、当初は翻訳と呼んでもよいものであったであろう。したがって、それは、翻訳文的な表現や漢語語彙を多く含んでいたとしても基盤は日本文であった。訓読を漢文の翻訳と考えれば、訓読という作業は古くから行われていたはずである。たとえば、七世紀後半のものと言われる北大津遺跡出土・音義木簡には、「誈」字に対して、「阿佐《あざ》ム加《むか》ム移母《むやも》」という訓が付けられているが、「やも」という助詞が付いているので分かるように、その漢文は訓読されていた。八世紀になると、仏典の学習も訓読で行われていたことも明らかになっている（春日政治一九八三）。

日本では、漢文の読み方が、師から弟子へと伝えられていった。その結果、古い読み方が固定した形

で受け継がれるようになったのである。それが訓読文という独特の文体となった。したがって一時代前の古文で漢文を読むということになったのである。しかしあまりに古くなって意味が分かりにくくなると、理解しやすい形に変えられる。訓点資料には一つの書に時代の異なるいくつかの訓点が重複して施されているものが少なくないが、それはそのような訓読法の変化を物語っている。

訓読文は、和文との違いが強く意識されたために、まるでまったく違った文体と理解されがちであるが、実際には、同じ和文脈の中の、古めかしい日本語と新しい日本語の違いで、和文脈として共通した基盤をもっていると考えるべきである。

ちなみに、漢文を受け入れた中国周辺の民族でも、訓読（翻訳）を行っていた跡が見られるが（朝鮮語・ウイグル語等）、中国との関係が直接的な地域では、常に新しい中国語が輸入されることにより、翻訳方法が固定しなかったので、日本的な「訓読」が発達しなかったのである。

仮名文（一字一音式表記）

一字一音式の仮名書きについては、万葉仮名の時代である七世紀中頃から資料が断片的ながら残っており、七世紀中頃の難波宮「皮留久佐乃皮斯米之刀斯《はるくさのはしめしとし》（「はるくさのはじめのとし」とも読まれる）」の木簡、七世紀後半の観音寺遺跡「奈尓波ツ尓作久矢己乃波奈《なにはつにさくやこのはな》」の木簡などが出土している。

八世紀になると『古事記』『日本書紀』の歌謡や『万葉集』以外にも、法隆寺五重塔の落書きや二通の「正倉院万葉仮名文書」もあり、一字一音式の日本語表記が古くからかなり一般化していたことを示している。この万葉仮名が「草仮名」となり、「平仮名」へと発展してゆくが、九世紀中頃になると、平仮名で書かれたと思われる資料が現れる。和歌の長い詞書、たとえば、『遍照集』（遍照、八一六〜九〇年）の十一、十二番の歌の詞書は、

なにくれといひありきしほどに、つかまつりしふかくさのみかどかくれおはしまして、かはらむよをみむも、たへがたくかなし、くら人のとうの中将などいひて、よるひるなれつかまつりて、なごりなからんよにまじらはじとて、にはかに、いへの人にもしらせで、ひえにのぼりて、かしらおろしはべりて、おもひはべりしも、さすがに、おやなどのことは、心にやかかりはべりけん。

のような長文である。これは深草帝（仁明天皇）崩御の折の歌の題詞であるから、八五〇年頃に書かれたと考えてよい。現存の『遍照集』の表記法が平安時代のそのままを伝えているのかは確かではないが、少なくともこれに近い文体が九世紀半ばに、男性の手によって書かれたことは間違いないだろう。

この時代は歌合が盛んになってくる頃で、現存最古と言われる「民部卿行平歌合《みんぶのきょうゆきひら》（在民部卿家歌合）」（八八四〜七年頃）には簡単な仮名日記が付けられている。同じ頃の「内裏菊合《だいりきくあわせ》」（八八八〜九一年頃）でも、

左方、占手《うらて》の菊は、殿上童小立君《てんじょうわらはをだちぎみ》を女につくりて花に面《おもて》かくさせて持たせたり。今九本は州浜《すはま》をつくりて植ゑたり。その州浜のさまは思ひやるべし。おもしろきところどころの名をつけつつ菊には短冊を結びつけたり。　（十巻本『歌合』）

のように、歌合の舞台設定を描いた日記が付されている（判詞は残っていない）。

この頃には、藤原穏子（醍醐天皇后、八八五〜九五四年）の日記と言われる『太后御記《たいこうぎょき》』もあったらしい（ただしこれは『河海抄《かかいしょう》』や記録類に引用されたものしか残っていない）。そして、十世紀になると、紀貫之の『古今和歌集』仮名序（延喜五〈九〇五〉年）や「大井川行幸歌合仮名序《おおいがわぎょうこううたあわせ》」（延喜七〈九〇七〉年）が現れる。『古今和歌集』の仮名序は、和歌の歴史、歌人の優劣などを巧みに表現しており、和文の叙述力はすでに高

い水準に至っていることが分かるのである。

他にも、「正倉院東南院《とうなんいん》文書紙背《しはい》仮名消息」（延喜五〈九〇五〉年因幡国司解案紙背）の「いとめつらしくとはせたまへるよろこひをなんきこゝゐさせ……」で始まる仮名消息や「虚空蔵菩薩念誦次第紙背《こくぞうぼさつねんじゆしだいしはい》仮名消息」（十世紀後半期）もあり、一部には連綿体を交え、一字一音式仮名表記が実用的に広く使用されていたことを示している（伊東卓治一九六一）。

奈良時代から平安時代への変化は、万葉仮名から平仮名に変わったので、大きな変化があったように見えるが、仮名表記という面から見れば、連続している。この表記法は歌謡や和歌のように日本語を正確に再現できるようにしたいときに有効な表記法なので、古くから一貫して利用されてきているのであるが、仮名表記の文章は正式の文章でなく、あくまでも「仮のもの」であるために、残されたものは少ない。

このような仮名表記を利用して、『竹取物語』をはじめとする物語も書かれた。詞書、歌合日記、判詞、書簡、序文などで明らかなように、平仮名による散文は、風景も状況も思考も表現できるようになっていたのであるから、仮名で文章を書くことはそれほど難しいものではなかったように見える。しかし『竹取物語』『宇津保物語』、それに『蜻蛉日記』などでは、模範とする先蹤がないため、何をどのように書くかという点での工夫を必要とし、かなりの苦労があったことが明らかにされている（益田勝実一九八四）。

十一世紀になると『源氏物語』が現れる。紫式部と同時代を生きた赤染衛門《あかぞめえもん》は、歴史物語の『栄華物語』（正編）を書いたと言われる。十一世紀には、長編の王朝物語と長編の歴史（物語）が、仮名文で書かれているのである。この時期が王朝文学の頂点と言われる所以である。

平安文学作品についての文体論的研究では、『源氏物語』を中心として、『竹取物語』『伊勢物語』『大和物語』『宇津保物語』『蜻蛉日記』『紫式部日記』『枕草子』『栄華物語』などの文章を、品詞の比率、形容詞の量や使用法、助詞・助動詞の使用法など、さまざまな視点から分析し、比較する試みが為されている。

そこで明らかになっていることは、平安時代の作品は、

（一）和文的（源氏物語、枕草子等）

（二）訓読的（今昔物語、竹取物語、法華百座聞書抄等）

（三）口承的（伊勢物語、大和物語等）

の三文体に大別できること（山口仲美一九八四）、『竹取物語』『宇津保物語』のような初期の物語には漢文訓読的な表現が多く、男性が漢文訓読の表現を援用しながら、仮名文で物語を作り上げていったらしいこと、『伊勢物語』や『大和物語』のような歌物語は和歌の詞書の発展したものと言われていたが、実際には描こうとする意図も表現も異なったもので、歌物語は口承的な内容・表現を書きとどめた「歌語り」的文体であること（益田勝実一九四九）、和歌の詞書は作歌事情を説明するものであり、模写的な表現をとっていること、『源氏物語』は、物語の文体の流れの中では、突出した技巧を持っていることなどである（清水好子一九八〇、山口一九八四、渡辺実一九八一）。

また、『竹取物語』『今昔物語』などの説話では、「けり」「なむ……ける」が物語のはじめと終わりにあって、物語の枠組みを作り上げており、これが「語る」意識が表れたものであること（阪倉篤義一九七五）、古今集仮名序は、抽象的な論を仮名文で書こうとした最初の試みであるが、先例がなく、対句や接続詞

を多用して苦労して文章を作り上げていること（渡辺一九八一）など、成果は多い。しかし未だ、この時代の作品全体を通した文体の変遷は明らかにされていない。

ちなみに、『源氏物語』の突出した表現力というのは、清水（一九四九）によれば、①長い連体修飾句とそれを受ける名詞、②長い連用修飾句のあとに短い主述の句を付け加える表現、③「の」の特別な用法、④新しい複合動詞の使用などをいう。例を挙げると、

①人目にこそ変ることなくもてなしたまひしか、うちには憂きを知りたまふ気色しるく、こよなう変りにし御心を、いかで見てたてまつらじの御心にて、多うは思ひなりたまひにし、御世の背きなれば、……（鈴虫）

②時々おこり悩ませたまひし御目もさはやぎたまひぬれど、大方、世にえ長くあるまじう心細きことのみ、久しからぬことを思しつつ、つねに召ありて、源氏の君は参りたまふ。（澪標）

③事どもをばそがせたまひて、静かなる御物語の深き御願ひかなはせたまはむなむ、……（若菜下）

④池の心広くしなして、めでたく造りののしる。（桐壺）

のような表現である。ここには表現を凝集してゆこうという意図があるという。また、山口（一九八四）によると、『源氏物語』においては異なった性格の形容詞が並列される。たとえば「大将の君、かの御車の所あらそひを、まねび聞ゆる人ありければ、いといとほしう憂しと思して」（葵）のような並列は、「いとほし」が相手（六条御息所）に対する気持、「憂し」は自分自身の気持を表し、「（相手が）かわいそうで、（自分が）情けない」という異なる立場からの感情が並列形容詞として表現され、他の作品には見られない紫式部の巧みな表現であったという。これは「次元の異なる事柄を同一文中に描き込んでゆく」表現法の一つでもあろう（渡辺一九八一）。文体の歴史の中では、『源氏物語』は燦然と輝いている。描かれた

世界は後世に影響を与えて王朝物語に継承されてゆくが、その表現方法は真似ることはできなかったという(清水一九四九)。文体が個性に基づくものであることがよく分かる例である。『竹取物語』から始まる仮名文は、発達して『宇津保物語』、そして『源氏物語』に至った。『土左日記』から『蜻蛉日記』『紫式部日記』へ、『伊勢物語』『大和物語』『平仲物語』などの「歌語り」、『枕草子』のような随筆など、筆者の個性と描く世界に応じてさまざまな文体へと展開したのがこの時代である。

仮名文は、平仮名のような書きやすい字体が発達すれば、必然的に発達してくるものであるが、当時の正式の文体は漢文体(和化漢文体)であり、仮名による表記は臨時的な、あるいは仮のものであったため、正書法などの規範がなかったと思われる。そのため、自分の話す言葉に従って書くしかなかった。それで、中古の仮名作品はかなり口語的な文章であったと推定されているのである。ただ、『源氏物語』や『蜻蛉日記』のように長文で、話し言葉に近いものと、『宇津保物語』や『落窪物語』のように、物語を語るという意識の見られる作品とでは異なった印象を受ける。この違いが固定した文体の違いなのか、主観的叙述と客観的叙述による違いなのかなどもあらためて考えてみる必要がある。

規範がなく、具体的な発話に基づいて書いてゆくと、発音が変化すれば、その変化した形で書くことになる。発音の変化が仮名遣の変化となって現れてくるので、仮名遣の乱れは、発音変化の重要な根拠になる(ハ行転呼音、音便、促音の無表記など)(第四章「音韻史」参照)。

このような仮名による散文は「和文体」と呼ばれる。和文の散文体が確立したのが平安時代の大きな特色で、これ以降、和漢混淆文と共存しつつ、新しい散文文体を作り上げてゆくのである。

和漢混淆文

先に引用した『東大寺諷誦文稿』の文章は、繰り返しやぎこちない表現もあるが、「和漢混淆文」と呼んでもおかしくない（築島裕一九五二）。それを和漢混淆文と呼ばないのは、その表記に惑わされてのことであろう。

十世紀後半の永観二（九八四）年には源為憲が、冷泉天皇第二皇女・尊子内親王のために仏教の教えを概説した『三宝絵詞《さんぼうえことば》』を書いている。関戸本（東大寺切）の例を挙げると、

　ある時には、五色の雲にのりて、仙人の都に通ふ。外従《げじゅ》五位下韓国の連広足《むらじひろたり》、はじめにはこれを敬ひて師とせり。のちにはそのかしこき事をねたみて、おほやけに讒《ざむ》して、これは世を誑《たぶら》かすあやしきものなり。国のために悪しかるべしと申す。　（東大寺切・中巻第二話）

という文体である。和漢混淆文は鎌倉時代になって完成すると言われてきたので、『三宝絵詞』は、その先触れであるなどと言われるが、例を見てもわかるように、その文体は、かなりすすんだ和漢混淆文である。

　源信《げんしん》（恵心僧都、九四二～一〇一七年）の頃には、仏教思想が和漢混淆文でも書かれたようである。『菩提要集《ぼだいようしゅう》』『真如観《しんにょかん》』『横川《よかわ》法語（念仏法語）』などは、未だ源信著とは確定していないようであるが、一一〇五年写の『真如観』には「菩提要集云、見事易《みることやすく》、識事易《しることやす》カラントテ、仮名字ヲ加テ所レ註ナリトイヘリ」とあるので、十一世紀末には漢字仮名交じり体の『菩提要集』があったことは間違いないようである。先に触れたように、源信の弟子である覚超は九八九年に『修善講式』を著したが、それは以下のような宣命体に近い漢字平仮名交じり文である。

此世《このよ》に一度も南無仏止唱て弾指《だんし》乃項も微少《みせう》乃善根を植《うう》る人は来世に必《かならず》彼仏に参遇《まゐりあひ》天引摂《いんせつ》を蒙る。我等適生浄土《ゆくしやうじやうど》らは浄土より游《あそび》天彼仏に値《あひ》奉らん。若猶《もしなほ》悪業乃故に悪道に堕《おち》太らは地獄より出天即彼龍花会《かのりゆうげゑ》乃衆《しゆ》止成らん。

『諷誦文稿』については異論があるかもしれないが、少なくとも、十世紀末には、『三宝絵詞』や『修善講式』のような漢字仮名交じり文が存在しており、漢文の訓読から離れて、自分の表現したい内容を記述している。これらも和漢混淆文と呼ぶべきであろう。

訓読文と訓読文体と和漢混淆文

漢文を読み下した文は「訓読文」で、漢文に従属した文章である。この訓読文の表現形式を借りて、自分の考えを表現したものは日本語の文体の一つであり、「訓読文体」と仮に呼んでおく。この訓読文体は少しずつ、原文の制限を受けた窮屈な訓読文の表現から離れてゆき、和文体の要素を増やして、和漢混淆文と言われる文体へと変わってゆく。

「訓読文」と「訓読文体」は、原文の漢文を読み下したものかどうかで区別はできるはずであるが、実際には、原文が見つからないが訓読文である場合もあり、漢文を和文的に訓読すれば非訓読文に見える場合もある。訓読文と訓読文体との区別はつけにくい。そのため、原文の漢文が分かっているものを除けば、訓読文の表現方式の範囲内にある文章はすべて「訓読文体」としておくのが実際的であろう。

また、「訓読文体」と「和漢混淆文」との関係も、訓読文体からどれくらい離れると和漢混淆文であるのか定義が難しい。このように訓読文、訓読文体、和漢混淆文の相互の区別ははなはだ曖昧であるが、平安時代には、訓読文の語彙・語法を含んだ、和文体とは明らかに異なる文体が存在しており、それを指す術語が必要である。それを、これまでの術語を利用して「和漢混淆文」としておく。つまり、『諷誦文稿』『修善講式』などは訓読文体に近い和漢混淆文、『三宝絵詞』は和文体に近い和漢混淆文と考えるのである（和漢混淆文という術語は曖昧すぎて無意味であるという批判もある〈山田俊雄一九七七〉）。

和漢混淆文は漢文の世界から発展し、和文体的要素を少しずつ増やしてゆく。

右に、和漢混淆文と和文体の違いを述べたが、実は、その担い手が同一の場合もあった可能性がある。『宇津保物語』は和文体と見なされているが、その俊蔭巻は『三宝絵詞』の文体に似たところがあり、訓読文的な特徴を持つ。しかし『宇津保物語』の後半はかなりこなれた和文体になっている。つまり一つの作品の中に和文体と和漢混淆文的文体が含まれているということである。『宇津保物語』の成立は一元的ではなく、さまざまな成立論が提出されており（「参考文献」参照）、この違いが時代的な差なのか、書き手に違いがあったのかなどは明瞭ではないが、一つの物語の中で使用されている二つの文体は、ともに通用していた文体であったと見ることができるであろう。

なお、訓読文体と和文体では、用いられる語彙や表現にかなり大きな差があったことについては、吉沢義則（一九三二）、築島裕（一九六九）が明らかにしている。これについては第三章「語彙史」でも触れられているが、語法に関するものを築島（一九六九）によって、若干補うと、以下のような違いがある（片仮名は訓読文体、平仮名は和文体）。

○ゴトシ：やうなり　シム：す・さす（使役）　ザル：ぬ（連体修飾）／ザレ：ね

○カルガユヱニ・カレ・ココヲモテ・コレニヨリテ等：されば　シカウシテ：さて　シカルニ・シカルヲ：されど・さはあれど

○アニ：など　アヘテ：え（……ず）／カツテ：つゆ（……ず）　ネガハクハ：いかで（……がな）　イハムヤ：まさに（……むや）／イマダ：まだ

二　院政期から鎌倉期（中世前期）

院政期以降は、前代に文体として定着していた和化漢文、和文体、和漢混淆文がさらに発展してゆく時代である。

和化漢文

和化漢文は日記や文書、記録類の中で用いられ続けた。鎌倉時代の歴史を記録した『吾妻鑑《あずまかがみ》（東鑑）』（一三〇〇年前後）に用いられた文体を「東鑑体」と呼ぶ。これは鎌倉時代の正式文書の文体とされた。それは、

十七日乙丑。令㆔還㆓着鎌倉㆒給。今日。曾我太郎祐信蒙㆓厚免㆒。又和田小太郎義盛補㆓侍所別当㆒。是去八月石橋合戦之後。令㆑赴㆓安房国㆒給之時。御安否未定之処。義盛望㆓申此職㆒之間。有㆓御許諾㆒。仍今日閣㆓上首㆒。被㆑仰云云。（治承四〈一一八〇〉年十一月十七日）

十七日、乙丑、鎌倉に還著《くわんちやく》せしめ給ふ。今日、曽我太郎祐信《すけのぶ》厚免《こうめん》を蒙る。また和田小太郎義盛を侍所別当《さむらひどころべつたう》に補《ふ》す。是れ、去《さ》んぬる八月、石橋合戦の後、安房国に赴《ゆ》かしめ給ひし時、御安否《あんぷ》未定の処、義盛此の職を望み申すの間、御許諾あり。仍つて今日上首に閣《お》きて仰せらるる云々。

のような文体であった。和化漢文は日記に用いられる「記録体」や手紙に使われる「候体《そうろうたい》」などを派

生しつつ、明治維新になるまで、文書用の文体として続いてゆく。

和文体

前述のように、仮名文は、規範がなく、基本的には話し言葉に似た形で書かざるを得なかったと思われるが、院政時代から鎌倉時代にかけて、『源氏物語』や『伊勢物語』が、古典としての位置を確立してゆくことによって、規範ができる。特に藤原俊成《としなり》(一一一四〜一二〇四年)以降、歌人は、教養として『源氏物語』や『伊勢物語』が必須の知識となり、これらの物語も古典として、後代の文学に大きな影響を及ぼしていった。藤原定家(一一六二〜一二四一年)が古い写本から「仮名遣」を定めたりしたのも規範化の一つである(第二章「表記史」参照)。

物語は、『源氏物語』や『狭衣物語』などから鎌倉時代の物語、そして室町時代の「お伽草子」へとつながってゆく。鎌倉時代の物語は、擬古物語という名称を与えられたために、文章も王朝時代のものを真似たものという印象をもつが、それぞれの作品が作られた時代の言葉を反映しており、その時代の人々が聞いて、あるいは読んですぐに理解できる範囲の言葉であったと思われる。

『無名草子』(俊成女の著か、一二〇〇年頃)には当時の物語に対する批評が書かれているが、『隠れ蓑』『心高き』『岩うつ浪』は言葉遣いが古めかしい、『海人《あま》の刈藻《かるも》』の言葉遣いは『栄華物語』を真似ているなどと言い、「言葉遣い」についてはかなり敏感で、「古めかしい」のは欠点と捉えていたようである。おそらく、当時の物語は、古めかしくない文章、つまり基本的な部分は、当時の文章で書かれていたと思われる。古い物語がしばしば改作されたのも、言葉遣いの古めかしさからという理由もあったようである。現存の鎌倉物語は多くないので、明言はできないのであるが、鎌倉時代初期の作品と言われる

『在明《ありあけ》の別れ』などは王朝物語的な語彙や表現が多く使用されており、王朝時代と連続していると言ってよい。おそらく、言葉が大きくは変わっていなかったのであろう。

一方、鎌倉時代末にできたと言われる作品には、かなり当代語や当代表現が混入している。たとえば、『あきぎり』を見ると、

ひめぎみは、ただおなじさまにとこがれたまへども、かひなし。たれも心も心ならずながら、さてもあるべき事ならねば、その御いでたちしたまふにも、われさきにとたゐいり〳〵し給ふを、なにごともしかるべき御ことこそましますらめ。きへはて給ひぬるは、いかがせん(とて)、又このきみの御ありさまを、なげきゐたり。おおいとのもやう〳〵に申しなぐさめ給へども、いきたる人とも見えたまはず。

のような文章で、「しかるべき」というような王朝物語では使わない語もあり、「心も心ならず」「いでたちす」「たゐいり〳〵」「申しなぐさむ」なども、一つ一つの語は王朝物語の中にあるが、その使い方は中世的と言ってもよいだろう。「まめだつ」「をかしげ」「おぼし＋動詞」のような王朝語彙が「物語語彙」として定着してはいたけれども、全体的に、文章が短くなって、複雑な心理よりも状況を説明する傾向が強い。

和文体の日記も、当代的なものに変わってゆく。たとえば『とはずがたり』(一三一三年以前)の場合には、「不思議」「凶害」「理運」のような漢語、「まがよふ」「肝をつぶす」「御産なりぬ」「いしいし」のような中世語が使われている。ほぼ同じ時代の『中務内侍日記』(一二八〇～九二年の出来事を描く)は、歌日記に近く、和歌のやりとり、自己の心境、そして宮中の行事が中心で、描かれる舞台は『源氏物語』と大きくは違わないようであるが、「連中」「傾城」「公私」「問籍」「勧杯三献《けんぱいさんこん》」などの漢語や「浮世」「子

細」「事故《ことゆゑ》なく」「ちと」などの中世語も多く、当代性が強い。

院政時代以降も多くの歌合があり、判詞も記録されている。たとえば、建久四（一一九三）年の「六百番歌合」では、雉の題で左歌（藤原定家）と右歌（源信定《のぶさだ》）が優劣を争ったが、判者の藤原俊成は

判云、左右の歌、心詞《こころことば》はあしくもえ承《うけたまは》らず。凡《おほよそ》は歌の姿詞《すがたことば》をばかへりみず、理をいひとかざるをば難とする輩《やから》の侍るにや。立つ雉《きじ》の春まどふともいひ、鳴きて立つ雉子《きぎし》の宿とも侍らん。難なるべしとも見え侍らず。但右末句、柴の下草ことにこのもしく見え侍り。可レ為レ勝。

（七三・七四番歌に対する判詞）

として、右歌を勝ちと判定している。判詞の文章も、歌の優劣や技巧を論じることに主眼があり、文飾や文体的な意識はないようである。前代に引き続き、普通に用いられた通用文体と見てよい。

また、院政時代から鎌倉時代にかけて、歌論も和文体で書かれるようになっている。『新撰髄脳《しんせんずいのう》』（藤原公任《きんとう》、九六六〜一〇四一年）になると、歌も説明も平仮名で書かれている。その後、『九品和歌《くほんわか》』（藤原公任）、『俊頼髄脳《としよりずいのう》』（源俊頼《としより》、一〇五五〜一一二九年）、『袋草紙《ふくろぞうし》』（藤原清輔《きよすけ》、一一〇四〜七七年）などが現れる。これらの文章も、やはり通用の文体であろう。

十二世紀終わりになると、『源家長《いえなが》日記』（一二〇七年頃）や源通親（一一四九〜一二〇二年）の『高倉院厳島御幸記《たかくらいんいつくしまごこうき》』（一一八〇年）、『高倉院升遐記《しょうかき》（昇霞記）』（一一八二年以降）など、男性による日記もある。源通親は、

夢かゆめにもあらぬかと、おもひあはせんかたもなく、まどひにまどひをそへて、我になして、我にもあらず、あけゆく鳥のこゑもおしまず、をのがきぬ〴〵いづちすてて、かくれさせたまひぬる

ぞと、たゞありあけの空をながむれば、みどりのかすみばかり、うたてたちのぼり、いさごをたゝきて、つちのそこへいらんとすれば、きなるいづみそこふかくして、かへらぬ水の、うき世のあはとはいひながら、なみだの川のめのまへに、かかるうきよをわたるべしとは、きしうつなみの、思ひよらざりし物(を)と、なげくにかひなし。（高倉院升遐記）

のような文章を書いているが、これで一文である。擬古物語と言われる作品と見間違うほどである。また、彼は、

厩《うまや》にあしげの馬ども二疋《ひき》たてて、めづらしき鞍《くら》どもかけたり。御よそひの物ども数しらず。上達部《かんだちめ》、殿上人《てんじょうびと》の居所ども、みなその用意あり。福原より、けふよき日とて舟にめしそむべしとて、唐の舟まゐらせたり。まことにおどろ〳〵しく、絵にかきたるにたがはず。たうじんぞつきて参りたる。（高倉院厳島御幸記）

という文章も書いている。これは一転して、短文を重ねた文章で、記録に徹している。一人の人間が、描く対象によって、このように印象の異なる文を書いていた。自己の心理を丁寧に書くのか、事実関係を短文で書いてゆくのかによって、かなりの違いが出るが、書いた本人は文体の違いは意識していなかったであろう。

これら鎌倉時代の物語も、女性日記も、男性和文体日記も、当時の和文体の通用文体の範囲にあったと考えてよいと思われる。ただし源通親の短文で書かれた日記と藤原俊成の判詞とは同じ説明文でありながら、明らかに印象が異なる。判詞は「侍る」を多用し、丁寧体で、話しかけ説得する口調であり、日記は謙譲語を使って淡々と描写している。訴えかける対象と内容によって文体が異なっていたことが分かる。

一方、この時代には、仙覚《せんがく》（一二〇三～七二年?）の『万葉集註釈』（一二六九年）もあり、それは、

菅根之根毛一伏三向凝呂尓吾念有妹尓縁而者《スカノネノネモコロコロニワカヲモヘルイモニヨリテハ》

菅の根のねもころころにとは、ねむころころにと言ふ言葉也。和語重点をば、言ふべき言葉を初めに置きて、次には初めの字を略して、末を重ぬる也。さて又、菅の根のねもころごろにと言ふことは、もろもろの草は本体生ひたる草むらに添ひて、広く生ひ栄ゆる、常の習いなり。しかるに菅は元の草むらの根の遙かに遠く這ひて、ころころに群がりしける也。さらばそれによそへて、根もころごろと読める也。（巻七。原文は片仮名書き）

のような文体である。全体的に「しかるに」「必ずしも～否定」「～が故」のような、訓読文体的表現の多い文章で、和化漢文で書かれた部分もあり、片仮名表記であることもあって、和漢混淆文と見られることもあるが、右に示したようにほぼ和文体と言って良い所が多い。歌の説明に専念した、文飾や文体意識のない文体のようである。この時代になると、物語の文体の系譜でもなく、和漢混淆文の系譜でもない、「なり」で文末を括る、注釈用の文体も発達していたことが分かる。

■コラム■中世の文体意識

『無名抄』（鴨長明、一一五五?～一二一六年）には、古人の言葉として、

仮名に物書く事は、歌の序は古今の仮名序を本とす。日記は大鏡のことざまを習ふ。和歌の詞は伊勢物語并後撰の歌詞を学ぶ。物語は源氏に過ぎたる物なし。皆これらを思はへて書くべき也。いづれもく構へて真名《まな》の言葉を書かじとする也。心の及ぶ限りはいかにも和らげ書きて、力なき所をば真名にて書く。

と語っている。ここでは明らかに仮名文体と真名文体（訓読文体）とを、文体として、その用語の違いを含めて、はっきりと自覚している。仮名文には漢語をできるかぎり書かないという文体意識は、前代の平安時代に成立した意識であろう。『無名抄』ではつづけて、「仮名に物書く事は、清輔いみじき上手也。中にも初度の影供《えいぐ》の日記、いとおかしく書けり。「花の下に花の客人来り、柿の下に柿本の影を懸けたり」とあるほどなど、ことに見ゆ。仮名の対はかやうに書くべき也」とも言い、藤原清輔が仮名の日記（影供の記録文）を書いていたことや、仮名文における具体的な対句の例も挙げている。仮名文としての規範がどのように、いつ頃できてきたのかについては、これからも検討してゆく必要がある。

和漢混淆文

和漢混淆文は院政期以降、散文の一つの中心となっていた。十二世紀前半には、この文体で仏教説話の大作『今昔物語集』も書かれている。『今昔物語集』の、

今昔《いまはむかし》、仏の御父迦毘羅《かびら》国の浄飯《じやうぼん》大王、老に臨て、病を受て日来《ひごろ》を経《ふ》る間、重く悩乱《なうらん》し給ふ事無限《かぎりな》し。身を迫《せむ》る事、油を押すが如し。今は限りと思《おぼ》して、御子の釈迦仏・難陀《なんだ》・孫ノ羅睺羅《らごら》・甥の阿難《あなん》等を不レ見ずして死なむ事を歎き給へり。此の由を仏の御許《みもと》に告《つげ》奉らむと為《す》るに、仏の在《まし》ます所は舎衛《しやゑ》国也、迦毘羅衛《かびらゑ》国より五十由旬《ゆじゆん》の間《あひだ》なれば、使の行かむ程に浄飯王は死《しに》給ぬべし。

（巻二―第一話・天竺部。原文は片仮名）

のような文章はかなりこなれた和漢混淆文で、漢文的表記はあるが、読むのが難しい箇所は少ない。「思す、給ふ」をはじめとして、「病、受く、日来、経、重く、身、迫る、油、押す、今、限り……」など

基本的なところは和文体と共通の語彙・語法が用いられている。かなり和文体に近づいている。『今昔物語集』でも、天竺《てんじく》部や震旦《しんだん》部は和漢混淆文であるが、本朝部には和文体に近い巻もあって、二つの文体が用いられている。『今昔物語集』には典拠となった作品の表記・表現の影響があり、『宇津保物語』と同じように複雑な状況にある。

『今昔物語集』と同じ頃、安居院《あぐい》流の唱道《しょうどう》資料（布教用の説教台本）も作られている。教化《きょうげ》・願文《がんもん》などの、口頭で述べる文章の原稿であるが、和化漢文によるものがほとんどである中に、金沢《かねさわ》文庫本『仏教説話集』（一一四〇年）のような和漢混淆文のものが残っている。

生死《しやうじ》の界《さかひ》、厭《いと》ふべし、浄刹《じやうさつ》は願ふべしと云ふ事は、大旨《おほむね》は万人《まんにん》しろしめせることを。されども心を留めて、寂《しづか》に思ひ、遙《はるか》に願ふ事は難《かた》く候ふ。生界死穢《しやうがいしゑ》国、娑婆《しやば》の古郷《ふるさと》は御座《おはしま》しながら侍りながら、口惜《くちを》しく侍る所を、其のさる様《ありさま》は、色《しき》・無色界《むしきかい》の深禅定《しんぜんじよう》の楽しびと云ひ、天上・人中《にんぢゆう》の五妙境界《ごめうきやうがい》と云ふとも、再《ふたたび》、思ひ居《を》れば、一《ひとつ》も心の留まる事侍らざるなり。上《かみ》、大梵天王の高台閣の楽しび、心を廻《めぐ》らし、思ひを寂《しづ》むれば、未《いまだ》火・血・刀の苦を免《まぬか》れず。

（山内洋一郎一九九七）

仏教関係の和漢混淆文は、この時代でも仏教漢文の影響が強い。

源信の唱えた念仏の教えは、法然《ほうねん》（源空、一一三三〜一二一二年）、親鸞《しんらん》（一一七三〜一二六二年）へと伝えられてゆくが、法然になると、漢字仮名交じりの和漢混淆文で書くことは珍しいことではなくなっている。彼は仮名で書簡も書き、時には和化漢文でも書く。親鸞の場合も、和漢混淆文で書くことはごく普通で、この時代になると、浄土宗だけではなく、真言宗の覚海《かくかい》（一一四二〜一二二三年）の『覚海法橋《ほっきょう》法語《ほうご》』も仮名法語であり、華厳宗《けごんしゅう》の明恵《みょうえ》（一一七二〜一二三二年）も和漢混淆文で文章を書いている。

仏教関係以外でも、『海道記《かいどうき》』（一二二三年頃）のような訓読文的表現の多い作品もある。この作品は、対句が多く、文章が短く、文選読みもあるので、漢文に詳しい人物の手になるものと思われる。『東関紀行《とうかんきこう》』（一二四二年頃）も、「還御《くわんぎょ》」「洸瀁《くわうやう》たり」「往還《わうくわん》」などの漢語や対句が目立つが、かなりこなれた和漢混淆文である。

和漢混淆文の典型として、これまで『平家物語』が挙げられてきた。

亀山のあたりちかく、松の一むらある方に、かすかに琴ぞきこえける。峯の嵐か、松風か、たづぬる人のことの音か、おぼつかなくはおもへども、駒をはやめて行程に、片折戸したる内に、琴をぞひきすまされたる。ひかへて是をきゝければ、すこしもまがふべうもなき、小督殿の爪音なり。楽はなんぞときゝければ、夫をおもふてこふとよむ想夫恋といふ楽なり。さればこそ、君の御事おもひ出まいらせて、楽こそおほけれ、此楽をひき給けるやさしさよ。（平家物語〈流布本〉・巻六）

『平家物語』は延慶二（一三〇九）年以前に成立していたらしいが、かなり複雑な成立過程があったようである。これまでの研究で『平家物語』が利用したと思われる幾種類かの資料が指摘されており、『東関紀行』第二段（延慶本平家）、『高倉院厳島御幸記』（語り本系平家・巻四御幸）、『高倉院升遐記』（読本系平家）、『十訓抄』『六代勝事記《ろくだいしょうじき》』など、多くの先行文献を取り入れ、文章中にはめ込んでいったことが明らかになっている。それらの引用された資料は、ある程度の変形は受けたであろうが、違和感なく『平家物語』の表現中にとけ込んでいる。これは『平家物語』の文体が当時にあっては決して特別な文体でなかったことを示している。

『平家物語』が和漢混淆文の典型と言われてきたのは、簡潔な表現、その韻律的な対句構成や七五調の句作り、それに「追ツかかツて、よツぴいてひやうふつと射る」（木曽最期）のような躍動感のある表現による印象的な判断であろう。ただし『平家物語』は語られたものであるから、語り物であることが、文体にも大きな影響を与えているはずである。右の例も、「ひかへて是をきゝければ……想夫恋といふ楽なり」の部分は七五を基調とした句作りになっており、快い律動が感じられる。語りとしての性格が出ていると見てよい。また、西田直敏（一九七八）によれば、『平家物語』に用いられた語彙の多くは王朝時代の語彙と共通しているという。

『平家物語』の文体の研究には、編纂に利用した資料の影響を考慮する必要があり（表白《ひようびやく》・教化《きようげ》・願文《がんもん》などの仏教関係の文章を取り入れたところは訓読文体的な表現になる）、また、『宇津保物語』『今昔物語集』と同じように、作品内部の構成の問題、さらに読本系や語り本系をはじめとする多くの諸本の検討も必要になる。『保元《ほうげん》物語』『平治《へいじ》物語』との関係も考慮しなければならないであろう。文体論が国語学と国文学の中間にある分野であることがよく分かると同時に、文体史が非常に手間のかかる分野であり、未だ通史に近い文体史が描かれていない理由も分かることと思う。

鎌倉期の文体を考えるとき、慈円《じえん》（慈鎮《じちん》、一一五五〜一二二五年）の『愚管抄《ぐかんしよう》』（一二二〇年頃）が重要である。慈円は片仮名交じり文で日本文を書くことに対して、はっきりとした意識をもっており、「漢文は訓読しても理解しにくく、普通の言葉こそ日本語の本体である」と言い、「愚かな人でも本当に分かるように仮名で書いた」と述べている。実際、『愚管抄』には「ぎよと、ひしと、はたと、むずと、きと」などの擬態語が使用されており、この文章は、かなり日常的、あるいは口語的な要素を含んでいると思われる。

『愚管抄』は、延慶本系統の『平家物語』、あるいはその編纂に用いられた資料を参照しているが（岡見正雄・赤松俊秀一九六七）、『愚管抄』の、

……いみじくありける程に、主上をのろひまいらせけるきこゑありて、賀茂の上《かみ》の宮に御かたちをかきてのろひまいらする事見あらはして、実長《さねなが》卿申たりけり。かうなぎ男からめられたりければ、院の近習者《きんじゆうしや》資賢《すけかた》卿など云恪勤《かくご》の人々の所為《しよゐ》とあらはれにけり。さてその六月二日資賢が修理大夫解官《しゆりだいぶげくわん》せられぬ。（巻五）

という部分は、延慶本『平家物語』では、

猿程《さるほど》に又主上《しゆじよう》を呪詛《じゆそ》し奉る由聞《よしきこ》へ有て、賀茂上《かみ》の社《やしろ》に主上《しゆじよう》の御形《おんかたち》を書て、種々の事共《ども》をする由、実長卿聞出《ききいだし》て奏聞《そうもん》せられたりければ、巫男《かうなぎおとこ》一人搦《からめ》取て、事の子細《しさい》を召問《めしとふ》に、院の近習者《きんじゆしや》資長卿など云格勤《かくご》の人々の所為《しよゐ》也と、白状したりければ、資長卿、修理大夫解官《しゆりだいぶげくわん》せられぬ。（巻一）

となっている。内容はほぼ同じであるが、『愚管抄』の方が和文的であり、「まいらする」で分かるとおり、口語的である。『平家物語』は漢語や漢語サ変動詞が多い。

『愚管抄』には、場面によって『大鏡』に似た文章、『松浦宮物語《まつらのみや》』（藤原定家か、鎌倉初期）などに似た文章もある。これらは文体が異なるのではなく、描く場面が異なるために印象が違っているのであろう。漢語や漢文的表記（叙二位一）もあり、どの程度口語的であるのかははっきりしない。これから検討すべきことである。

法談の聞書である『法華《ほっけ》百座《ひやくざ》聞書抄《ききがきしよう》』（一一一〇年）も、口語を反映しているようである。

法花経の六万九千の文字は、皆金色の仏にましますと申ことは、つねのことば。又たび〱きこしめすともあしかるべきことにもはべらず。功徳度々《くどくたびたび》きこしめすが、まさることにて侍べきなり。平《ヘイ》

州といふところの人は、みな七歳より道心ありて、念仏して、おほくは極楽になむ往生しける。そのなかにそう延法師といふものはべりけり。（法華講座三日目。原文は片仮名）

のような文体である。法談の聞書であるから、仏教用語が多くあるが、「きこしめす」「はべる」などの敬語や「なむ―連体形」の係り結びなどが使われており、和文体に入るべきもののようである。あるいは法談用の口語体と言う方が良いかもしれない。

鎌倉時代の文体や口語の発掘については、現在、訓点語の分野で研究が進められている（小林芳規一九七一・一九八一・一九八九、山本真吾二〇〇六、松本光隆二〇〇七）。

三　南北朝期から室町期（中世後期）

この時代になると、和化漢文は文書、男性日記、書簡文、それに序文や識語など、かなり制限された場面でしか使われなくなっており、和化漢文の変遷は跡づけてゆかねばならないが、文体としては考慮しなくても良いだろう。

中世から近世にかけては、さまざまな文学・芸術の分野が成立してゆくが、鎌倉末から室町時代は、和歌や連歌、謡曲など韻文形式のものが多く、散文作品となると数は多くない。それでも、随筆や軍記・説話などが伝えられている。十四世紀中頃の例を見ると、『太平記』、『都のつと』（宗久）、『竹むきが記』（日野名子）、などの作品があるが、『太平記』（巻第二「俊基誅せらるる事ならびに助光が事」）は、

俊基朝臣《としもとあそん》は、殊更謀叛《ことさらむほん》の張本《ちやうぼん》なれば、遠国《をんごく》に流すまでもあるべからず。近日に鎌倉中《ちう》にて切り奉《たてまつ》るべしとぞ定められたる。この人、多年の所願《しよぐわん》ありて、法華経を六百部自ら読誦《どくじゆ》し奉るが、今二

百部残りけるを、「六百部に満てる程の命を相《あい》待たれ候ひて、その後ともかくも成《な》され候へ」と、頻《しき》りに所望《しょまう》ありければ、「げにもそれ程の大願を果たさせ奉らざらんも罪なり」とて、今二百部の終はる程、わづかの日数を待ち暮らす命の程こそ哀れなれ。

のように、『平家物語』に似て、歯切れが良く、やはり和漢混淆文的な「語り物」の雰囲気をもつ。

一方では、『都のつと』の、

やがてこの人に道の案内など問ひ聞きて、山田の里といふ方へ行きぬ。さる海面に、何のいたりもなく作りたる草の庵なれど、故ある様にしなしたる庵室ありしかば、そこに留まり侍りしに、長月十日あまりの事なり、うしろの山よりおろす嵐にたぐひて、鹿の音近く聞こゆ。前ははるばると見渡さるる波の上に、更け行く月の影浮かびて、友呼ぶ千鳥のしば鳴く声も、いと澄みてぞ聞こえ侍りし。

のような和文体の文章も書かれており、両者の間には、まだ、かなりの文体的な違いがある。このような二つの文体は室町時代にも受け継がれてゆく。

口語資料

室町時代になると、明らかに口語を写したと思われる資料が現れる。たとえば、

抄物＝『毛詩抄』国風・柏舟《はくしゅう》詩の「汎彼柏舟　亦汎其流」の句について(原文は片仮名書き)

汎―汎《はん》々たる柏舟とかいた本もあるぞ。汎は船のうかうで流るゝ貌《さま》ぞ。檜《ひのき》の楫《かぢ》、松の舟とも作たぞ。何の木でも作れ、ちやつと詩人の見た処を作るまでぞ。荷をものせ、人をも載《のせ》う用ぢやが、何の用もなうて、汎々と流れて居たまでぞ。あつたら物が流れたよと作《つくる》心ぞ。心は、爰《ここ》に仁人《じんじん》の見事な

物があるよ。

キリシタン資料＝天草版『伊曽保物語《いそほものがたり》』「鹿のこと」

……また四つの　足の影の物弱げに、しかも蹄《ひづめ》の割れた体《てい》を見て、さてもわが四つ足は頼もしげない弱い身かな！　頭は堅く、足は弱い体《てい》を何に似たぞと我と案じ煩《わず》らうていた所に、人の来る音がするによって、慌《あわ》て騒《さわ》いで山に入《い》つたが、何と取り外《はづ》いたか　角《つの》を繁《しげ》りに引つかけて、抜き差しもかなわいで、すでに危うい時、鹿、独言《ひとりごと》して言うは、この難に遭うこと尤《もつと》も道理ぢゃ……

狂言＝「二九十八《にくじゆうはち》」（和泉流『狂言六義』。江戸初期写）

これは此あたりに住まいいたす者でござる。それがし今に定まつた妻がござらぬ程に、清水へ参つて、妻の事を祈誓《きせい》申さうと存ずる。総じてかやうの事は、縁《えん》が御座らねばまかりならぬ。あなたから赴《お》こしたがる者は私の嫌《いや》で御座る。こなたから欲しいと存ずる者は呉《く》れまらせず。思うやうなものは無いものじや。程無《な》う参り着いた。今夜はここに通夜《つや》を致さう……。

のような文体である。『毛詩抄』は一五三五年頃、『伊曽保物語』は一五九三年出版、狂言は近世初期の写本であるが、室町時代の口語的な言葉を写していると理解されている。この三種の資料は、同じように口語資料とされるが、右の例で分かるように、かなり異なった印象を与える。抄物は講義で用いられた口語、キリシタン資料は都の教養ある男性の言葉を基準としたもので、おそらくやや上品な口語、狂言は笑わせるための演劇という性格上、より庶民側によった口語を反映していると思われる。このような位相差や文芸性なども文体に影響を与えたものと思われるが、作られた時代の差も影響しているかもしれない。これらの資料に見られる口語的表現は、なだらかに江戸時代の上方語へとつながっている。

キリシタン資料は、当時の日本語を、ヨーロッパ人が観察した結果であり、重要な情報が多く含まれている。彼らが編纂したものには、文語文があり、また口語文もある。ロドリゲス『日本大文典』に、当時の日本語の諸文体についての説明があり、文体を考える場合の重要な資料となる。たとえば、

「舞」の文体は、日本で通用してゐる甚だ丁寧で上品な談話のと同じである。話し言葉と書き言葉とを混合したものであって、誰にでも理解される。この文体は一種の音調や歌の調子で朗誦されるやうに非常な技巧が加へてある。（土井忠生訳一九五五）

という。曲舞《くせまい》（幸若舞《こうわかまい》）の台本について、「丁寧で上品な談話文」と同じであると言うのは腑に落ちないが、「舞」の文体が通用文体として用いられていたことは間違いないことと思われる。ロドリゲスは、「物語」の文体についても、「「平家物語」「平治物語」「太平記」などのやうな歴史の文体」と「「伊勢物語」などのやうな草子風のもの」に分けたりしており、この時代にはジャンルに応じた文章語が幾種類もでき上がっていたことが記録されている。文体論的にキリシタン資料を扱うことはまだほとんど手が付けられていない。

四　江戸期（近世）

江戸時代資料

江戸時代には、仮名草子などの草子類、洒落本、滑稽本、人情本、読本などの俗文学、俳諧の興隆に伴う俳文や紀行文、会話に当代語を含む浄瑠璃や歌舞伎、そして古典文学や漢詩文の研究の進展とともにさまざまな研究書や物語梗概書なども刊行された。日記や随筆、講義や落語などもあり、それぞれが

分野に応じた文体をもっていたようである。文体という点からは、中村幸彦（一九八二・一九八四・一九八七）が述べるように、それぞれの分野の伝統的な型の中に、どのように口頭語が混入してゆくかという視点から、文体的特徴を探ることが、まず必要と思われる。吉田澄夫（一九五〇・一九五九）、橋本四郎（一九五八）、松村明（一九五九）などの基本的な研究を踏まえながら、資料の性格を測りつつ、分析してゆかねばならない。

和文体が口語を反映しやすいという性格は江戸時代になっても同じで、和文的な文章体に口語が混淆しつつ、さまざまな文学形式を生み出していった。随筆を見ても、たとえば、上田秋成《あきなり》（一七三四～一八〇九年）の『胆大小心録《たんだいしょうしんろく》』には、「牡丹餅をおはぎと云は、黄紫相まじはる故也。風流の人知らず。十年の昔より紙にすりて物かく也。きぬには、人の女にすすめてすらせし也。いと風流なり」のような文語的な文体や「嶋原のおとろへ、浅ましい物じやが、あれでもあれでも客に行く人があるによつて、家が立てあるのじやあるべし。」のような口語的な文体もある。当時の知識人たちは、文章体と口語体を混在させながら、自由に表現していたのである。

江戸初期には東国方言を用いたと思われる『雑兵《ぞうひょう》物語』（作者不明）や石田三成《みつなり》方についた山田去暦《きよれき》の娘の体験を記録した『おあむ物語』などが書かれた。『雑兵物語』の言葉は上方語とはかなり異なっているが、『おあむ物語』には「おじやる」「おしやる」などの室町時代によく使われた言葉が使用されており、室町時代と連続していることが感じられる。

天和三（一六八三）年刊行の『うかれきょうげん』は演劇の台本のようなもので、会話とト書きで構成された物語であるが、その会話を挙げると、

〈**あさかほ**〉何を言わしやるな、どこにわしが文《ふみ》をもつています。

〈夕かほ〉はて、ふかい人かな。わしが見まいかと思ふて、もはや見つけた事でござれば、見せさしやつてもだんない事でござる。こなたとわしとの中なれば、人に語《かた》る事でもござらぬ。ひらに見せさしやれ。

〈あさかほ〉見つけられたことじや程にいひましよ。わしが文でもござらぬ。庭に落ちてござつたをひろいました。

のように、室町末の口語資料に似た表現もあり、狂言・キリシタン資料・抄物の言葉と江戸初期の上方語が連続していることが了解される。

本居宣長の『古今集遠鏡《とおかがみ》』（一七九三〈寛政五〉年）や尾崎雅嘉『古今和歌集鄙言《ひなことば》』や富士谷成章《なりあきら》『あゆひ抄』などは和歌の口語訳をしている。たとえば『古今集遠鏡』は、『古今和歌集』の八二九番歌を、

雨が降つたなら、三途川《さんずの》の水が増すであらう。そしたら、妹《いも》がよう渡らずに、又此世へもどつてくる事もあらう。そのために、此おれが泣涙が、どうぞ雨のとほりに降ればよい。

のように訳しているが、おそらく文体的意識はなく、聞いて分かるように、また現代語として不自然でないように書いたものであろう。

十九世紀前半の滑稽本や黄表紙・合巻などの会話部分は口語を写したもののようで、たとえば式亭三馬（一七七六〜一八二二年）の『浮世風呂』では、

お山「江戸《えど》じやア、そんなけちな事は流行《はや》らねへのさ。江戸前《えどめへ》の樺焼《かばやき》は、ぽつぽと湯気《ゆげ》の立《たつ》のを皿《さら》へならべて出《だ》す。たべるうちにさめたら、その侭置《ままおい》て、お代《かは》りの焼立《やきたて》をたべるが江戸子《えどっこ》さ。さめると猫《ねこ》に持行《もつてつ》て遣《やら》うと、竹《たけ》の皮《かわ》へ包《つつん》で帰《かへ》る人《ひと》は、よつぽど勘定高《かんぢやうだか》な人さ

かみがた「デおますか。夫《それ》がマア、何《なん》で江戸子《えどこ》じやナ。物《もの》の廃《すたり》にならんやうにしてこそ、自慢《じまん》した

が能《ゑい》はいナ。いしこらしう江戸子《えどこ》じや何《なん》たら角《か》たら云《いふ》ても、上《かみ》の者《もの》の目《め》から見ては、トトやくたいじやがな。自慢《じまん》らしういふことが皆《みな》へこたこじや。じやによつて、江戸子《えどこ》はへげたれじやといふはいな

のように江戸語・上方語が描かれている。

黄表紙・合巻などの挿絵の人物の吹き出し（画中詞・台詞）などもそれぞれの人物に応じた口語を写しているようで、江戸語の口語資料として活用できそうである。たとえば式亭三馬の合巻『仇名物数寄《あだなものずき》』の吹き出しには、「豪勢《ごうせい》に待たせるゾ。もう埒《らち》が開かずは、点式《てんしき》ばかり取つて来いと言はしつたケエ。」「なにさ、馬琴なんどは取るにや当たらねへ。この作一番で、肝をひっくり返させてこまそう。」のような口語が写されている。十九世紀中頃の『夢酔独言《むすいどくげん》』（一八四三年、勝小吉《かつこきち》〈惟寅〉〈一八〇二～五〇年〉、勝海舟の父）では、

利平はいん居して、かぶの金を貰て、身よりの処へかゝりて、かねを不レ残そのやつにとられて、また兄きの家に来たが、朋輩がじやまにしてかわゐそふだから、おれが世話をして、ぼふづ（坊主）にし、千ケ寺にだしてやつたが、まもなくまたきたから、谷中の感応寺の堂ばん（番）にいれておゐたが、ほどなくしにおつたよ。おれが三十ばかりのときだ。

のように、下級武士の口語が写されている。江戸時代になるとさまざまな層の口語が記録されているのであるが、それらがどのように重なり合っていたのか不明のところが多い。

なお、奉行所における裁判記録である「吟味控《ぎんみひかえ》」にも、寛政頃の口語が写されており（諸星美智直二〇〇四）、未調査の資料はまだかなり残っているようである。

朝鮮資料の中心資料である『捷解新語《しようかいしんご》』(一六七六年頃刊)は、李氏朝鮮の通訳官たちが学んだ外交的日本語が記録されており、非常に貴重な資料である。そこに記録された日本語は口語を中心としたものであるが、両国の役人達が丁寧に、且つ慎重に交わす、格調の高いやりとりが描かれている。

昨日は東莱《とねぎ》より、夜更けて罷《まか》り戻て、御見舞いも申しまるせん。東莱の仰《おし》らるは、御大儀《ごたいぎ》な御渡《わた》りでこそ御座れ。おのおのお口上《くじよう》の通り、つぶさに注進しまるしたほどに、程なく返事参《まい》る程に、そう心得さしられと。

(原刊本『捷解新語』巻五)

文章体と口語体

室町末から江戸初期に現れるお伽草子・奈良絵本は、古風な和文体である。たとえば、『しづか』(室町後期、京大本)では、

静《しづか》は母もろともに、夢にも人の知らじと、深く頼みを掛けつるに、誰やの人の参りて、六波羅《ろくはら》にてかくと申しつらん恨めしさよとかき口説く。簾《すだれ》の間《ま》より見渡せば、年頃召《としごろめ》し使いしあこやと申す女、前馬《さきうま》に乗りて来たりたり。さてはや此女《この》が注進《ちゆうしん》に依りにけり。貪欲妄念《どんよくまうねん》は情けをも振り捨てて、恥をもさらに顧《かへり》みず。

のような文体で、幸若舞の文体と似ており、お伽草子と幸若舞は連続したものと捉えることができる。『日本大文典』の言うように、幸若舞の台本が当時の基本的な文章体であったならば、お伽草子の文体も基本的な文体であったであろう。この文体を、初期の仮名草子(浮世草子)の一つとされる『竹斎』(磯田道冶、室町末江戸初期)の文章と比べると、『竹斎』では、「そもじ(文字言葉そなた)」「達者」「づんど」などの当代語や諺や平易な比喩表現も多用しており、文章体とは異なった部分をもっていることは間違

いないが、一方では、係り結びや「なーそ」、過去の助動詞「き」なども使用しており、お伽草子とも中世の文体とも共通したところが多いのである。

室町時代末に現れる抄物・狂言・キリシタン資料などの口語資料によって、幸若舞の台本やお伽草子などは、口語とは違った「文章体」と呼ぶべきもので書かれていることがはっきりするし、当時、文章体と口語とはかなり差があったことも分かる。ただし、抄物、狂言、キリシタン資料や江戸時代の口語を写した資料も、口語を写すという意図はあるが、それが一つの文体として意識されたものとは思えない。口語体が成立するのは、いつ頃なのか、明治の言文一致運動の時代以降にまで下るのかも考えてみなければならない。

中世以後、漢文の素養の高い作者は訓読文的な文章を書き、和文体でも、それぞれの知識に応じて、漢語を使用する度合いに差があるという状況にあった。初期の仮名草子はお伽草子と似た文体をもつものがあるが、同じ頃に書かれた『三河物語』（大久保彦左衛門）は、当て字や口語などが現れ、方言差を除いても、文体としてもかなり違っている。筆者の素養と文体の関係についても考えておくべきであろう。

文章体や文語は、前代の文体を目安にできるので、ある程度の判断がつくが、口語がどのように反映しているのか、つまり、新しい文体はどういうものであるのかを判別することはかなり難しい。

五　近代散文の成立（言文一致の問題）

明治初期には、日本全国に共通の教育を施し、共通した言葉によって、国民の意思の疎通を図るために、標準語を定めることに熱心であった。

　これまでの文体研究では、幕末から明治にかけての言文一致体の成立についての議論が比較的盛んであった。言文一致については、二葉亭四迷（一八六四〜一九〇九年）や坪内逍遙（一八五九〜一九三五年）たちが苦労を重ねて、小説の新しい文体を工夫したと言われ、二葉亭四迷の「だ調」、山田美妙（一八六八〜一九一〇年）の「です調」、尾崎紅葉（一八六七〜一九〇三年）の「である調」、嵯峨《さが》の屋御室《やおむろ》（一八六三〜一九四七年）の「であります調」などが有名である。一般的に標準語の基準となったのは東京の教養ある人々の東京方言と思われていたが、大槻文彦（一八四七〜一九二八年）は、維新前は、「山の手の言葉」と「下町の言葉」が違い、「町人の言葉」と「旗本の言葉」も違った上に、それぞれの身分の上下によっても言葉が違っていたこと、明治政府の中心であった薩長土肥の士族が、遊郭の江戸語を学んで使用したと言い、「東京の上流の人々」がどのような層を指すのかもはっきりしない状況であったようである（大槻一九〇二）。

　中村通夫（一九四八）、平沢啓（一九八三・一九八四）、森岡健二（一九九一）は、言文一致体と言われる明治の口語文の基本となったのは、当時すでに全国共通の文体となっていた講義筆記や心学道話などの講義文体であろうと言う。心学の組織は全国的で、心学関係の著書も大量に出版されており、このような文体で語れば、ほぼ全国の人が理解できたことは確かなようである。また、大橋敦夫（一九八九）は、この講義用共通文体は、すでに室町時代から存在していたのではないかと考えている。たしかに抄物は十五世紀半ばから室町末期、あるいは江戸初期まで、それほど大きな変化がないし、関東地方で作られた抄物でも、一部に関東方言が混在することはあっても、関西の抄物と区別が付かないことが多い。それに、戦国時代以降の地方文化の興隆や全国で連歌師、五山僧が活躍していた様子を見れば、室町時代には講義・講演用の共通文体があったと考えてもよさそうである。この視点による資料の再検討も必要であろう。

明治の口語資料には、加藤弘蔵(弘之、一八三六〜一九一六年)の『交易問答』(明治十四〈一八八一〉年)などがある。

直段《ねだん》は日々《ひび》の様《やう》にあがり、何《なん》でも三増倍《さんぞうばい》や四増倍《しぞうばい》にならない物《もの》のないといふは、思《おも》へば〳〵何《なん》たる世《よ》の中《なか》でござりませう。是《これ》といふもみんな醜夷等《けたうじんども》の仕業《しわざ》であるが、是程《これほど》悪《にく》い醜夷等《けたうじんども》を何《なん》で、天子様《てんしさま》は大事《だいじ》になさつて、彼奴等《きやつら》がいふ通《とほ》りになさることやら、僕等《わたくしども》の様《やう》な三銭《さんもん》にもならない老耄翁《おいぼれぢぢい》でも、実《じつ》に切歯《はがゆい》やうでござります。ナント才助君《さいすけさん》そうではござりませぬか。

(交易問答・2オ)

のように、二人の人物を対話させ、ほぼ口語的な文章で書かれている。

江戸時代後期に生まれ、明治にかけて活躍した勝海舟《かつかいしゅう》(一八二三〜九九年)の聞書や三遊亭円朝《さんゆうていえんちょう》(一八三九〜一九〇〇年)の講談に、明治の話し言葉と思われる文章が記録されている。たとえば勝海舟の明治三一(一八九八)年の聞書では、

それでも、寺などの普請《ふしん》とか、造作《ぞうさく》とか言って、坊主が八釜《やかま》しく言って来る。この間も、そうだったよ。ナニそのまま腐《くさ》らせてしまえと言う論サ。普請《ふしん》などは決してさせないから、たいそう不平だよ。それで、ほかが一体《いったい》に困って来たのに、徳川では、あの別途《べっと》にあるものだから、またそれもどうかこうかと言うのサ。

(海舟座談・明治三一年十月廿三日の聞書)

明治二十年代に、旧幕臣に幕府の諸事を質問し、それを速記で記録したという『旧事諮問録《きゅうじしもんろく》』などもよく似た性格のものであるが、

それゆえ私共《ども》の勤めた節《せつ》に至っては、即座《そくざ》の御問答を要することでなければ、直《じき》に老中が御目見《おめみえ》を

願うということはなくなってしまったのです。ですから、ずいぶん秘密事も取り次ぐこともあります。

のように、勝海舟の口調とはかなり異なっている。勝海舟も幕臣たちも、その言語はともに江戸時代に培われたものである。近代語の基盤となったのは、どの層の言葉だったのか、あらためて考えてみるべきであろう。

これらの口語を写した文章と、言文一致運動の結果書かれるようになった文章はかなり違う。言文一致運動の中心の一人、山田美妙は『武蔵野』（明治二十〈一八八七〉年）で、

これでわかッた、この二人は新田《にった》方だと。そして先年尊氏《たかうじ》が石浜へ追い詰められたとも言い、また今日は早く鎌倉へこれら二人が向ッて行くと言うので見ると、二人とも間違いなく新田義興の隊《て》の者だろう。応答の内にはいずれも武者気質《かたぎ》の凜々《りり》しいところが見えていたが、比べ合わせて見るとどうしても若いのは年を取ッたのよりまだ軍《いくさ》にも馴れないので血腥気《ちなまぐさげ》が薄いようだ。

のような文章を書いている。ほぼ現代文と同じと言ってよい。言文一致運動を行ったからと言って、これだけ成熟した文章が簡単に書けるものではない。彼らの背景には、すでに使い慣れた各種の文体が存在しており、彼らはその中のどの文体を、どのように用いれば、より効果的な表現ができるのかを試していたと見るべきであろう。山本正秀（一九四四）は、「デアル体」は口語では耳遠い言葉になっていたが、幕末の翻訳口調から再使用されるようになり、明治二十年代には演説に盛んに用いられて、それが文体にまで影響するようになったことを明らかにしている。

ただし、国を挙げての言文一致の試みの傍ら、江戸時代以来の文章体が一貫して用いられていたこと

を忘れてはならない。教養書でも、実用書でも、新聞でも、旧来の訓読文的な和漢混淆文体が広く用いられていた。

父母・祖父母等の貸付たる米金等は、其家の相続を為したる者に非れば、其子孫にして貸付証文を所持すと雖も、父母祖父母等の譲渡したる証書なき時は、之を訴ること得ず。

（『証券文例』「訴訟文例」第九章第二十九条、明治七〈一八七四〉年）

六　語彙による分析と現代文の分析

語彙の面から文体を分析するとき、注意しなければならないのは、異なった世界を描くと、それに応じて、使われる語彙の種類も異なることである。たとえば『源氏物語』の描こうとする世界と『今昔物語集』（天竺《てんじく》、震旦《しんだん》部）や『平家物語』の描こうとする世界はまったく異なるので、語彙の種類が食い違ってしまうのは明らかである。

また、同じ会話文であっても、ほぼ同じ時代の東京の言葉を写していると思われる勝海舟・旧幕臣・円朝の言葉は、相互に印象が異なる。話し手の地位や身分、描く対象、描き方、聞き手などの条件によって、使用される文体も異なってくるだろう。たとえば武士を対象とすれば、より強い表現を選ぶであろうし、女性貴族を対象とすれば、上品な表現を心がけるであろう。文体研究の難しさは、描く対象、対象とする読者層なども、考慮しなければならないところである。

現代でも、ほぼ口語を基盤とした文体が通用文体と思われるが、今もなお、「しこうして、しかして、しかるに、さりながら、すなわち」のような訓読文系の語彙・表現が使われることがある。文体は、全体が継承されずに一部だけが継承されたりもするので、二三の特徴的語彙からの分析や統計も慎重でなければならない。

なお、現代文については、さまざまな種類の、大量の資料があり、しかも内省することができるので、より細かな分析や分類が可能である。それだけに文体を簡単にまとめることは至難の業である。現代語では、文章の長さ、形容詞・漢語・会話文・比喩法の量、描写的、要約的などの文章の特徴など、さまざまな項目によって分析し、それぞれの相関関係を探って文体の性格を明らかにしてゆく方法がとられる。この方法によって、文章・文体の分析に有効な項目も明らかになったが、たとえば、色彩語が多い、比喩法が多いという特徴があっても、どのような状況に比喩を使うのか、どのような色彩語を多用するのかなどによって意味が異なる。そういう点までを含めて分析するならば、分析の項目数は無限に存在することになる。どの項目が、文体を決定するのにもっとも有効なのかはまだ分かっていない。現代文については、歴史的研究とは違った難しさがある。現代文の分析法と歴史的研究とは、いずれ、共通した方法論を適用することができる時期が来るだろうが、現在の段階では、江戸時代以前の文体と現代語とは異なった方法をとらざるを得ないのである（「参考文献」参照）。

◆引用文献

伊東卓治（一九六一）「正倉院御物東南院文書紙背仮名消息」『美術研究』二一四

大槻文彦（一九〇二）「国語改良の話」『教育時評』六一七

大野晋(一九五二)「仮名の発達と文学史との交渉」『文学』二〇―一二、岩波書店
大橋敦夫(一九八九)「抄物の語法」『上智大学国文学論集』二二
大矢透(一九七〇)『仮名源流考及証本写真』勉誠社(初版は一九一一)
岡見正雄・赤松俊秀(一九六七)「愚管抄解説」(日本古典文学大系八六『愚管抄』岩波書店)
奥村悦三(一九七八)「仮名文書の成立以前」『論集　日本文学・日本語1　上代』角川書店
春日政治(一九八三)『国語文体発達史序説』(春日政治著作集二)、勉誠社
北川和秀編(一九八二)『続日本紀宣命』吉川弘文館
小谷博泰(一九八六)『木簡と宣命の国語学的研究』和泉書院
小林芳規(一九七一)「中世仮名文の国語史的研究」広島大学文学部紀要(特輯号3)
小林芳規(一九八一)「石山寺蔵の片仮名交り文の諸資料について」『鎌倉時代語研究』四
小林芳規(一九八九)「和化漢文における口頭語資料の認定」『鎌倉時代語研究』一二
阪倉篤義(一九五六)「竹取物語の構成と文章」『国語国文』二五―一一(『文章と表現』角川書店〈一九七五〉
　に再録)
清水好子(一九四九)「物語の文体」『国語国文』一八―四(『源氏物語の文体と方法』東京大学出版会〈一九八〇〉
　に再録)
清水好子(一九八〇)『源氏物語の文体と方法』東京大学出版会
築島裕(一九五二)「「東大寺諷誦文稿」小考」『国語国文』二一―五
築島裕(一九六九)『平安時代語新論』東京大学出版会
土井忠生訳(一九五五)ロドリゲス『日本大文典』三省堂
中田祝夫(一九七九)『〈改訂新版〉東大寺諷誦文稿の国語学的研究』風間書房
中村通夫(一九四八)『東京語の性格』川田書房
中村幸彦(一九八二・一九八四・一九八七)『中村幸彦著述集』第二巻・第四巻・第七巻、中央公論社

西田直敏（一九七八）『平家物語の文体論的研究』明治書院
橋本四郎（一九五八）「近世における文語の位置」『京都女子大学紀要』一七
平沢啓（一九八三・一九八四）「江戸期講義筆記」『上智大学国文学論集』一六・一七
益田勝実（一九四九）「「上代文学史稿」案(二)」『日本文学史研究』四号
松村明（一九五九）「近世語の性格」『国語と国文学』三六―一〇
松本光隆（二〇〇七）『平安鎌倉時代漢文訓読語史料論』汲古書院
森岡健二（一九九一）「汎共通語」『近代語の成立――文体編――』明治書院
諸星美智直（二〇〇四）『近世武家言葉の研究』清文堂出版
山内洋一郎（一九九七）『金沢文庫本　仏教説話集の研究』汲古書院
山口仲美（一九八四）『平安文学の文体の研究』明治書院
山田俊雄（一九七七）「和漢混淆文」『岩波講座日本語』10（文体）、岩波書店
山本真吾（二〇〇六）『平安鎌倉時代に於ける表白・願文の文体の研究』汲古書院
山本正秀（一九四四）「デアルの沿革」『橋本博士還暦記念国語学論集』岩波書店
吉沢義則（一九三一）『国語説鈴』立命館出版部
吉田澄夫（一九五〇）「言語からみた上方文学と江戸文学」『国語と国文学』二七―四
吉田澄夫（一九五九）「近世文語の諸相」『国語と国文学』三六―一〇
渡辺実（一九八一）『平安朝文章史』東京大学出版会

第八章　国語学史

山本真吾

一　総説

国語学史の目的

国語学史は、「国語学」という学問の歴史である。すなわち、これまで国語に関する研究について、どのような学者がどのような方法を用いて取り組んだかを調査し、そういった個々の成果がどのように積み重ねられ、発展して、現在の研究水準にまで到達したかを究明するものである。加えて、過去のそれぞれの研究が、その時代の社会的、文化的環境の中で、どのような要請や意図の下に行われてきたかといった観点を導入することで、当該の時代における個々の研究の存在意義を明らかにすることをも目指す。

この章では、まず、国語研究を生み出す契機となった外国語との接触、また、その土壌とも言うべき学問史について概観し、その上で、分野・領域ごとに、文法研究史及び音韻研究史と文字研究史を立てて、その流れを追ってみることとする。

国語研究の萌芽——外国語との接触——

古来、我が国には、日本語という言語を独立して取り上げ、それを体系的、組織的に研究しようとする姿勢は生ぜず、現今の国語学は、明治時代になって西洋言語学の輸入によって本格的に始動した。したがって、これ以前の国語に関するさまざまな観察、考究の営為は、日本語という言語そのものの分析を目的とするのではなく、別の目的が存したことになる。

しばしば説かれるように（加藤周一一九七五・一九八〇）、日本の文化は開国と鎖国（もしくはそのような状況）のスイッチの切り替えの中で育まれてきた。国語観察の歩みもこのような視点でとらえることができる。すなわち、積極的に開国の動きがあるときには、外国語との接触によって我が国語を観察する契機となり、外国との交渉に消極的もしくは断絶している鎖国的状況下には、自国に関心が向かい、国風文化が育まれ、国学的な学問が醸成されるようになり、より深い国語観察を促すこととなった。

我が国語における、外国語との最初の接触は、中国大陸の文化の輸入に伴う、漢字漢文の流入であり、これを理解する営みの中で自国の言語との異なりに気付くようになり、国語の観察に至る契機ともなった。

漢字漢文が我が国に伝来したのは、記紀の応神天皇（四世紀末か）に百済王の使者王仁《わに》が『論語』『千字文』を奉ったときと伝えるが、説話的で事実とは言い難い。我が国で漢字が使用されたことを具体的に示す遺物としては「稲荷台一号墳鉄剣銘《いなりだいいちごうふんてつけんめい》」（千葉県市原市）が知られ、少なくともこれが製作された五世紀前半には我が国でも漢字が用いられていたと考えられる。

古墳時代、豪族たちは、朝鮮諸国との交流を積極的に推進したが、その際に特に渡来人が重要な役割を果たした。後に「史部《ふひとべ》」と呼ばれ朝廷の文書作成に従事した彼らは、漢字による日本語表記に大いに貢献した。以後、仏教経典と漢籍の、大きく二種の典籍が我が国に数多く輸入され、漢文学習も盛んに行われた。さらに、この仏典の伝来に伴い、古代インド文字の一種の悉曇《しったん》文字（梵字）も学侶によって学ばれ、悉曇学として発達した。

第二の接触は、中世末期から近世にかけて、ヨーロッパから来たキリスト教文化である。イエズス会の宣教師が日本に来て、その布教のために、日本語研究を行ったが、彼らの日本語を観察する態度は、ヨーロッパの言語学の知見と宗教上の要請とを背景にして極めて客観的、実証的なものであり、高水準の文法書や対訳辞書の編纂がなされた。ロドリゲス『日本大文典』や『日葡辞書』がこれである。ただし、この成果は幕府の禁圧と鎖国政策によって絶たれ、後への影響は皆無であった。

第三の接触としては、鎖国以後、わずかながら長崎出島を通したオランダとの交流がある。十八世紀半ばより蘭学が盛んになるが、語学関係でも、オランダの『Grammatica, of Nederduitsche Spraakkunst』（ライデン版、一八二二年）、『Syntaxis, of Woordvoeging der Nederduitsche Taal』（ライデン版、一八一〇年）を箕作阮甫《みつくりげんぽ》が訳して、これが『和蘭文典前編』（一八四二年）及び『和蘭文典後編成句論』（一八四八年）として初学者の入門書となった。

なお、鎌倉時代から江戸時代にかけて、貿易や倭寇の問題で交渉のあった、東アジアの、明・清朝や朝鮮において、日本語に言及した資料や語学書が編まれた。李氏朝鮮では、太宗十五（一四一五）年からすでに通訳養成機関である司訳院の規則に日本語も加えられている。日本語教科書としては、『伊路波《いろは》』（一四九二年刊）や『捷解新語《しょうかいしんご》』（一六七六年刊）が編纂された。一方、雨森芳洲《あめのもりほうしゅう》（一六六八〜一七五五年）の関係した『交隣須知《こうりんしゅち》』は日本側の朝鮮語学習のための書物である。

第四の幕末の開国期には、蘭学から英学の興隆を見、さらに独仏語も行われるようになるが、明治に入って、こういった西欧語の文法書の枠組を用いて、いかにこれを日本語に適用するかということが中心的課題の一つとなった。

以上のように、古代以来、幾度かにわたる外国語との接触を契機として、我が国語にも観察の目が向けられたのである。

古典学（主として歌学の発達）と国語研究

国語学史は、右に紹介したように漢学及び悉曇学といった外国語研究の影響を受けながらも、中世の歌学から近世の国学へと繋がる古典語研究の流れが中心であった。

院政期から鎌倉時代にかけて、古代の和歌・和文の作品が「古典」と認識されるようになり、このような古典作品が範と仰がれて、学問の対象となった。『万葉集』や『古今和歌集』のような和歌の注釈活動が盛んになり、下って室町時代には連歌を作る上での作法書も作られた。歌学の実践単位としては「家」（六条家、御子左家《みこひだり》など）があり、歌の「道」として求心的な詠歌活動を支える理念が発達した。

歌学の目的は、過去の和歌の研究を通して、新たな作品づくりに活かすという実用的要請に基づくものであった。語学的関心は、歌語についての解釈はもとより、仮名遣や「てにをは」研究、品詞に関わる文法的考察にまで及んだが、その目指すところは、あくまで和歌の表現技巧の解明にあった。

その研究成果は、『俊頼髄脳』などの歌論書を経て、注釈書という形で結実し、藤原教長『古今集註』や顕昭《けんしょう》『古今集註』などが作られた。また、『万葉集』は、十世紀半ばの梨壺の五人による読み（＝「古点」)、仙覚《せんがく》『万葉集註釈』(一二六九年)の訓読(=「新点」)、両者の間の「次点」があり、それぞれの時代の訓釈の成果が示されている。

また、この時代の歌学を理解する上で逸することのできない存在が、藤原定家(一一六二〜一二四一年)である。御子左家で俊成の子であり、新古今和歌集の撰者たることは周知のとおりであるが、『源氏物語』や『土左日記』などの古典書写・校勘にも大きな業績を残した彼は、歌道の権威者として後の歌学に多大の影響を与えることとなった。

「てにをは」の研究書は、中には江戸時代中後期になって公刊されるものもあり次第に普及したが、基本的には「秘伝書」という制約の下、同門にのみ配布されるといった限定されたものであった。

中世及び近世の歌学のあり方を理解する上では、精神的拠り所である「道」の理念、その実践としての「家」という単位、そして、研究内容を「秘伝」とする閉鎖的なものであったことを踏まえておく必要がある。

近世国学の展開

〈契沖の研究態度〉

国学の源流とみなされる契沖《けいちゅう》(一六四〇〜一七〇一年)は、摂津・尼崎の人で、高野山で修行し、真言僧となる。親交のあった下河辺長流《しもこうべながる》が当初水戸藩の依頼を受けていた『万葉集』の注釈を、彼にかわって編み、献上したのが契沖であった。その縁で徳川光圀《みつくに》の招きを受けたが固辞し、その後、万葉研究の蓄積をもとに、数多くの著作を残している。『万葉代匠記』初稿本の「惣釈」や『源註拾遺』等を通して知り得る彼の研究の思想的根幹には、仏教を通して学んだインド・中国の文化との比較を通じての、根源的な「平等」(＝普遍性への着目)と「差別《しゃべつ》」(＝個別性のありかた)の把握があり、この形而上学的態度の、言語に向かった実践の一つが、古代の文献に基づいて仮名の書き分け(＝「差別」)を実証した歴史的仮名遣の研究であった(清水正之二〇〇五)。

ちなみに、後の平田派は国学の四大人という括り方で荷田春満《かだのあずままろ》—賀茂真淵《かものまぶち》—本居宣長《もとおりのりなが》—平田篤胤《ひらたあつたね》の系譜を学統と見て、神道を中心テーマとしない契沖を排除する。この平田派の姿勢に察せられるように、幕末にかけて国学はその政治性を露わにするのであるが、この点も国学史の流れとして注意しておきたい。

〈契沖、賀茂真淵から本居宣長へ〉

本居宣長(一七三〇〜一八〇一年)は、伊勢・松坂の人で、幼年より歌道に関心を寄せるが、医師となるべく京都に遊学した。その準備として漢学を堀景山に学んだが、その際契沖の『百人一首改観抄』を師から借りて読んだことが、宣長の目を開かせた。後の宣長は、契沖をして自ら提唱する「古学(いにしへまなび)」の創始者と明確にみなしている。

○こゝに難波に契沖といひし僧《ホウシ》ぞ、古書をよく考へて、古への仮字づかひの、正しかりしことをば、始めて見得たりし。凡そ古学の道は、此僧よりぞ、かつ〳〵も開け初ける、いとも〳〵有がたき功になむ有ける (古事記伝・仮字の事)

宣長は、契沖から「仮字用格《かなづかい》」の「差別」を学び、その方法を高く評価する。松坂に帰郷後、賀茂真淵をその著『冠辞考』によって知り、「契沖が歌ぶみの説になずらへて」「古のまことのむね」を考えたいという見通しに明確な方向をもった。「からごころを清くはなれて、もはら古のこころ詞をたづぬるがくもん」を創始した真淵とは松坂の旅宿で生涯ただ一度の対面を遂げて入門し、三五歳で『古事記伝』の執筆を手がけ、三五年かけて全四四巻を完成させた。

宣長の足跡で逸してはならないのは、その公開性・宣伝性であり、没年当時五百名を超えるとも言われる多くの門人に恵まれ、彼の業績ひいては師と仰いだ契沖や真淵の研究は広く早く世に知られるようになるが、彼自身もそれを自覚的に推進したようである。「おのれひとりの物にして、世にほこらむとする、わたくしのきたなき心」（玉勝間・九―三四）と述べ、歌道の秘伝主義を厳しく批判した。

また、宣長は、学問上、契沖や真淵を崇敬していたが、真淵の研究態度に距離を置いた部分があり、契沖の仏教的解釈の導入には一定の留保をつけていることも見逃してはならない。

〈富士谷成章〉

富士谷成章《ふじたになりあきら》（一七三八～七九年）は、京都に在住、筑後・柳川藩立花侯に国学をもって仕えた。『助字詳解』『虚字解』の著述で知られる漢学者の実兄皆川淇園《みながわきえん》の影響を強く受けつつ、和歌和文の研鑽に勤しんだ。若くして亡くなった彼の学問のうち、歌学・形象の学は息子御杖《みつえ》により大成され、語学の方面は本居宣長を通して、宣長の長男春庭《はるにわ》と鈴木朖《あきら》とに継承され、東条義門《ぎもん》と富樫広蔭《とがしひろかげ》へと連なる。ただし、本居宣長と富士谷成章との学説の影響関係の有無については、上田万年《かずとし》以来関心が寄せられているが、なお明らかでない点も残っている。

右のように、国語研究も各分野にわたって見られるようになるが、次節では、その分野ごとに順次紹介してみたい。

二　各説

文法研究史

江戸時代以前の文法研究は、まず国語の中から付属語の類の、いわゆる「てにをは」を分出することから始まり、その認識と相俟って品詞分類に関する論が展開する。さらに、「てにをは」研究は、活用研究や係り結びの研究を促すこととなった。

〈てにをは研究〉

「てにをは」を他の語とは異なったものと意識する契機となったのは、おそらく漢文との接触によるものであろう。膠着語である日本語には、助詞・助動詞、活用語尾のような、孤立語的性格の強い中国語文には用いない言語要素があることに気付くようになったものと思われる。

漢字で専ら文章表現を行っていた上代には、「宣命書《せんみょうがき》」と呼ばれる表記様式があり、

○神護我祖父小乙下忍難波　朝廷少領司尓仕奉支「神護が祖父、小乙下忍、難波の朝廷に少領司に仕へ奉りき」（他田日奉部直神護解文、正倉院文書）

のように、助詞・助動詞の類を右寄せ小書きにして表記しており、これらを他の語と区別していたことが窺われるのである。

また、『万葉集』の中に、

○霍公鳥　今来喧曽无　菖蒲　可都良久麻泥尓　加流々日安良米也　毛能波三箇辞闕之

［ほととぎす　今来鳴きそむ　あやめ草　かづらくまでに　離るる日あらめや］

（万葉集・四一七五、大伴家持）

のような注記（傍線部）が見え、モ・ノ・ハをこの歌は含んでいないことを言い、大伴家持が重要なこれらの助詞を用いない困難な作歌を試みたことを示したものである。

さらに、我が国では古くより訓読という方法を用いて中国語文を理解したが、これは一般の翻訳とは異なり、漢文を日本語文の語順に並べかえる符号を付け、助詞・助動詞、活用語尾を補って理解しようとするものであった。前者は、返点であり、後者は仮名やヲコト点である。ヲコト点というのは漢字の四隅等に「・」「―」「／」等の符号を書き加え、その位置と形によって一定の読み方を示すものであり、時代や加点者の所属する家や宗派によってさまざまな型が見られるが、各型にはいずれも共通して、テ・ヲ・ニ・ハ・ト・ノ・モ・カを示す符号が用いられている。これらの語が訓読の際に最も重要であったことが知られるのである（第二章「表記史」参照）。

右の注記やヲコト点から、これらの助詞が日本語として重要な位置を占めており、「辞」として単独の語であったと意識していたことが知られる。

次に、中世以降に、歌学の世界で、詠歌の必要から、「てにをは」に関心が寄せられるようになるが、これは和歌表現の技巧・修辞上の問題として扱われており、たとえば「留り」といった用語一つ見ても文法的な分類項ではなく、表現技法上の呼称である。鎌倉時代末の成立とされる『手爾葉大概抄《てにはたいがいしょう》』以降、室町時代に入って、『姉小路式《あねがこうじしき》』『歌道秘蔵録《かどうひぞうろく》』『春樹顕秘抄《しゅんじゅけんぴしょう》』の三種の「てにをは秘伝書」が著されたが、これら中世のてにをは研究は和歌を詠む上の技術として解説されたものであり、秘伝とされた。江戸時代に入って有賀長伯《ありがちょうはく》（一六六一〜一七三七年）の『和歌八重垣』（一七〇〇年刊）や『春樹顕秘増抄《しゅんじゅけんぴぞうしょう》』に至り、ようやく公刊されるようになる。内容上も法則化が進み、『春樹顕秘増抄』では「かゝへのかな」（係助詞に相当する）、「をさへのかな」（結びの語に相当する）の二類を設けるなどして整理を試みている。

○かゝへのかな、をさへのかな、といふことあり。かゝへは上にあり。をさへは下にあり。たとへば、「らん」とをさへむとては、上に「や」「か」「いく」「いかに」などうたがひの文字にてかゝゆるをいふ。又上に「こそ」とかゝゆれば、下に「れ」「め」「ね」とをさへ、「ぞ」とかゝゆれば「る」とをさゆるたぐひなり。（春樹顕秘増抄・凡例）

また、中世歌学書の「てにをは」観で注意しておかなければならないことは、これが和歌の技法であるとともに、むしろ文字遣いの一種として把握されていた点である。鎌倉時代末期の歌学書『烏丸本異本悦目抄《えつもくしよう》』には、「休め字」「切れ字」などについて体系的記述がなされているが、「字」の用語が端的に示すように、また「かなをあまさずとは、心をあまさずとなり」などの記述からも、仮名文字遣いとして説く姿勢が見られるのである（近藤泰弘二〇〇二）。

こうした流れの中で、やがて「てにをは」概念を文字遣いから切り離し、純文法的な概念と認める書が出現した。雀部信頰《ささいべのぶつら》の『氐邇乎波義慣鈔《てにをはぎかんしよう》』（一七六〇年刊）がそれである。これは、契沖の学問を継承した実証的な「てにをは」研究書として著名であるが、そこには「てにをは」に関して「字」や「仮名」ではなく、文法的形態素として論ずる姿勢が濃厚である。

その後、富士谷成章や本居宣長の研究では、「てにをは」は表現技法や仮名遣と完全に決別し、独立した文法的形態素としての概念となっていることがわかる。成章は助詞・助動詞を「脚結《あゆひ》」と名付け、その研究成果を『あゆひ抄』（一七七八年刊）に纏めた。これは、上接語との関係を基準にして、名を受けることができる「属《たぐい》（文末に位置する助詞）・家《いえ》（文中の助詞）」と名を受けることのできない「倫《とも》（テンス・

モダリティの類の助動詞）・身《み》（これ以外の助動詞）・隊《つら》（活用しない接尾辞）」に五分類して、一語ごとに用例を示しつつ文法的記述を行ったものである。その内容は厳密詳細であって、たとえば、

○〔のみ〕は事の心をむねとしていふ。〔ばかり〕は物のさまをむねとしていふ。たとへば、「白き衣をのみ着たり」といふは、只いつも同じ色を着てあるか、又はあまたの人の異色も混じらずして着たるよしをいふ詞にて、かた一さうなる心を見せたり。「白き衣ばかりを着たり」といふは、紅・緑などもあるを、それをみな着重ねずして、白き分を着たりといふ心也

（あゆひ抄・三―能美家）

のように、限定を表す副助詞「のみ」と「ばかり」について、「のみ」は事態（＝「事の心」）を対象とし、いくつもの事態があり得た中でそれ一種類に限定するものであり、「ばかり」は、事物（＝「物のさま」）を対象として、序列の中でそれ一つに限定するといった双方の文法的機能の差異を的確に指摘している。したがって、

○一人《ひとり》のみながむるよりは女郎花《をみなへし》我が住《す》む宿に植（ゑ）て見《み》ましを……

又「のみ」を回《めぐ》らして、一人《ひとり》ながめてばかり、……と心得《う》れば、いよいよやすし、是「のみ」と詠《よ》む心得也

（同右）

のように、「のみ」は事態を対象とするので、句中に位置する「のみ」はときに句全体に関わることがあり、その場合に述語の下に「めぐらして」理解するとよいと説くのである。

このような例からも、学史的な意義にとどまることなく、今日の文法研究の水準から見て多くの示唆に富む研究書であると考えられている（小柳智一二〇一〇）。

また、宣長も、「てにをは」を「辞」として、助詞・助動詞と用言の活用語尾にほぼ限定している。

こうした概念構築を基盤として初めて『詞玉緒《ことばのたまのお》』（一七八五年）に見るような係り結びの記述への道が開かれたのである。

「てにをは」秘伝書の諸々の記事について、従来のように文法学説史の上からだけこれを取り上げて至らぬ点を批判することは容易いが、むしろ、今後は、なぜこのような「てにをは」の記述が生み出されたかといった、当時の歌人の詠歌意識に照らしてこれを位置付け、その流れを追うことも重要な課題となろう。

■コラム■テニハ伝受——つつ留り・かな留り——

近世に入ると、「てには」が歌学において古今伝受の対象になった。これは古今伝受の第一段階の伝受であり、伝受が叶った者のみが宗匠家並の権威をもち得た。

この古今伝受の一階梯となった「てには」とは、実際には「つつ留り」「かな留り」という二つの助詞についての、しかも歌末に置かれる場合に限られるが、そもそも「つつ留り」は、早くに『手爾葉大概抄』が注意して以来、「てにをは」書に盛んに取り上げられており、

○筒留ハ程経之心カ又非ンバ二二事相并之詠歌ニ一不ルレ留ラ也［つつ留めは、程経る心か、又二事相并の詠歌に非ずんば留まらざるなり］（手爾葉大概抄）

○調　筒　乍　宛　都　拾　充　ほどふる心なり。ことに依て文字かはるなり

田子の浦に打出てみれば白妙のふじの高根に雪はふりつゝ、
思ひつゝぬればや人の見えつらん夢としりせば覚《さめ》ざらましを

いづれも口伝を得べきなり（春樹顕秘抄・第十七—つゝとまりの事）

のように「口伝を得べき」ものとして扱われている。そして、近世（後陽成院の頃）より、これを「習い」なくして軽々に詠じてはならないとして制限が加えられるようになり、「かな留り」と一組で後水尾院のときに伝受の対象となり、次代の霊元院のときに整備されたと推定されている。そして、この「つつ留り」の表現価値は、

○つゝととむる詞は、乍の字にてながらと云儀也。然ばいひ残して卅一字之余情、此一字にこもれり　（陽光院御点取）

として余情を込める字と説き、「かな留り」も同様であった。

○哉は惣而余情也　（和歌手尓葉聞書）

右の流れを和歌史から眺めると、

○昔の歌は余情をあながちよまんとせなんだれども、余情かぎりなくありたるなり。昔の歌ほど余情ふかくありたるとみえたり。当時の歌は余情をあらせんとかかれども余情なし。（耳底記）

の記事のように、当時の歌壇では余情ある歌が詠みにくくなっているとの自覚があり、だからこそ安易に「つつ」「かな」によりかかって余情を醸し出そうとすることが誡められ、これが「てには」伝受のもつ意味であったと説かれる（大谷俊太二〇〇三）。

〈品詞論〉

単語分類の意識は、「てにをは」を他の語とは異なったものと認め、これを区別したところにその萌芽が見える。したがって、「てにをは」の意識の芽生えは品詞論の動向と連動するものであるが、当初は、「てにをは」と「それ以外」の二分法が専らであって、「それ以外」について言及されることはほとんど

ない。前掲『手爾葉大概抄』及びこれを注解した宗祇(一四二一〜一五〇二年)の『手爾葉大概抄之抄』はその草創期の著述として注意される。『手爾葉大概抄』には、

○詞ハ如ク二寺社一ノ、手爾葉ハ如シ二荘厳一ノ、以テ二荘厳之手爾葉一ヲ、定ム二寺社之尊卑一ヲ。詞ハ雖レトモ有リト二際限一、新レ之自二在ニスル之一者手爾葉也[詞は寺社の如く、てにはは荘厳の如し、荘厳のてにはをもて、寺社の尊卑を定む、詞は際限有りといへども之《これ》を新たにし之を自在にするはてにはなり]

と巻頭に見え、いわゆる自立語の概念に相当する「詞」と付属語の「手爾葉」とに区別し、寺社と荘厳になぞらえて、手爾葉の重要性を説く。さらに、言い切りと留めの観点を重視して、その際の「てには」の意味用法について解説している。『手爾葉大概抄』の作者は不明であるが、定家作と伝えられ、彼の権威の下に伝わった書である。この書はさらに詳細な内容となり、口授を増補し秘伝の書として受け継がれてゆくことになるが、近代以降も時枝誠記《ときえだもとき》は特にこの記述を重視して自身の品詞論に応用した。

また、連歌関係では、二条良基の『僻連抄《へきれんしょう》』『連理秘抄《れんりひしょう》』などの書に説く「物(の名)」「詞」「てにをは」の三分類が品詞論史上注意される。「物(の名)」は名詞の類に相当し、「詞」はこれ以外のものを指していたが、室町後期の『連珠合璧集《れんじゆがっぺきしゅう》』では「詞」が動詞・形容詞の用言類に当てられるようになる。また、その学的背景には宋学の体用《たいゆう》思想の影響があるとされ、この連歌の付合における「体」と「用」の別が、現在の体言(名詞の類)と用言(動詞・形容詞の類)との別に変容して受け継がれた。

言語を構造的に捉え、従来の品詞論を一段と飛躍させたのが、漢学の素養をもつ富士谷成章である。文を人間の姿に見立て、「名《な》」(体言)、「装《よそい》」(用言)、「挿頭《かざし》」(副用言)、「脚結《あゆい》」(助詞・助動詞)に品詞分類を行った。この四分類は、伊藤東涯が『操觚字訣《そうこじけつ》』に「実字・虚字・助字・語辞」を設けるのに通う。この漢語の分類枠を成章が品詞論に適用したかどうかははっきりしないが、兄皆川淇園との繋がりから、

無関係ではないと見られている。また、富樫広蔭は、図表『辞玉襷《てにをはたまだすき》』（一八二九年）とその解説『詞玉橋《ことばのたまはし》』（一八四六年）を著したが、それは「言・詞・辞」の三分類を施した上で下位分類を行い、宣長学派の集大成と見なされている。この他、国学とは別に蘭学のオランダ語文典に基づく鶴峯戊申《しげのぶ》『語学究理九品《くほん》総括図式』（一八三〇年）と文典『語学新書』（一八三三年）も出た。オランダ語文典に引きずられた面も否めないが、文中の機能や意味の観点を導入しつつ分類を試みている点など評価すべき所もある。

近代以降も、品詞論は長らく国文法の中心的課題の一つであり続け、山田孝雄《よしお》・松下大三郎・橋本進吉・時枝誠記のいわゆる四大文法学説の展開へと繋がる。

〈活用に関する研究〉

用言が語尾変化する「活用」の意識は、『日本書紀』注に動詞の読みを常に終止形で示していることや、漢文訓読のヲコト点の中には、次のように、同じ形の符号を位置を異にして同一語の活用形に当てている事例があり、その点からも推測することができる。

○中院僧正《ちゅういんそうじょう》点

次いで、『手爾葉大概抄』の「こそ」の留りについてエケセテの「通音」と説明することは、歌学書

にも取り上げられ、『姉小路式』等にも同趣の記事が見える。また、仮名遣書でも一条良基『後普光園院御抄《ごふこうおんいんみしょう》』、一条兼良『仮名遣近道』等に動詞の活用を「相通」と説明し、悉曇の『八囀声鈔《はつてんしょうしょう》』でも梵語の格変化の説明に用いている。これらの発想の基盤にあるのは五十音図であるが、活用が明確に図式化された最初のものは、『韻鏡図』（一六四六年刊）及び大和田気求の『伊路波集韻』（一六五六年刊）首巻に附載の「倭訓」と称する動詞の活用表である。これは、五十音図の枠を用いて四段活用の活用形を整理したものであり、「聞ク」では「カハ、カン、キシ、ク、ケ」のように四段にわたって活用形が記されており、同様に「指ス、待ツ、忍フ、読ム、散ル」の各動詞が横の列に並べられている。これまで、谷川士清《たにがわことすが》の『日本書紀通証』（一七四八年成）附載の「倭語通音」と称する図表もしくは賀茂真淵『語意考』（一七五九年頃成か）のそれが最も古いと説かれることもあったが、これを百年ほど遡るものである。

活用研究が本格化するのは、本居学派が着手してからである。宣長は、『活用言の冊子』（『言語活用抄』『御国詞活用抄《みくにことばかつようしょう》』とも。一七八二年頃成）を著し、用言の活用を整理した。動詞と形容詞の活用について、その型と行の別によって「会」に分けたもので、門人の鈴木朖や長子・春庭によって継承された。鈴木朖は、『活語断続譜《かつごのきれつづきのふ》』（一八〇三年成）で、文の切れ続き（断続）に留意し、宣長の認めた「働くかぎりの類」である結びの終止・連体・已然形に加えて、命令形を立て、また同じ終止形でも文終止の切れる形と助辞に続く形に分けるなどの工夫を加え発展させた。また、春庭は、『詞八衢《ことばのやちまた》』（一八〇八年）で、動詞の活用をその種類と活用形とについて整理し、ここにほぼ現行の学校文法の活用表ができ上がる。

富士谷成章も、『あゆひ抄』で、用言の活用形も考察しており、「装図《よそいのかた》」を考案した。たとえば、動詞について、これをラ変動詞（孔《ありな》）とそれ以外（事）に分けた上で、「本《もと》」なる語幹以下、活用形として終止形（末《すえ》）、連体形（靡引《なびき》）、連用形（往《きしかた》）、命令形（目《めのまえ》）、未然形（来《あらまし》）、已然形（靡伏《なびきふし》）を設定する。この「装図」

は、士清や真淵から鈴屋学派の作成した活用表、そして現行のそれに至るまで、いずれも、五十音図の枠を用いて作られているのに対して、これはその枠組にとらわれていない点で注目される。

〈係り結びの研究〉

　係り結びについてはすでに『手爾葉大概抄』に言及がある。

○古曽《こそ》者兄計世手《えけせて》之通音、志々加《しゝか》之手尓葉、尤《とが》メ之詞受ケレ下ニ留ムレ之。雖レドモ不レルト受ケ持レ心ヲ則留ム也

とあり、『手爾葉大概抄之抄』に

○えけせてねの通音とは、人もこそきけ、香をこそうつせ、霞こそたて、えこそいはね、人をこそ
　思へ、風こそふかめ、身こそつらけれ　如レ此く一言ならず詞を隔つるも同事なり

と解説するように、「こそ」の結びにエ列音の語尾をとることを述べている。中世以降、係り結びの現象自体は口語では消滅してしまったが、歌道の世界では詠歌上の技法としてその後も「てにをは」秘伝書にしばしば取り上げられてきた。

　契沖も『万葉集』に訓点を施す際に、係り結びの知識を利用していたふしが見られるが、この法則を正面から取り上げ、多くの用例に基づいて実証したのは、本居宣長である。彼は、係り結びの呼応関係を図表に表した『てにをは紐鏡』（一七七一年）と解説書『詞玉緒』（一七八五年）とを公にしたが、上にハ・モがある場合及び係助詞のない場合には文末は終止形で結び、ゾ・ノ・ヤ・「何」は連体形で、コソは已然形で結ぶという法則を導くことに成功した。今日の目から見れば、「何（なに・いかに・いづれ等）」のように疑問詞との呼応も一括している点、動詞の連体形と、動詞に助動詞「り」が付いた場合などの連体形とを同一レベルで扱うといった点、また、終止・連体・已然の三形だけを挙げたため、動詞の下

二段と上二段、ナ変の区別がついていない点（どの活用の場合でも、結びはウ・ウル・ウレとなる）などに問題を含むが、この古典語の重要な法則を実証的に導き出し、そこにハ・モの終止形結びも含めた点などは学史的意義が大きく、後の山田孝雄の係助詞研究にも影響を与えた。

音韻及び仮名遣研究史

音韻研究の萌芽は、「日本韻学」（馬渕和夫一九六二）が始動する平安時代あたりから見え始めるが、音韻を対象に据え、組織立てて考察するようになったのは、やはり江戸時代の韻学及び国学からである。

〈五十音図の成立とその利用〉

五十音図は、本来は、漢字音の反切を仮名によって解くための手段として考案されたものらしい。初期の五十音図は仏教の経典の末尾に記されたものが多く伝存している。現存最古の五十音図は醍醐寺所蔵の『孔雀経音義《くじやくきようおんぎ》』の末尾に書き込まれたもので平安時代中期頃のものと見られている。ただし、これにはア行とナ行が欠けているなど完全なものではない。次いで古いのは『金光明最勝王経音義《こんこうみようさいしようおうぎようおんぎ》』所載のもので院政時代初期と推定され、これはほぼ完全な形となっている。なお、縦「アイウエオ」、横「アカサタナ……」の配列順序は梵字の一覧表である「悉曇章」に由来している。後述の契沖『和字正濫鈔《わじしようらんしよう》』（一六九五年刊）には、五十音図の枠組を用いて、通音や反切などを説いた国語音の観察が随所に見える。また、前述のように五十音図は、動詞の活用表にも応用され、さらには谷川士清『和訓栞《わくんのしおり》』（一七七七～一八七七年刊）のような本格的な五十音引き国語辞書が生み出され、また、明治以降、初等教育の場でも平仮名・片仮名の学習に用いられるようになった。

〈漢字音に関する研究〉

漢字音の研究は悉曇学との結びつきが深い。平安時代末期に天台から出た明覚《みょうがく》(一〇五六〜一一〇六年か)の『反音作法《はんおんさほう》』は、漢字音の反切と、悉曇学の音韻組織図を総合して五十音図を作り、漢字音の反切を仮名を用いて説明する方法を編み出した。

下って、近世の漢字音研究の成果でまず注目すべきは、文雄《もんのう》の『韻鏡』研究である。同時代の「唐音」(生きた中国語音)を本格的に導入し、これまで漢字反切のための書と見られていた『韻鏡』が中国語の音韻組織図であるという本質を見抜いて、『磨光韻鏡《まこういんきょう》』(一七四四年)を纏め上げ、字音研究は飛躍的に進んだ。この成果を有効に取り入れた宣長は、字音の表記法についての研究を進め、『字音仮字用格《じおんかなづかい》』(一七七六年)及び『漢字三音考』(一七八五年)等を著した。前著は、喉音三行弁、おを所属弁、字音仮字総論及び凡例・各論より構成されるが、古代語のアワヤ行の発音の区別を規定した「仮名遣」の論であり、特に、当時流布していた五十音図の「お」「を」の所属が入れ替わっていた誤りを正した点などの功績は大きい。付録の「音便ノ事」も近代以降の音便研究の直接の源である。

■コラム■日本韻学

悉曇文字は梵字ともいい、古代インド文字の一種で、北方系グプタ系文字から発達したシッダ・マートリカーを元として六世紀頃中央アジアで成立した文字であり、仏教東漸とともに中国、日本へと伝わった。平安時代になって、真言・天台の密教輸入に従って、我が国でも悉曇研究が興隆し、弘法大師空海は『梵字悉曇字母并釈義《ぼんじしったんじぼならびにしゃくぎ》』を著し、安然(八四一?〜九一五年?)によって『悉曇蔵《しったんぞう》』が作られたが、これはこの時期の悉曇学の集大成である。

平安時代には、この漢字漢文の訓詁及びそれに関わる漢字音研究と悉曇学との渾然一体となった「日本韻学」（馬渕和夫一九六二）が始動し、国語の音韻観察が促される。

〈**仮名遣に関する研究**〉

平仮名を用いて和歌和文を表記する上での仮名遣を初めて規定したのは、藤原定家である。古典書写・校勘にも大きな業績を残した定家は、『下官集《げかんしゆう》』で、古典を書写する際の仮名遣を定めた。これは、オとヲは、アクセントの高低（高をヲ、低をオ）で書き分け（オ・ヲをアクセントで書き分けるのは、『色葉字類抄』なども同様であって、その原理の淵源と社会的広がりが問題となる）、他のエとヘとヱ、イとヒとヰについては、平安時代の仮名文書の例に従い、ほぼ歴史的仮名遣であった。

南北朝時代に、行阿《ぎょうあ》が『仮名文字遣』を著した。オとヲの書き分けなど、ほぼ定家の仮名遣に倣うものであったが、定家の時代から行阿の時代にかけてのアクセントの変化を反映して、具体的な一々の語の書き分けについては相違している点がある。以後、この『仮名文字遣』は、歌学において定家の権威をもって遵守されることになるが、収録語数を増補しつつも、後人の加筆によってかなり混乱した形で伝えられていった。

契沖は、歌道の世界に蔓延していた定家仮名遣を批判し、上代文献の実例に基づいて定めることを説き、『和字正濫鈔』を公にした。巻一に行阿の仮名遣に誤りのあることを述べ、

○今撰ぶ所は、日本紀より三代実録に至るまでの国史、旧事紀、古事記、万葉集、新撰万葉集、古語拾遺、延喜式、和名集のたぐひ、古今集等、及び諸家集までに、仮名に証とすべき事あれば、

見及ぶに随ひて引て是を証す。

と説き、次のように、仮名遣の問題となる語を掲げて、その正しい仮名遣を示し、出典を挙げてコメントを加えている。

○惜　をしむ　日本紀、万葉、おしむと書(く)べからず、池にすむ名を、ゝ(を)し鳥とつゞけたるは、かなよく叶へり　（和字正濫鈔・巻三―九オ）

○置　おく　日本紀、万葉、和名。をくと書(く)べからず　（和字正濫鈔・巻三―二四オ）

歴史的仮名遣はこうして定められるに至った。しかし、この契沖の説はすぐには理解されず、定家仮名遣に拠った書がしばらく主流であった。やがて春満や真淵らの国学者に評価され、徐々に浸透してゆく。

また、宣長は『古事記伝』総論の「仮字の事」の中で、上代文献の万葉仮名の表記に関して、語によって用いる仮名に違いの見られることに気付いている。この指摘を承けて発展させたのが石塚龍麿《たつまろ》『仮名遣奥山路《かなづかいおくのやまみち》』（一七九八年）であり、橋本進吉の上代特殊仮名遣の研究へと展開する。ただしこの一連の研究のプライオリティについてはなお問題を含むようであり、個々の業績の学説史上の位置付けには再考の余地が残されている（安田尚道二〇〇四）。

なお、音韻研究に関する学史的研究は近年とみに盛んになってきたが、その先駆的業績に新村出《しんむらいずる》「日本音韻研究史」（新村出一九七一）がある。

文字研究史

文字の形に焦点を当てた研究の萌芽は、平安時代中期の『新撰字鏡』の字体注記などに窺えるが、本格的には近世初期の漢学者の漢字研究から始まる。異体字に関するものとしては、中根元圭《げんけい》『異体字弁』

（一六九二年）、次いで太宰春台《だざいしゅんだい》『倭楷正訛《わかいせいか》』（一七五三年刊）などが出るが、当初は中国字書の基準に照らして、異体字を蒐集したり、その規範に従って我が国の漢字使用を正す意図で編まれた。

一方、国学者は、記紀万葉を軸に古代日本文化の研究を推し進める中で、漢字によって初めて文字文化を手にしたという事実から、漢字文化へのコンプレックスという問題に突き当たった。「いろは歌」や片仮名研究に仮名作者説を付随させ、これに弘法大師空海や吉備真備《きびのまきび》のような、中国人を凌ぐ天才といった伝説をもつ人物を介在させることで、日本の文字文化の独自性を主張したり、あるいは漢字伝来以前に神代文字《じんだいもじ》が存在していたことを唱えたのも、このコンプレックスから解放されようとしたことの表れである。これらは科学的根拠の無いものであるが、こういった「俗説」の思想史的意義に注目しこれを解明しようとする試みは今ようやく始まったばかりである（矢田勉二〇〇四）。

近世における文字研究の中で特筆すべきは、新井白石《あらいはくせき》（一六五七～一七二五年）である。その対象は、万葉仮名を除く全般にわたっており、後の国学者や漢学者の文字研究の源泉ともなった。その業績は『同文通考《どうぶんつうこう》』（四巻、一七六〇年）に代表される。第一巻は中国の漢字について、その起源から書体や字形にまで言及し、第二巻は我が国語の文字の起源、神代文字の論であり、第三巻は平仮名、片仮名の発生、その字母等の問題を中核にして、梵字や点図、いろは等について解説を施す。第四巻は国字、国訓、訛字や省文などの問題を扱う。この書の特徴は、その総合性にあり、我が国の文字全般を広く見渡し、文字そのものを整理分析した点にある。

これに触発されて、仮名の研究も始まり、また、漢字研究も徐々に我が国語の側に重点が移行する。仮名研究では、国学者伴信友《ばんのぶとも》『仮字本末《かなのもとすえ》』（一八五〇年刊）がその到達点を示す。平仮名、片仮名について古文献の実例に基づいて字母を指摘した。この手法は、大矢透《おおやとおる》『仮名遣及仮名字体沿革史料』（一九

○九年）に受け継がれてゆくことになる。

ちなみに、伴信友以前の、真淵や宣長が仮名文字研究にほとんど関心を示さなかったのも、先の漢字コンプレックスが関係すると言う。彼らは、音声言語の優秀性を説くことによって文字文化に纏わるコンプレックスを克服しようとしたのである（矢田勉二〇〇四）。

■コラム■神代文字

神代文字は、我が国に漢字が渡来する以前、また、仮名の発生以前に、すでに我が国固有の文字が存在していたとする説に基づく。その説は、鎌倉時代中期の卜部兼方『釈日本紀』に師説（＝父兼文）として紹介され、以降、神道説と結びついて発達し、江戸時代中期の尚古思想に刺激されて盛んになる。存在説の代表的著述は、平田篤胤『神字日文伝《かんなひふみのつたえ》』（一八一九年成）である。これを承けて、鶴峯戊申の『嘉永刪定神代文字考』などの解説書が世に出された。

一方、早く平安時代初期に斎部広成《いんべのひろなり》が『古語拾遺』序で漢字・仮名以前に我が国に文字は存在しなかったと述べ、近世の学者も、貝原益軒『自娯集』、太宰春台『倭読要領』、賀茂真淵『語意考』、本居宣長『古事記伝』等、いずれも否定的である。伴信友は『仮字本末』付録の『神代字弁』で実証的にこの存在を否定した。なお、新井白石『同文通考』は、両説いずれにも疑問を呈する。

『神字日文伝』に紹介された神代文字の多くは、ハングルに倣った表音文字である。ハングルは十五世紀にできたものであり、また、上代特殊仮名遣の書き分けも見られず、現在の学界でも、その存在説は否定されている。

三　これからの国語学史

上田万年以来、国語学史の叙述内容の基本線は変わっていない。大筋の流れは妥当であろうが、なお細部において、個々の研究業績のプライオリティについては必ずしも十分吟味されているとは言い難い面がある。いわゆる「大家」の有名学説はしばしば絶対的であって先行研究の存在が隠れてしまっていることもあり、注意が必要である。上田万年の「P音考」、橋本進吉の上代特殊仮名遣に関する一連の研究、いずれもひと昔前までは国語史研究で燦然と耀いていた業績であったが、今その「神話」の解体が進み、真価が丁寧に解き明かされつつある（安田二〇〇四、内田智子二〇〇五）。

近世の国語学史についても、詳細については不明な点が多い。誰が、いつ、どのような問題についてどこまで明らかにしたかを資料的裏付けを得て確定する作業が残されている。

国語学史に残された問題は少なくないが、特に重要と思われる課題を、一、二示せば、一つに、江戸時代の「国学」乃至「漢学」的国語研究が、どのように近代以降の新「国語学」ひいては「日本語学」に継承され、発展していったかの検証が必要であろう。そして、その視座としては、近世までと近代以降とを断絶として見るのではなく、むしろ連続するものとして把握する姿勢が望まれるように思われる。第二には、言語意識史としての国語学史の構築である。これは時枝誠記（一九四〇）や古田東朔・築島裕（一九七二）の意図したものであるが、未だ充分とは言えない。たとえば、中世歌学書の「てにをは」を中心とする語学的考察の内実の解明が挙げられる。それには、これまでのように著述の中から語学研究に関する箇所を抽出して整理するのではなく、著述内容全体を理解した上で彼らの考察がどのような発想から生まれたものであるかといった基礎的なところから掘り起こすことが必要であろう。そして、近世国学の研究についても同様のことが当てはまる。今一度、国学の思想史的展開を踏まえた上で、彼らが目指した学問理念に照らして個々の語学的考察の意義も見直さなければならないであろう。

◆引用文献

内田智子（二〇〇五）「上田万年「P音考」の学史上の評価について」『名古屋大学国語国文学』九七
大谷俊太（二〇〇三）「テニハ伝授と余情――つつ留り・かな留りをめぐって――」テニハ秘伝研究会編『テニハ秘伝の研究』勉誠出版
加藤周一（一九七五・一九八〇）『日本文学史序説上・下』筑摩書房
小柳智一（二〇一〇）「『あゆひ抄』の副助詞研究」『国語と国文学』八七―一
近藤泰弘（二〇〇三）「テニハ概念の構築――語学的観点から――」テニハ秘伝研究会編『テニハ秘伝の研究』勉誠出版
清水正之（二〇〇五）『国学の他者像　誠《まこと》実と虚偽《いつわり》』ぺりかん社
新村出（一九七一）「日本音韻研究史」『新村出全集』一、筑摩書房
時枝誠記（一九四〇）『国語学史』岩波書店
古田東朔・築島裕（一九七二）『国語学史』東京大学出版会
馬渕和夫（一九六二）『日本韻学史の研究』日本学術振興会
安田尚道（二〇〇四）「橋本進吉は何を発見しどう呼んだのか――上代特殊仮名遣の研究史を再検討する――」『国語と国文学』八一―三
矢田勉（二〇〇四）「近世いろは歌研究史稿（下）」『国文白百合』三五

国語史関係年表

注　国語史を考える上で必要と思われる歴史的事柄を△によって示した。中国大陸・朝鮮半島情勢に関しては〔中国〕・〔朝鮮〕として示した。

五七年	「漢委奴国王」の金印（『漢書』後漢・光武帝）
二三九年	『三角縁神獣鏡銘』（魏の二三九年）
二九七年	『魏志』「倭人伝」に「邪馬壹」などの記事
三九一年	『日本書紀』に紀角宿禰を百済に遣わす記事。高句麗『好太王碑』・『三国史記』の記事と符合か
四世紀末	阿直岐・王仁が百済より渡来（『日本書紀』）、王仁が『論語』・『千字文』をもたらす（『古事記』）
五世紀中頃	『稲荷台一号墳鉄剣銘』（千葉県市原市）

四七一年（五三一とも）	『稲荷山古墳鉄剣銘』（埼玉県行田市）
四七八年	〔中国〕『宋書』「倭国伝」に倭王武の上表文（『晋書』に倭王・讃、『宋書』に倭王・讃、珍、済、興、武の朝貢の記事）
五世紀末〜六世紀	『江田船山古墳太刀銘』（熊本県玉名市）
五〇三年（四四三とも）	『隅田八幡宮人物画像鏡銘』（和歌山県橋本市）
六世紀中頃	『岡田山一号墳鉄刀銘』（島根県松江市）
五八一年	〔中国〕隋興る
五九一年	「（法隆寺）観音菩薩立像台座造像記」（東京国立博物館）（「辛亥年七月十日記……」）
五九四年（六五四とも）	「（法隆寺）光背銘」（東京国立博物館）（「甲寅年三月廿六……」）
五九六年	『元興寺露盤銘』（『元興寺縁起』）・『道後温湯碑』（『釈日本紀』）
六〇一年	〔中国〕『切韻』（陸法言撰）
六〇四年	聖徳太子が『憲法十七条』を作る。法隆寺創建
六〇六年（六六六とも）	『（法隆寺）菩薩半跏像銘』（東京国立博物館）（「歳次丙寅年……」）

六〇七年　「法隆寺薬師如来仏造像記（光背銘）」（金堂）（「池邊大宮治天下天皇……」）
　△遣隋使（小野妹子）

六一八年　（中国）唐興る

六二二年（推古三十）　「法隆寺釈迦三尊造像記（光背銘）」（鞍首止利）（金堂）（「法興元卅一年歳次辛巳十二月……」）

六二八年（推古三六）　「法隆寺釈迦三尊造像記（光背銘）」（右脇侍欠）（大宝蔵殿）（「戊子年十二月十五日……」）

六三〇年　△遣唐使が始まる（犬上御田鍬ら）

六四六年（大化　二）　△改新の詔（大化の改新）
　「宇治橋断碑」（宇治市・橋寺）

六五〇年　（中国・唐）『一切経音義』（玄応）この頃

六六〇年　（朝鮮）百済滅ぶ

六六三年　△白村江の戦いで敗北。多数の亡命者到来

六八一年　上野山名村碑（群馬県高崎市山名町）

六九〇年　（中国）則天武后（武則天）周を興す（七〇五年に唐に復す）

六九四年（持統　八）　△藤原京に遷都

七〇〇年（文武　四）　「那須国造碑」（栃木県大田原市・笠石神社）

七〇一年（大宝　元）　『大宝律令』（藤原不比等）

七〇八年（和銅　元）　『下道圀勝圀依母夫人骨蔵器銘』（岡山県小田郡矢掛町）

七一〇年（和銅　三）　△平城京に遷都

七一一年（和銅　四）　「多胡碑」（群馬県高崎市吉井町）

七一二年（和銅　五）　『古事記』（太安万侶）

七一三年（和銅　六）　国郡郷名に二字の好字を用いる
　『風土記』撰進の命
　『播磨国風土記』（七一五年頃）
　『常陸国風土記』（七二一年頃）
　『出雲国風土記』（七三三年頃）

七一七年（養老　元）　阿倍仲麻呂・吉備真備ら入唐（唐の文物が盛んに輸入される）

七二〇年（養老　四）　『日本書紀』（舎人親王ら）

七三四年　（中国・唐）『井真成墓誌』（中国陝西省

	西安市）
七五一年（天平勝宝三）	『懐風藻』（最古の漢詩集）
七五三年（天平勝宝五）	『仏足石歌碑』（薬師寺）
七五五年（天平勝宝七）	写経事業『善光朱印経』がこの頃から七五九年まで行われる
七五七年（天平勝宝九・天平宝字元）	『養老律令』・『中務卿宣命』（正倉院）
七五九年（天平宝字三）	『万葉集』最終歌
七六二年（天平宝字六）	『正倉院万葉仮名文書』甲・乙二種はこの頃か
七六四年（天平宝字八）	『百万塔陀羅尼』印造勅願、七七〇年に十の寺へ奉納
七七二年（宝亀　三）	『歌経標式』（藤原浜成）
七七四年	〔中国・唐〕『干禄字書』（唐・顔元孫編）
七八三年（延暦　二）	大東急記念文庫蔵『華厳刊定記（続華厳略疏刊定記）』巻五加点

七八四年（延暦　三）	△長岡京遷都
七八五年（延暦　四）	大伴家持没
七八八年（延暦　七）	最澄が延暦寺を建立
七八九年（延暦　八）	『高橋氏文』（佚書、一八四二年『高橋氏文考註』（伴信友、佚文集成））
七九二年（延暦十一）	漢音奨励の勅命（桓武天皇）
七九四年（延暦十三）	△平安京へ遷都 『四分律音義』（書陵部）書写 『大般若経音義』（信行） 『新訳華厳経音義私記』この年以前に書写
七九七年（延暦十六）	『続日本紀』（菅野真道ら）。宣命六十二例を収録
八〇五年（延暦二四）	最澄が唐より帰朝。天台宗をもたらす
八〇六年（大同　元）	空海が唐より帰朝。真言宗をもたらす

八〇七年（大同　二）	『古語拾遺』（斎部広成） （中国・唐）『一切経音義』（唐・慧琳）
八一九年（弘仁　十）	『文鏡秘府論』（空海）
八二四年（弘仁十五）	『日本霊異記』（景戒）これ以前に成立
八二八年（天長　五）	『成実論』（東大寺図書館）加点
八三三年（天長　十）	『東大寺諷誦文稿』この頃書写
八三五年（承和　二）	空海没。『篆隷万象名義』は八二七年以後に成立。『三教指帰』は七九七年以後に成立。『金剛頂経一字頂輪王儀軌音義』は伝空海
八五〇年（嘉祥　三）	西大寺本『金光明最勝王経』はこの頃に加点
八五二年（仁寿　二）	『在唐記』（円仁）この頃
八五八年（天安　二）	石山寺本『大智度論』加点
八六二年（貞観　四）	『東宮切韻』（菅原是善、佚書）これ以前の成立か

八六七年（貞観　九）	『有年申文』（讃岐国司解端書）
八八〇年（元慶　四）	『悉曇蔵』（安然）
八八三年（元慶　七）	『地蔵十輪経』（正倉院・東大寺図書館）加点
八八五年（仁和　元）	「民部卿行平歌合（在民部卿家歌合）」この頃
八八九年（寛平　元）	『金剛頂蓮華部心念誦儀軌』（石山寺）伝授識語（声点の最古例）
八九〇年（寛平　二）	『竹取物語』（作者未詳）貞観～延喜頃の成立か
八九一年（寛平　三）	『類聚国史』（菅原道真） 『円珍病中言上書』 『日本国見在書目録』（藤原佐世）この頃
八九四年（寛平　六）	△遣唐使廃止
八九七年（寛平　九）	『周易抄』（宇多天皇）
九〇〇年（昌泰　三）	『新撰字鏡』（昌住）、十二巻本昌泰年間（八九八～九〇一）成立。三巻本は八九二年成立

九〇一年（延喜　元）	『三代実録』（藤原時平ら）
九〇四年（延喜　四）	『日本霊異記』興福寺本の元奥書の年号
九〇五年（延喜　五）	『古今和歌集』撰進。延喜十四年頃完成 『伊勢物語』この頃成立か
九〇七年	（中国）唐滅ぶ
九二三年（延喜二三）	『本草和名』（深根輔仁）
九三四年（承平　四）	『和名類聚抄』（源順）
九三五年（承平　五）	『土左日記』（紀貫之） 『因幡国司解案紙背仮名消息』この頃
九四〇年（天慶　三）	『将門記』成立。真福寺本の書写加点は一〇九九年
九五一年（天暦　五）	『後撰和歌集』 『醍醐寺五重塔天井板落書』
九六〇年	（中国）（北）宋興る
九六六年（康保　三）	『虚空蔵菩薩念誦次第紙背仮名消息』（石山寺） 小野道風没。『秋萩帖』の伝承筆者

九七〇年（天禄　元）	『口遊』（源為憲）
九七四年（天延　二）	『蜻蛉日記』（藤原道綱母）
九八一年（天元　四）	陽明文庫本『琴歌譜』書写
九八三年（永観　元）	『宇津保物語』この頃成立
九八四年（永観　二）	『三宝絵詞』（源為憲）
九八五年（寛和　元）	『往生要集』（源信）
九八七年（永延　元）	『金剛界儀軌』（大東急記念文庫）書写・加点
九九〇年（正暦　元）	『落窪物語』この頃成立か
一〇〇〇年（長保　二）	『枕草子』（清少納言）この頃成立
一〇〇二年（長保　四）	石山寺本『法華義疏』第二次点 『源氏物語』この頃に部分的成立
一〇〇七年（寛弘　四）	『拾遺和歌集』この頃

一〇〇八年	(中国・宋)『大宋重修広韻』(陳彭年)
一〇一〇年(寛弘　七)	『紫式部日記』成立
一〇一二年(寛弘　九)	『和漢朗詠集』(藤原公任)この頃成立か
一〇二一年(治安　元)	『御堂関白記』九九八年からこの年までの記事
一〇二八年(万寿　五)	醍醐寺本『孔雀経音義』一〇〇四年からこの頃までに成立
一〇二八年(長元　元)	『栄華物語』長元年間に成立か
一〇五八年(康平　元)	『雲州往来(明衡往来)』(藤原明衡)この頃成立
一〇六〇年(康平　三)	『更級日記』(菅原孝標女)
一〇七五年(承保　二)	『悉曇要集記』(寛智)
一〇七九年(承暦　三)	承暦本『金光明最勝王経音義』
一〇八八年(寛治　二)	春日版『成唯識論』。春日版の現存最古 『三教指帰注集』(釈成安)序文

一〇九三年(寛治　七)	『反音作法』(明覚)
一〇九九年(康和　元)	興福寺本『大慈恩寺三蔵法師伝』巻七〜十加点 真福寺本『将門記』書写・加点
一一〇〇年(康和　二)	図書寮本『類聚名義抄』一〇八一年からこの頃までに成立
一一〇一年(康和　三)	『悉曇要訣』(明覚)この年以降に成立
一一〇九年(天仁　二)	『童蒙頌韻』(三善為康)
一一一〇年(天仁　三)(天永　元)	『法華百座聞書抄』この頃 『讃岐典侍日記』この頃成立
一一一一年(天永　二)	『打聞集』この頃までに成立
一一一三年(天永　四)	『白氏文集』神田本巻第三・四、現存最古の『白氏文集』訓点本 『俊頼髄脳』(源俊頼)この頃
一一一六年(永久　四)	興福寺『大慈恩寺三蔵法師伝』(巻一〜六)加点

一一二〇年	（保安　元）	『古今和歌集』元永本書写 『今昔物語集』この頃までに成立
一一二四年	（天治　元）	『三宝絵詞』（東大寺切）書写 『新撰字鏡』天治本書写
一一二七年	（大治　二）	『金葉和歌集』
一一三〇年	（大治　五）	梅沢本『古本説話集』（東京国立博物館蔵）この頃成立
一一三四年	（長承　三）	『大鏡』一〇二五年からこの年までに成立
一一三六年	（保延　二）	保延本『法華経単字』書写
一一三八年	（保延　四）	九条家本『法華経音』書写
一一三九年	（保延　五）	金沢文庫本『仏教説話集』書写
一一四二年	（康治　元）	『極楽願往生歌』（西念）
一一五一年	（仁平　元）	『詞花和歌集』

一一五六年	（久寿　三）	『堤中納言物語』この頃成立か
一一六四年	（長寛　二）	『色葉字類抄』（二巻本）この頃成立
一一六九年	（嘉応　元）	『梁塵秘抄』（後白河天皇）
一一七〇年	（嘉応　二）	『今鏡』
一一七七年	（治承　元）	『古今集注（教長注）』（藤原教長の講義）
一一八〇年	（治承　四）	『色葉字類抄』（三巻本）この頃成立
一一八二年	（寿永　元）	『類聚名義抄』改編本この頃までに成立 『法華経音義』（心覚）
一一八四年	（寿永　三） （元暦　元）	『万葉集』元暦校本書写 『高山寺本古往来』この頃書写 『三教指帰注』（中山法華経寺）この頃書写
一一八五年	（元暦　二） （文治　元）	△壇ノ浦の戦い 『古今集註』（顕昭）奥書

一一八六年（文治 二）	西南院本『和泉往来』書写
一一八七年（文治 三）	『千載和歌集』 『袖中抄』（顕昭）この頃
一一九二年（建久 三）	△鎌倉時代が始まる
一一九五年（建久 六）	猿投神社本『古文孝経』加点
一一九六年（建久 七）	『夢記』（明恵）
一二〇二年（建仁 二）	『無名草子』これ以前に成立
一二〇三年（建仁 三）	『千五百番歌合』
一二〇四年（元久 元）	『下官集』（藤原定家）この年以降成立
一二〇五年（元久 二）	『新古今和歌集』
一二一二年（建暦 二）	『方丈記』（鴨長明）この頃成立
一二一五年（建保 三）	『四座講式』（明恵）この頃
一二一六年（建保 四）	『発心集』（鴨長明）この年までに成立
一二二〇年（承久 二）	『愚管抄』（慈円）この頃 『保元物語』この頃
一二二四年（元仁 元）	『教行信証』（親鸞）
一二二七年（安貞 元）	『源氏物語奥入』（藤原定家）
一二二九年（寛喜 元）	『光言句義釈聴集記』（明恵）校本成立
一二三二年（貞永 元）	『貞永式目』
一二三五年（嘉禎 元）	『明月記』（藤原定家）一一八〇年からこの年の記事で終わる 『却癈忘記』（明恵）書写
一二四〇年（仁治 元）	『平家物語』この頃以前に成立か
一二四一年（仁治 二）	観智院本『類聚名義抄』書写 藤原定家没。多くの古書を書写校訂した。『下官集』を著した
一二四二年（仁治 三）	『東関紀行』この年以降成立

一二四五年（寛元　三）	『字鏡集』（菅原為長か）この年以前に成立
一二四六年（寛元　四）	『平治物語』この頃までに成立
一二四八年	〔中国・南宋〕『鶴林玉露』（羅大経）
一二五二年（建長　四）	『十訓抄』 『宇治拾遺物語』一二四二年からこの年までに成立 『弁内侍日記』この年以降
一二五四年（建長　六）	『古今著聞集』（橘成季）
一二五七年（正嘉　元）	『一念多念文意』（親鸞）
一二六二年（弘長　二）	『親鸞遺文』
一二六六年（文永　三）	『吾妻鏡』この年の記事で終わる
一二六八年（文永　五）	『名語記』（経尊）初稿本成立。一二七五年に増補本成立
一二六九年（文永　六）	『万葉集註釈』（仙覚）奥書
一二七一年	〔中国〕元興る

一二七五年（建治　元）	『阿氏河荘上村百姓等言上状』（高野山文書）
一二八一年（弘安　四）	『塵袋』この頃成立
一二八二年（弘安　五）	『日蓮遺文』この年までの文書を集める
一二八三年（弘安　六）	『沙石集』（無住）
一二九二年（正応　五）	『本朝書籍目録』この年までに成立 『中務内侍日記』（藤原経子）この年以降
一三〇一年（正安　三）	『釈日本紀』（卜部兼方）一二七四年からこの年までに成立
一三〇五年（嘉元　三）	『古今訓点抄』
一三〇七年（徳治　二）	『聚分韻略』（虎関師錬）跋文
一三〇九年（延慶　二）	延慶本『平家物語』。書写は一四一九～一四二〇年
一三一五年（正和　四）	『伊呂波字類抄』（十巻本）
一三二七年（嘉暦　二）	浄弁本『拾遺和歌集』書写

一三三〇年（元徳　二）	『徒然草』（吉田兼好）この頃成立
一三三三年（元弘三・正慶二）	△鎌倉幕府滅亡、建武の新政 『解脱門義聴集記』（明恵）この頃までに書写
一三三六年（建武三・延元元）	△南北朝時代 『手爾葉大概抄』・『姉小路式』この頃成立
一三四九年（正平四・貞和五）	『連理秘抄』（二条良基）
一三五〇年（正平五・観応元）	『庭訓往来』この頃までに成立
一三六三年（正平十八・貞治二）	『仮名文字遣』（行阿）この年以後に成立
一三六五年（正平二〇・貞治四）	『法華経音義』（心空）上巻成立。下巻は一三七〇年に成立
一三六八年	〔中国〕明興る

一三七一年（建徳二・応安四）	『平家物語』覚一本書写
一三七四年（文中三・応安七）	『太平記』この頃成立
一三七六年（天授二・永和二）	『増鏡』この頃までに成立
一三七六年	〔中国・明〕『書史会要』（陶宗儀）
一三八一年（弘和元・永徳元）	『仙源抄』（長慶天皇）
一三八六年（元中三・至徳三）	『法華経音訓』（心空）刊行
一三八七年（元中四・嘉慶元）	『倭点法華経』（心空）刊行
一三八八年（元中五・嘉慶二）	『平他字類抄』上巻（実守写）。下巻は一三九〇年写

一三九二年（明徳　三）	△室町幕府が南北朝統一 〔朝鮮〕李氏朝鮮が朝鮮半島を統一
一四〇〇年（応永　七）	『風姿花伝』（世阿弥）
一四二三年（応永三〇）	『盛久』（世阿弥自筆）、以下「松浦」「布留」などの能台本が残る
一四四四年（文安　元）	『下学集』（東麓破衲）
一四四五年（文安　二）	『壒嚢鈔』（行誉）巻一～七成立。後半は翌年成立
一四五四年（享徳　三）	『撮壌集』（飯尾永祥）
一四五五年（享徳　四）（康正　元）	『日本書紀纂疏』（一条兼良）この頃 『毛端私珍抄』（金春禅鳳）
一四六〇年（寛正　元）	『漢書抄（漢書列伝竺桃抄）』（竺雲等連講・桃源瑞仙聞書、綿谷周瓞講・景徐周麟聞書）この頃
一四六六年（文正　元）	幸若舞この頃流行
一四六七年（応仁　元）	△応仁の乱起こる 国会図書館本『論語聞書』（清原業忠講、

	天隠竜沢聞書）
一四六九年（文明　元）	『新韻集』（万里集九）文明年間に成立
一四七三年（文明　五）	『人天眼目抄』（川僧慧済）この頃の講述
一四七四年（文明　六）	文明本『節用集』の原本成立
一四七五年（文明　七）	成簣堂本『論語抄』この年までに成立
一四七七年（文明　九）	『史記抄』（桃源瑞仙） 『周易抄』（柏舟宗趙）
一四八三年（文明十五）	『姉小路家手似葉伝』これ以前に成立
一四八四年（文明十六）	『温故知新書』（大伴広公）
一四八九年（長享　三）	『倭玉篇』長享本。年代の明確な最古の写本（関東大震災で焼失）
一四九二年	〔朝鮮〕朝鮮版『伊路波』刊行
一五〇一年（文亀　元）	『桂庵和尚家法倭点』
一五一一年（永正　八）	『日本書紀抄』（卜部兼倶）この頃

一五一五年（永正十二）	『漢書抄』（景徐周麟）
一五一六年（永正十三）	『何曽』（「なぞだて」とも）（後奈良院）
一五二三年（大永　三）	（中国・明）『日本（国）考略（日本寄語）』（薛俊） 『蒙求抄』（清原宣賢）この頃
一五二七年（大永　七）	『三体詩抄』（月舟寿桂）
一五三二年（天文　元）	『塵添壒嚢鈔』（『壒嚢鈔』に『塵袋』の項目を加えたもの）
一五三四年（天文　三）	『四河入海』（笑雲清三）
一五三五年（天文　四）	両足院本『毛詩抄』（清原宣賢講、林宗二聞書）の講述（成書はこの後数年の間）
一五三六年（天文　五）	『人天眼目抄』（川僧慧済講）の最古の写本
一五四三年（天文十二）	ポルトガル船が種子島に漂着
一五四八年（天文十七）	『運歩色葉集』この頃成立。現存は一五七一年書写があり

一五四九年（天文十八）	ポルトガル人宣教師ザビエルが鹿児島に来る
一五五六年（弘治　二）	（中国・明）『日本館訳語』この年までに成立 『詩学大成抄』（惟高妙安）これ以前に成立
一五六三年（永禄　六）	『玉塵抄』（惟高妙安）この年以降に成立
一五六五年（永禄　八）	両足院本『柳文抄』（林宗二写）
一五六六年（永禄　九）	『新撰仮名文字遣』（吉田元正） （中国・明）『日本一鑑』（鄭舜功）この頃成立
一五七〇年（元亀　元）	『歌道秘蔵録』（相伝の奥書）刊行は一六七三年
一五七三年（天正　元）	△安土桃山時代が始まる
一五七八年（天正　六）	『天正狂言本』書写（最古の狂言台本）
一五九〇年（天正十八）	ヴァリニアーノが、西洋式活版印刷機を輸入

一五九一年（天正十九）	『サントスの御作業』（ローマ字本）刊行（加津佐）。現存キリシタン資料中最古の刊行物 『どちりいな・きりしたん』（国字本）刊行（加津佐）
一五九二年（文禄　元）	『ドチリナ・キリシタン』（ローマ字本）刊行（天草） （中国・明）『日本風土記』（侯継高）刊行
一五九三年（文禄　二）	朝鮮半島より活字印刷輸入 天草版『平家物語』・『伊曽保物語』・『金句集』刊行。『平家物語』の序文は一五九二年
一五九五年（文禄　四）	『羅葡日対訳辞書』（ラテン語・ポルトガル語・日本語対訳辞書）刊行（長崎）
一五九六年（慶長　元）	『コンテムツス・ムンヂ』（ローマ字本）刊行（長崎）
一五九七年（慶長　二）	易林本『節用集』刊行
一五九八年（慶長　三）	キリシタン版『落葉集』刊行（長崎）
一五九九年（慶長　四）	『ギヤ・ド・ペカドル』刊行（長崎）

一六〇〇年（慶長　五）	『おあむ物語』この頃成立 『春樹顕秘抄』（細川幽斎相伝）この頃か
一六〇二年（慶長　七）	『耳底記』（細川幽斎）この頃
一六〇三年（慶長　八）	『日葡辞書』刊行（長崎）。同補遺は翌年の刊行 △江戸時代が始まる
一六〇四年（慶長　九）	『日本大文典』（ロドリゲス）この年から一六〇八年にかけて刊行（長崎）
一六〇七年（慶長十二）	『スピリツアル修行』刊行（長崎）
一六一〇年（慶長十五）	『こんてむつすむん地』（国字本）刊行（長崎）
一六一二年（慶長十七）	△キリスト教禁止
一六二〇年（元和　六）	『日本小文典』（ロドリゲス）刊行（マカオ）
一六二二年（元和　八）	『三河物語』（大久保彦左衛門）、初稿本成立
一六二三年（元和　九）	『醒睡笑』（安楽庵策伝）成立
一六二四年（寛永　元）	『きのふはけふの物語』この頃刊行

一六二五年（寛永 二）	『仮名遣近道』（三条西実條）成立
一六二六年（寛永 三）	『太閤記』（小瀬甫庵）刊行
一六三二年	コリャード『日本文典』・『羅西日辞典』・『懺悔録』刊行（ローマ）
一六三三年（寛永 十）	△この頃より鎖国開始
一六三八年（寛永十五）	『毛吹草』（松江重頼）序文
一六四二年（寛永十九）	『狂言之本』（大蔵虎明）書写。大蔵虎寛の書写は一七九二年
一六四四年	『狂言六義』（山脇元宣）この頃書写 〔中国〕清興る
一六四六年（正保 三）	『狂言之本』（大蔵虎清）の書写
一六四九年（慶安 二）	『大渕代抄』（大渕文利）刊行
一六五〇年（慶安 三）	『かたこと』（安原貞室）刊行
一六五三年（承応 二）	『巨海代抄』（巨海良達）刊行

一六六〇年（万治 三）	『狂言記』刊行 『わらんべ草』（大蔵虎明）成立
一六六二年（寛文 二）	『和句解』（松永貞徳）刊行
一六六六年（寛文 六）	『類字仮名遣』（荒木田盛徴）刊行
一六七六年（延宝 四）	『一歩』刊行 〔朝鮮〕『捷解新語』（原刊本）刊行。一七四八年「改修本」、一七八一年「重刊改修本」、一七九六年「文釈」
一六八二年（天和 二）	『好色一代男』（井原西鶴）刊行
一六八三年（天和 三）	『雑兵物語』一六五七年からこの年までに成立
一六八五年（貞享 二）	『鸚鵡抄』（荒木田盛員）刊行
一六八七年（貞享 四）	『補忘記』（観応）刊行
一六八八年（元禄 元）	『万葉代匠記』（契沖）初稿本成立。精撰本は一六九〇年
一六九一年（元禄 四）	『初心仮名遣』刊行

一六九五年（元禄　八）	『蜆縮涼鼓集』刊行
	『和字正濫鈔』（契沖）刊行
一六九七年（元禄　十）	『当流謡百番仮名遣開合』（池上幽雪）成立
一七〇〇年（元禄十三）	『交隣須知』（雨森芳洲）この頃
	『続狂言記』・『狂言記外五十番』刊行
一七〇三年（元禄十六）	『曽根崎心中』（近松門左衛門）初演
一七一三年（正徳　三）	『和漢三才図会』（寺島良安）刊行
一七一六年（享保　元）	（中国・清）『康熙字典』成立
	『唐話纂要』（岡島冠山）刊行
一七二七年（享保十二）	『音曲玉淵集』（三浦庚妥）刊行
一七三四年（享保十九）	『倭語連声集』（盛典）成立
一七四四年（延享　元）	『磨光韻鏡』（文雄）刊行
一七五四年（宝暦　四）	『和字大観抄』（文雄）刊行
一七五七年（宝暦　七）	『冠辞考』（賀茂真淵）刊行

一七六〇年（宝暦　十）	『氏爾乎波義慣鈔』（雀部信頰）序文
	『同文通考』（新井白石）刊行。成立は正徳年間（一七一一～六）
一七六四年（明和　元）	『雑字類編』（柴野栗山）成立。一七八六年刊行
	『古言梯』（楫取魚彦）成立。一七六五年刊行
一七六七年（明和　四）	『かざし抄』（富士谷成章）刊行
一七七〇年（明和　七）	『てには網引綱』（栂井道敏）刊行
	『遊子方言』（田舎老人多田爺）この年以前に刊行
	洒落本『辰巳之園』（夢中散人）刊行
一七七三年（安永　二）	『あゆひ抄』（富士谷成章）成立。安永七年に刊行
一七七四年（安永　三）	『解体新書』（杉田玄白ら）刊行
一七七五年（安永　四）	『物類称呼』（越谷吾山）刊行
一七七六年（安永　五）	『字音仮字用格』（本居宣長）刊行

一七七七年	(安永 六)	『和訓栞』(谷川士清)前編(巻一～十三)刊行。一八〇五年、一八三〇年、一八七七年に分けて刊行
一七八〇年	(安永 九)	『唐詩選国字解』(服部南郭)刊行
一七九〇年	(寛政 二)	〔朝鮮〕『倭語類解』この頃までに刊行 〔朝鮮〕『隣語大方』(崔麒齢)刊行 『古事記伝』(本居宣長)刊行。一七九八年に完結
一七九二年	(寛政 四)	『玉あられ』(本居宣長)刊行
一七九六年	(寛政 八)	『波留麻和解』(稲村三伯・安岡玄真ら)
一七九八年	(寛政 十)	『仮名遣奥山路』(石塚龍麿)この頃成立
一七九九年	(寛政十一)	『音韻断』(泰山蔚)
一八〇二年	(享和 二)	『東海道中膝栗毛』(十返舎一九)初編を刊行。一八〇九年に完結
一八〇九年	(文化 六)	『浮世風呂』(式亭三馬)、前編を刊行。一八一三年に完結
一八一〇年	(文化 七)	『訳鍵』(藤林普山)刊行
一八一三年	(文化 十)	『浮世床』(式亭三馬)初編を刊行。自序は一八一一年。一八一四年に完結
一八一四年	(文化十一)	『南総里見八犬伝』(滝沢馬琴)初編を刊行。一八四二年に完結
一八一五年	(文化十二)	『漢呉音図』(太田全斎)自序
一八一六年	(文化十三)	『道訳法爾馬』(ヘンドレック・ドゥーフ)初稿本成立。精撰本は一八三三年に成立。一八五五～八年に『和蘭字彙』として刊行
一八二四年	(文政 七)	『言語四種論』(鈴木朖)刊行
一八二六年	(文政 九)	『雅言集覧』(石川雅望)「い」から「か」を刊行。一八四九年に「よ」から「な」を刊行。「ら」から「す」は写本で伝わる。一八八七年に『増補雅言集覧』刊行
一八二七年	(文政 十)	『箋注和名類聚抄』(狩谷棭斎)この頃に完成。一八八三年に刊行

一八二九年（文政十二）	『古言衣延弁』（奥村栄実）成立
一八三〇年（文政十三）	『俚言集覧』（太田全斎）この年以前に成立。一八九九～一九〇〇年に『増補俚言集覧』刊行
一八三二年（天保　三）	『語学究理九品九格総括図式』（鶴峰戊申）人情本『春色梅児誉美』（為永春水）初編・二編を刊行。一八三三年に完結
一八四二年（天保十三）	『和蘭文典』（箕作阮甫訳）前編成立。一八四八年に後編成句論が成立
一八四三年（天保十四）	『夢酔独言』（勝小吉）
一八四四年（天保十五）	『活語指南』（東条義門）刊行
一八五〇年（嘉永　三）	『仮字本末』（伴信友）刊行
一八五二年（嘉永　五）	『言霊のしるべ』（黒沢翁満）上編刊行。中編一八五六年
一八五三年（嘉永　六）	△ペリー来航
一八五四年（嘉永　七）	『三語便覧』（村上義茂）刊行

一八六〇年（万延　元）	『音韻仮字用例』（白井寛蔭）刊行
一八六二年	『日仏辞書』（原題 Dictionnaire japonais-français）（パジェス）第一分冊を刊行、一八六八年に完結（パリ）
一八六二年（文久　二）	『英和対訳袖珍辞書』（堀達之助ら）刊行 『日本語会話』（原題 Colloquial Japanese, or Conversational in English and Japanese）（ブラウン）刊行（上海）
一八六六年（慶応　二）	前島密が「漢字御廃止之議」を建白
一八六七年（慶応　三）	『和英語林集成』（原題 A Japanese and English Dictionary）ヘボンの撰、初版を刊行。再版は一八七二年刊、三版は一八八六年刊。以下、一九一〇年の九版まで刊行
一八六八年（明治　元）	△江戸幕府滅び、明治時代へ 『日本文典』（英語版題 A Japanese Grammar）（ホフマン）刊行
一八六九年（明治　二）	『日本口語小文典』（原題 A Short Grammar of the Japanese Spoken Language）アストンの著、刊行

一八七〇年（明治　三）	日本初の日刊新聞『横浜毎日新聞』創刊
一八七一年（明治　四）	『安愚楽鍋』（仮名垣魯文）初編を刊行（一八七二年完結） 『泰西勧善訓蒙』（箕作麟祥）刊行 文部省編の官版『語彙』、「あ」の部を刊行（「い」～「え」部で中止）
一八七二年（明治　五）	学制発布。義務教育制度が開始
一八七四年（明治　七）	『仏蘭西法律書』（箕作麟祥）刊行 『読売新聞』創刊
一八七六年（明治　九）	『日本文典』（中根淑）刊行
一八七八年（明治十一）	この頃に鉛筆輸入
一八八一年（明治十四）	『哲学字彙』（井上哲次郎）刊行
一八八二年（明治十五）	『新体詩抄』（外山正一ら）刊行
一八八四年（明治十七）	『牡丹灯籠』（三遊亭円朝口演の速記）刊行。この年、仮名論・ローマ字論などの議論が盛ん

一八八五年（明治十八）	『小説神髄』（坪内逍遙）刊行
一八八七年（明治二十）	『浮雲』（二葉亭四迷）第一編を発表。一八八九年に完結
一八八九年（明治二二）	『言海』（大槻文彦）、第一分冊を刊行。一八九一年に完結 『大言海』は一九三二～七年刊行 この年、言文一致に関する議論が盛ん
一九〇二年（明治三五）	『日本文法論』（山田孝雄）、上巻を刊行。一九〇八年に完結
一九〇三年（明治三六）	『漢和大辞典』（重野安繹ら）刊行 国定教科書制公布（翌年から国語読本・書き方手本等の国定教科書を使用）
一九〇五年（明治三八）	『音韻分布図』・『音韻調査報告書』（国語調査委員会）刊行
一九〇六年（明治三九）	『口語法調査報告書』・『口語法分布図』（国語調査委員会）刊行 『句読法案』・『分別書き方案』を発表
一九一五年（大正　四）	『大日本国語辞典』（松井簡治・上田万年）刊行。一九一九年に完結
一九一七年（大正　六）	『大字典』（栄田猛猪ら）刊行

一九二三年（大正十二）	『常用漢字表』（総数一九六二字、略字一五四字）を発表
一九三〇年（昭和　五）	『蝸牛考』（柳田国男）刊行
一九四二年（昭和十七）	『標準漢字表』二五二八字を議決答申。この年、発音式仮名遣、横書き問題について議論が盛ん
一九四三年（昭和十八）	『大漢和辞典』（諸橋轍次）刊行開始。一九六〇年に完結
一九四五年（昭和二十）	△敗戦
一九四六年（昭和二一）	「当用漢字表」公布（一九四八年「当用漢字別表」・「当用漢字音訓表」、一九四九年「当用漢字字体表」、一九七三年「当用漢字改定音訓表」）。一九八一年の「常用漢字」制定により廃止
	「現代かなづかい」公布。一九八五年「改訂現代仮名遣い」で改訂
	『送りがなのつけ方』・『くぎり符号の使ひ方』・『くりかへし符号の使ひ方』・『外国の地名・人名の書き方』刊行

一九五一年（昭和二六）	毎日新聞が句読点を全記事に使用
	「人名用漢字別表」（九二字）を指定（「当用漢字表」にない人名用漢字を補充。以降二〇一〇年まで人名用漢字は追加・削除を行う）
一九五四年（昭和二九）	「ローマ字のつづり方について」を告示
一九五五年（昭和三十）	『広辞苑』（新村出）初版を刊行
一九五八年（昭和三三）	行政管理庁、公用文左横書き実施
	「小・中学校学習指導要領国語科編」告示。「小学校学年別漢字配当表」（教育漢字八八一字）。片仮名も一年より学習。ローマ字学習が必修
一九七二年（昭和四七）	『日本国語大辞典』（小学館）刊行開始。一九七六年に完結。第二版は二〇〇〇～二年に刊行
一九七八年（昭和五三）	日本規格協会がJIS漢字制定（旧JIS漢字）。以後、一九八三年（JIS漢字）、一九九〇年（第一～四水準）、一九九五年（ユニコード対応）などの改訂あり
一九八一年（昭和五六）	「常用漢字表」を告示

一九八六年（昭和六一）	「現代仮名遣い」を告示（一九四六年「現代かなづかい」の改訂）

『国語学大辞典』（東京堂）・『日本語学研究事典』・『国語学研究事典』・『漢字百科大事典』（以上明治書院）・沖森卓也編『日本語史』（おうふう）などを中心に参照。

［鈴木功眞作成］

参考文献

■第一章　資料論

山田孝雄（一九一三a）『奈良朝文法史』宝文館
山田孝雄（一九一三b）『平安朝文法史』宝文館
国語学会編（一九八〇）『国語学大辞典』東京堂出版
市古貞次・野間光辰監修（一九八三〜五）『日本古典文学大辞典』1〜6、岩波書店
西崎亨編（一九九五）『日本古辞書を学ぶ人のために』世界思想社
飛田良文他編（二〇〇七）『日本語学研究事典』明治書院

〈訓点資料〉

春日政治（一九四二）『西大寺本金光明最勝王経古点の国語学的研究』岩波書店（著作集別巻、一九八五、勉誠社）
中田祝夫（一九五四・八）『古点本の国語学的研究』（総論編・訳文編）講談社（改訂版、一九七九、勉誠社）
築島裕（一九六三）『平安時代の漢文訓読語につきての研究』東京大学出版会
築島裕（一九六五〜七）『興福寺本大慈恩寺三蔵法師伝古点の国語学的研究』（訳文篇・索引篇・研究篇）東京大学出版会
小林芳規（一九六七）『平安鎌倉時代に於ける漢籍訓読の国語史的研究』東京大学出版会
大坪併治（一九六八）『訓点資料の研究』風間書房

大坪併治（一九八一）『平安時代における訓点語の文法』風間書房
築島裕（一九八六・九六）『平安時代訓点本論考』（ヲコト点図仮名字体表・研究篇）汲古書院
小林芳規（一九八七）『角筆文献の国語学的研究』1〜4、汲古書院
吉田金彦・築島裕・石塚晴通・月本雅幸編（二〇〇一）『訓点語辞典』東京堂出版
小林芳規（二〇〇四〜五）『角筆文献研究導論』汲古書院
築島裕（二〇〇七〜九）『訓点語彙集成』1〜8・別巻、汲古書院

〈歴史資料〉
峰岸明（一九八六）『平安時代古記録の国語学的研究』東京大学出版会
峰岸明（一九八六）『変体漢文』東京堂出版
辛島美絵（二〇〇三）『仮名文書の国語学的研究』清文堂出版
三保忠夫（二〇〇四）『古文書の国語学的研究』吉川弘文館

〈説話・軍記など〉
山田孝雄（一九一四）『平家物語につきての研究』国定教科書共同販売所（一部再刊『平家物語の語法』一九五四、宝文館）
小林芳規（一九七一）「中世片仮名文の国語史的研究」『広島大学文学部紀要』特輯号三

〈抄物〉
湯沢幸吉郎（一九二九）『室町時代の言語研究』大岡山書店（再版『室町時代言語の研究』一九五五、風間書房）
金田弘（一九七六）『洞門抄物と国語研究』桜楓社
寿岳章子（一九八三）『室町時代語の表現』清文堂出版

鈴木博（一九八四）『室町時代語論考』清文堂出版
柳田征司（一九九八）『室町時代語資料としての抄物の研究』武蔵野書院

〈キリシタン資料〉
橋本進吉（一九二八）『文禄元年天草版吉利支丹教義の研究』東洋文庫（再刊『キリシタン教義の研究』〈橋本進吉博士著作集第11冊〉一九六一、岩波書店）
土井忠生（一九四二）『吉利支丹語学の研究』靖文社（新版、一九七一、三省堂）
土井忠生（一九六三）『吉利支丹文献考』三省堂

〈朝鮮・中国資料〉
大友信一（一九六三）『室町時代の国語音声の研究』至文堂
濱田敦（一九七〇）『朝鮮資料による日本語研究』岩波書店
安田章（一九八〇）『朝鮮資料と中世国語』笠間書院
濱田敦（一九八三）『朝鮮資料による日本語研究　続』臨川書店
安田章（一九九〇）『外国資料と中世国語』三省堂

〈狂言〉
蜂谷清人（一九七七）『狂言台本の国語学的研究』笠間書院
蜂谷清人（一九九八）『狂言の国語史的研究』明治書院
小林賢次（二〇〇〇）『狂言台本を主資料とする中世語彙語法の研究』勉誠出版
小林賢次（二〇〇八）『狂言台本とその言語事象の研究』ひつじ書房

〈上方語〉
湯沢幸吉郎（一九三六）『徳川時代言語の研究』刀江書院（再刊、一九五五、風間書房）
坂梨隆三（一九八七）『江戸時代の国語　上方語』東京堂出版
〈江戸語〉
湯沢幸吉郎（一九五四）『江戸言葉の研究』明治書院
松村明（一九五七）『江戸語東京語の研究』東京堂（増補版、一九九八、東京堂出版）
小松寿雄（一九八五）『江戸時代の国語　江戸語』東京堂出版
〈方言史〉
奥村三雄（一九九〇）『方言国語史研究』東京堂出版
迫野虔徳（一九九八）『文献方言史研究』清文堂出版
■第二章　表記史
小林芳規（一九七一）「中世片仮名文の国語史的研究」『広島大学文学部紀要』特輯号三
築島裕（一九七二）「古点本の片仮名の濁音表記について」国学院大学『国語研究』三三
木田章義（一九七八）「濁音史摘要」『論集日本文学・日本語』1（上代篇）角川書店
築島裕（一九八六）『平安時代訓点本論考』汲古書院
阿辻哲次（一九八九）『図説漢字の歴史（普及版）』大修館書店
遠藤邦基（一九八九）『国語表現と音韻現象』新典社
小松英雄（一九八九）「日本語の歴史　書記」『言語学大辞典』第2巻、三省堂
永山勇（一九八九）「正倉院万葉仮名文書」大東文化大学『日本文学研究』二八

佐佐木隆（一九九二）「「正倉院万葉仮名文書」の文字と表現」『季刊文学』三―三、岩波書店
田村（藤田）夏紀（一九九二）「『干禄字書』における正字・異体字関係の類型について」広島大学『国文学攷』一三六
柳田征司（一九九三）『室町時代語を通して見た日本語音韻史』武蔵野書院
矢田勉（一九九五）「いろは歌書写の平仮名字体」『国語と国文学』八二―十二
古谷稔（一九九六）『秋萩帖と草仮名の研究』二玄社
片桐洋一（一九九八）「『土左日記』定家筆本と為家筆本」関西大学『国文学』七七
加藤良徳（一九九八）「定家仮名遣再考」『名古屋大学国語国文学』八二
田村夏紀（一九九八）「『干禄字書』と観智院本『類聚名義抄』の正字・異体字の比較」早稲田大学『国文学研究』一二五
加藤良徳（一九九九）「藤原定家の異体仮名の用法」『国語と国文学』七六―七
沖森卓也（二〇〇〇）『日本古代の表記と文体』吉川弘文館
加藤良徳（二〇〇〇）「連綿の機能からみた仮名文の書記システム」『名古屋大学国語国文学』八六
高島英之（二〇〇〇）『古代出土文字資料の研究』東京堂出版
平川南（二〇〇〇）『墨書土器の研究』吉川弘文館
浅田徹（二〇〇一）「下官集の定家――差異と自己――」『国文学研究資料館紀要』二七
今野真二（二〇〇一）「定家以前――藤末鎌初の仮名文献の表記について――」『国語学』二〇四
吉田金彦他編（二〇〇一）『訓点語辞典』東京堂出版
今野真二（二〇〇二）「（書評）遠藤和夫著『定家仮名遣の研究』」『国学院雑誌』一〇三―五
乾善彦（二〇〇三）『漢字による日本語書記の史的研究』塙書房
沖森卓也（二〇〇三）『日本語の誕生』吉川弘文館

小松英雄（二〇〇三）『仮名文の構文原理　増補版』笠間書院
肥爪周二（二〇〇三）「清濁分化と促音・撥音」『国語学』二一三
平川南他編（二〇〇四）『文字と古代日本』1（支配と文字）、吉川弘文館
林史典編（二〇〇五）『朝倉日本語講座』2（文字・書記）、朝倉書店

■第三章　語彙史

山田孝雄（一九四〇）『国語の中に於ける漢語の研究』宝文館出版
楳垣實（一九四三）『日本外来語の研究』青年通信社
石黒修・泉井久之助・金田一春彦・柴田武編（一九五六）『世界のことば・日本のことば』（ことばの講座1）、東京創元社
岩渕悦太郎他編（一九五七）『講座現代国語学』Ⅱ（ことばの体系）、筑摩書房
土井忠生他（一九五七）『日本語の歴史』至文堂
岩渕悦太郎他編（一九五八）『講座現代国語学』Ⅲ（ことばの変化）、筑摩書房
熊沢龍他編（一九五八）『国語教育のための国語講座』4（語彙の理論と教育）、朝倉書店
原田芳起（一九六二）『平安時代文学語彙の研究』風間書房
亀井孝他編（一九六三〜六）『日本語の歴史』1〜7・別巻、平凡社（平凡社ライブラリーとして再刊、二〇〇六〜八）
築島裕（一九六三）『平安時代の漢文訓読語につきての研究』東京大学出版会
国立国語研究所（一九六四）『分類語彙表』秀英出版
阪倉篤義（一九六六）『語構成の研究』角川書店
築島裕（一九六九）『平安時代語新論』東京大学出版会

藤堂明保（一九六九）『漢語と日本語』秀英出版
森岡健二（一九六九）『近代語の成立』明治期語彙編、明治書院
森岡健二他編（一九七〇）『講座正しい日本語』4（語彙編）、明治書院
阪倉篤義編（一九七一）『講座国語史』3（語彙史）、大修館書店
佐藤喜代治（一九七一）『国語語彙の歴史的研究』明治書院
宮島達夫編（一九七一）『古典対照語い表』笠間書院
原田芳起（一九七三）『平安時代文学語彙の研究　続編』風間書房
村山七郎（一九七四）『日本語の語源』弘文堂
鈴木孝夫編（一九七六）『日本語講座』4（日本語の語彙と表現）、大修館書店
大野晋・柴田武編（一九七七）『岩波講座日本語』2（言語生活）、岩波書店
大野晋・柴田武編（一九七七）『岩波講座日本語』9（語彙と意味）、岩波書店
阪倉篤義編（一九七七）『日本語講座』6（日本語の歴史）、大修館書店
吉田金彦（一九七七）『国語意味史序説』明治書院
大野晋（一九七八）『日本語の世界』朝日新聞社
川端善明（一九七八・七九）『活用の研究』大修館書店（一九九七年刊の増補再版・清文堂出版）
阪倉篤義（一九七八）『日本語の語源』講談社現代新書
大野晋・柴田武編（一九七八）『岩波講座日本語』12（日本語の系統と歴史）、岩波書店
田中章夫（一九七八）『国語語彙論』明治書院
平山輝男編（一九七九）『全国方言基礎語彙の研究序説』明治書院
宮地敦子（一九七九）『身心語彙の史的研究』明治書院
国語語彙史研究会編（一九八〇～）『国語語彙史の研究』和泉書院

佐藤亨（一九八〇）『近世語彙の歴史的研究』桜楓社
佐藤喜代治編（一九八一～三）『講座　日本語の語彙』1～11・別巻、明治書院
進藤咲子（一九八一）『明治時代語の研究　語彙と文章』明治書院
宮島達夫他編（一九八二）『図説日本語』角川書店
森岡健二他編（一九八二）『講座日本語学』4（語彙史）、明治書院
柳父章（一九八二）『翻訳語成立事情』岩波新書
水谷静夫（一九八三）『朝倉日本語新講座』2（語彙）、朝倉書店
池上禎造（一九八四）『漢語研究の構想』岩波書店
石綿敏雄（一九八五）『日本語のなかの外国語』岩波新書
『国語学叢書』（一九八五～七）第一期既刊十冊、東京堂出版
前田富祺（一九八五）『国語語彙史研究』明治書院
山口佳紀（一九八五）『古代日本語文法の成立の研究』有精堂出版
佐竹昭広（一九八六）『古語雑談』岩波新書（再刊、平凡社、二〇〇八）
佐藤亨（一九八六）『幕末・明治初期語彙の研究』桜楓社
竹内美智子（一九八六）『平安時代和文の研究』明治書院
日本語語源研究会編（一九八六～）『語源探求』明治書院
大野晋（一九八七）『文法と語彙』岩波書店
柏谷嘉弘（一九八七）『日本漢語の系譜』東宛社
佐藤喜代治編（一九八七～九）『漢字講座』1～12、明治書院
松下貞三（一九八七）『漢語受容史の研究』和泉書院
水谷静夫他（一九八七）『朝倉日本語新講座』1（文字・表記と語構成）、朝倉書店

金田一春彦（一九八八）『日本語』（上・下）新版、岩波新書
小島憲之（一九八八）『日本文学における漢語表現』岩波書店
柴田武（一九八八）『語彙論の方法』三省堂
玉村文郎編（一九八九〜九〇）『講座日本語と日本語教育』6・7（日本語の語彙・意味　上・下）、明治書院
柳田征司（一九九一）『室町時代語資料による基本語詞の研究』武蔵野書院
斎藤倫明（一九九二）『現代日本語の語構成論的研究』ひつじ書房
阪倉篤義（一九九三）『日本語表現の流れ』岩波書店
影山太郎（一九九三）『文法と語形成』ひつじ書房
宮島達夫（一九九四）『語彙論研究』むぎ書房
窪薗晴夫（一九九五）『語形成と音韻構造』くろしお出版
中山緑朗（一九九五）『平安・鎌倉時代古記録の語彙』東宛社
池原悟他編（一九九七）『日本語語彙大系』2（意味体系）、4（単語体系）、岩波書店
柏谷嘉弘（一九九七）『日本漢語の系譜　續』東宛社
斎藤倫明・石井正彦編（一九九七）『日本語研究資料集』第1期13（語構成）、ひつじ書房
東辻保和（一九九七）『もの語彙こと語彙の国語史的研究』汲古書院
松本裕治他（一九九七）『単語と辞書』（岩波講座言語の科学）3、岩波書店
吉田比呂子（一九九七）『「カゲ」の語史的研究』和泉書院
亀井孝（一九九八）『お馬ひんひん』朝日新聞社
郡司隆男他（一九九八）『意味』（岩波講座言語の科学）4、岩波書店
蜂矢真郷（一九九八）『国語重複語の語構成論的研究』塙書房
松村明（一九九八）『江戸語東京語の研究』増補、東京堂出版

影山太郎（一九九九）『形態論と意味』くろしお出版
佐藤亨（一九九九）『国語語彙の史的研究』おうふう
小松英雄（二〇〇一）『日本語の歴史』笠間書院
陳力衛（二〇〇一）『和製漢語の形成とその展開』汲古書院
斎藤倫明編（二〇〇二）『朝倉日本語講座』4（語彙・意味）、朝倉書店
田中章夫（二〇〇二）『近代日本語の語彙と語法』東京堂出版
飛田良文・佐藤武義編（二〇〇二）『現代日本語講座』4（語彙）、明治書院
辛島美絵（二〇〇三）『仮名文書の国語学的研究』清文堂出版
佐竹昭広（二〇〇三）『萬葉集再読』平凡社
斎藤倫明（二〇〇四）『語彙論的語構成論』ひつじ書房
田島毓堂編（二〇〇四）『語彙研究の課題』和泉書院
吉田金彦・糸井通浩編（二〇〇四）『日本地名学を学ぶ人のために』世界思想社
前田富祺・野村雅昭編（二〇〇五）『朝倉漢字講座』1（漢字と日本語）、朝倉書店
吉田金彦編（二〇〇六）『日本語の語源を学ぶ人のために』世界思想社
築島裕（二〇〇七〜〇九）『訓点語彙集成』1〜8・別巻、汲古書院

■第四章　音韻史

本居宣長（一七九八〈寛政十〉）『古事記伝』
石塚龍麿（一七九八〈寛政十〉頃）『仮名遣奥山路』
橋本進吉（一九五〇）『国語音韻の研究』岩波書店
有坂秀世（一九五五）『上代音韻攷』三省堂

有坂秀世(一九五七)『国語音韻史の研究』増補新版、三省堂
服部四郎(一九六〇)『言語学の方法』岩波書店
金田一春彦(一九六七)『日本語音韻の研究』東京堂出版
遠藤嘉基(一九七一)『訓点資料と訓点語の研究』再版、中央図書出版社(初版は一九五二)
馬渕和夫(一九七一)『国語音韻論』笠間書院
中田祝夫編(一九七二)『講座国語史』2(音韻史・文学史)、大修館書店
服部四郎(一九七六)「琉球方言と本土方言」『沖縄学の黎明』沖縄文化協会
大野晋・柴田武編(一九七七)『岩波講座日本語』5(音韻)、岩波書店
中田祝夫(一九七九)『改訂版 古点本の国語学的研究』勉誠社
小松英雄(一九八一)『日本語の世界』7(日本語の音韻)、中央公論社
亀井孝(一九八四・一九八五)『日本語のすがたとこころ』1・2、吉川弘文館
岸田武夫(一九八四)『国語音韻変化の研究』武蔵野書院
浜田敦(一九八四)『日本語の史的研究』臨川書店
森田武(一九八五)『室町時代語論攷』三省堂
浜田敦(一九八六)『国語史の諸問題』和泉書院
大塚光信(一九九六)『抄物きりしたん資料私注』清文堂出版
迫野虔徳(一九九八)『文献方言史研究』清文堂出版
遠藤邦基(二〇〇二)『読み癖注記の国語史研究』清文堂出版

〈アクセント〉

寺川喜四男・金田一春彦・稲垣正幸編(一九五一)『国語アクセント論叢』法政大学出版局

小松英雄（一九七一）『日本声調史論考』風間書房
桜井茂治（一九七七）『新義真言宗伝『補忘記』の国語学的研究』桜楓社
桜井茂治（一九九四）『日本語音韻・アクセント史論』おうふう
奥村三雄（一九九五）『日本語アクセント史研究』風間書房
川上蓁（一九九五）『日本語アクセント論集』汲古書院
木部暢子（二〇〇〇）『西南部九州二型アクセントの研究』勉誠出版
金田一春彦（二〇〇一）『日本語音韻音調史の研究』吉川弘文館

〈漢字音〉

沼本克明（一九八二）『平安鎌倉時代に於る日本漢字音に就ての研究』武蔵野書院
湯沢質幸（一九八七）『唐音の研究』勉誠社
高松政雄（一九九三）『日本漢字音論考』風間書房
築島裕編（一九九五）『日本漢字音史論輯』汲古書院
沼本克明（一九九七）『日本漢字音の歴史的研究』汲古書院

■第五章　文法史

阪倉篤義（一九六六）『語構成の研究』角川書店
此島正年（一九六六）『国語助詞の研究』桜楓社（増訂版、一九七三）
春日和男（一九六八）『存在詞に関する研究』風間書房
松村明他編（一九六九）『古典語現代語助詞助動詞詳説』学燈社
吉田金彦（一九七一）『現代語助動詞の史的研究』明治書院

吉田金彦（一九七三）『上代語助動詞の史的研究』明治書院
関一雄（一九七七）『国語複合動詞の研究』笠間書院
川端善明（一九七八）『活用の研究　Ⅰ』大修館書店（増補再版、一九九七、清文堂出版）
山口堯二（一九八〇）『古代接続法の研究』明治書院
渡辺実編（一九八三）『副用語の研究』明治書院
山口佳紀（一九八五）『古代日本語文法の成立の研究』有精堂出版
大野晋（一九八七）『文法と語彙』岩波書店
Hopper, P. J. & Traugott, E. C. (1993) *Grammaticalization*. Cambridge University Press.
重見一行（一九九四）『助詞の構文機能研究』和泉書院
中西宇一（一九九六）『古代語文法論　助動詞篇』和泉書院
小松英雄（一九九七）『仮名文の構文原理』笠間書院
山口堯二（二〇〇〇）『構文史論考』和泉書院
山口明穂・秋元守英編（二〇〇一）『日本語文法大辞典』明治書院
坪井美樹（二〇〇一）『日本語活用体系の変遷』笠間書院（増訂版、二〇〇七）
山内洋一郎（二〇〇三）『活用と活用形の通時的研究』清文堂出版
金水敏（二〇〇六）『日本語存在表現の歴史』ひつじ書房
宮地朝子（二〇〇七）『日本語助詞シカに関わる構文構造史的研究』ひつじ書房
青木博史編（二〇〇七）『日本語の構造変化と文法化』ひつじ書房
鈴木泰（二〇〇九）『古代日本語時間表現の形態論的研究』ひつじ書房
蜂矢真郷（二〇一〇）『国語派生語の語構成論的研究』塙書房
高山善行・青木博史編（二〇一〇）『ガイドブック日本語文法史』ひつじ書房

山田昌裕(二〇一〇)『格助詞「ガ」の通時的研究』ひつじ書房
土岐留美江(二〇一〇)『意志表現を中心とした日本語モダリティの通時的研究』ひつじ書房
小田勝(二〇一〇)『古典文法詳説』おうふう
青木博史(二〇一〇)『語形成から見た日本語文法史』ひつじ書房
井島正博(二〇一一)『中古語過去・完了表現の研究』ひつじ書房
青木博史編(二〇一一)『日本語文法の歴史と変化』くろしお出版

■第六章　敬語史

有坂秀世(一九三三)「下二段活用の補助動詞「たまふ」の源流について」『国語と国文学』昭和八年五月
有坂秀世(一九三五)「下二段活用の補助動詞「たまふ」の源流について(再考)」『国語と国文学』昭和十年五月
湯沢幸吉郎(一九三六)『徳川時代言語の研究』刀江書院
石坂正蔵(一九四四)『敬語史論考』大八洲出版
山崎久之(一九六三)『国語待遇表現体系の研究』武蔵野書院
小松寿雄(一九六七)「「お……する」の成立」『国語と国文学』四四―四
森野宗明(一九六七)「丁寧語「候ふ」の発達過程について――中古・院政期初頭における状況――」『国語学』六八
小松寿雄(一九六八)「「お……する」「お……いたす」「お……申し上げる」の用法」『近代語研究』二
辻村敏樹(一九六八)『敬語の史的研究』東京堂出版
森野宗明(一九七一)「古代の敬語Ⅱ」『講座国語史』5(敬語史)、大修館書店
渡辺実(一九七三)「上代・中古敬語の概観」『敬語講座』2(上代・中古の敬語)、明治書院
小島俊夫(一九七四)『後期江戸ことばの敬語体系』笠間書院

穐田定樹（一九七六）『中古中世の敬語の研究』清文堂出版
北原保雄編（一九七八）『論集日本語研究』9（敬語）、有精堂出版
森岡健二・宮地裕・寺村秀夫・川端善明編（一九八一）『講座日本語学』9（敬語史）、明治書院
柳田征治（一九八五）「待遇表現史上の室町時代」『室町時代の国語』東京堂出版
西田直敏（一九八七）『国語学叢書』13（敬語）、東京堂出版
山崎久之（一九九〇）『続国語待遇表現体系の研究』武蔵野書院
藤原浩史（一九九四）「漢語サ変動詞「御覧ず」の表現価値」『国語学』一七六
古川俊雄（一九九五）「授受動詞「くれる」「やる」の史的変遷」『広島大学教育学部紀要 第二部』四四
西田直敏（一九九五）『「自敬表現」の歴史的研究』和泉書院
古川俊雄（一九九六）「日本語の授受動詞「下さる」の歴史的変遷」『広島大学教育学部紀要 第二部』四五
小島俊夫（一九九八）『日本敬語史研究』笠間書院
西田直敏（一九九八）『日本人の敬語生活史』翰林書房
菊地康人編（二〇〇三）『朝倉日本語講座』8（敬語）、朝倉書店
金水敏（二〇〇六）『日本語存在表現の歴史』ひつじ書房
高田博行・椎名美智・小野寺典子編著（二〇一一）『歴史語用論入門』大修館書店

■第七章　文体史

〈通史〉

佐藤喜代治（一九六六）『日本文章史の研究』明治書院
佐藤喜代治編（一九七二）『講座国語史』6（文体史・言語生活史）、大修館書店
大野晋・柴田武編（一九七七）『岩波講座日本語』10（文体）、岩波書店

山口仲美編（一九七九）『論集日本語研究』8（文章・文体）、有精堂出版
築島裕（一九八一）『日本語の世界』5（仮名）、中央公論社

〈奈良・平安期〉
山田孝雄（一九五一）『三宝絵略注』宝文館出版
小林芳規（一九六七）『平安鎌倉時代に於ける漢籍訓読の国語史的研究』東京大学出版会
築島裕（一九六九）『平安時代語新論』東京大学出版会
山田孝雄（一九七〇）『漢文の訓読によりて伝へられたる語法』宝文館出版
西宮一民（一九七〇）『日本上代の文章と表記』風間書房
遠藤嘉基（一九七一）『訓点資料と訓点語の研究』再版、中央図書出版社（初出は一九五二）
小林芳規（一九七九）「『古事記』音訓表」（上・下）、『文学』四七―八・十一、岩波書店
中田祝夫（一九七九）『古点本の国語学的研究』改訂版、勉誠社
清水好子（一九八〇）『源氏物語の文体と方法』東京大学出版会
渡辺実（一九八一）『平安朝文章史』東京大学出版会
春日政治（一九八三）『国語叢考』（春日政治著作集3）、勉誠社（初出は一九四七）
佐藤武義（一九八四）『今昔物語集の語彙と語法』明治書院
山口仲美（一九八四）『平安文学の文体の研究』明治書院
竹内美智子（一九八六）『平安時代和文の研究』明治書院
峰岸明（一九八六）『平安時代古記録の国語学的研究』東京大学出版会
峰岸明（一九八六）『変体漢文』東京堂出版
犬飼隆（一九九二）『上代文字言語の研究』笠間書院

山口佳紀（一九九三）『古代日本文体史論考』有精堂出版
沖森卓也・佐藤信（一九九四）『上代木簡資料集成』おうふう
秋本守英（一九九六）『仮名文章表現史の研究』思文閣出版
沖森卓也（二〇〇〇）『日本古代の表記と文体』吉川弘文館
犬飼隆（二〇〇五）『木簡による日本語書記史』笠間書院

〈中近世期〉
大塚高信訳（一九五七）『コリャード日本文典』風間書房
松村明（一九五七）『江戸語東京語の研究』東京堂
杉本つとむ（一九六一）「近代日本語の成立——洋学との関連において——」『国語学』四六
山本正秀（一九六五）『近代文体発生の史的研究』岩波書店
古田東朔（一九七四）「幕末期の武士のことば」『国語と国文学』五一—一
田中章夫（一九八三）『東京語』明治書院
西田直敏（一九九〇）『平家物語の国語学的研究』和泉書院
諸星美智直（二〇〇四）『近世武家言葉の研究』清文堂出版
飛田良文編（二〇〇四）『国語論究』11（言文一致運動）、明治書院
堀畑正臣（二〇〇七）『古記録資料の国語学的研究』清文堂出版

〈近現代〉
波多野完治（一九三五）『文章心理学』三省堂
樺島忠夫・寿岳章子（一九六五）『文体の科学』綜芸舎
安本美典（一九六五）『文章心理学入門』誠信書房

山本正秀（一九六五）『近代文体発生の史的研究』岩波書店
木原茂（一九六七）「文体論の方法――部屋描写の場合――」『広島女子大学紀要』二
木坂基（一九八八）『近代文章成立の諸相』和泉書院
中村明（一九九二）「「文体」概念の変遷」『日本語史の諸問題』明治書院
中村明（一九九三）『日本語の文体』（岩波セミナーブックス47）、岩波書店
田中章夫（二〇〇二）『近代日本語の語彙と語法』東京堂出版

〈その他〉

三遊亭円朝（一九五六）『真景累ケ淵』岩波文庫
『宇津保物語新論』（一九五八）古典文庫
『古事記・祝詞』（一九五八）日本古典文学大系1、岩波書店
三好一光校注（一九六四）『旧事諮問録』青蛙房
『宇津保物語新攷』（一九六六）古典文庫
大矢透（一九七〇）『仮名源流考及証本写真』勉誠社
京都大学国語学国文学研究室編（一九七二）『三本対照捷解新語』
『宇津保物語論集』（一九七三）古典文庫
小泉弘・高橋伸幸（一九八〇）『諸本対照三宝絵集成』笠間書院
巌本善治編（一九八三）『海舟座談』岩波文庫
『今昔物語集』（一九九三～九）新日本古典文学大系33～37、岩波書店
倉石武四郎・小川環樹・木田章義校訂（一九九六）『毛詩抄』岩波書店

■第八章　国語学史

時枝誠記（一九四〇）『国語学史』岩波書店
山田孝雄（一九四三）『国語学史』宝文館
竹岡正夫（一九七一）『富士谷成章の学説についての研究』風間書房
古田東朔・築島裕（一九七二）『国語学史』東京大学出版会
橋本進吉（一九八三）『国語学史・国語特質論』（『橋本進吉博士著作集』9・10）、岩波書店
新村出筆録・古田東朔校訂（一九八四）『上田万年国語学史』信光社
釘貫亨（一九九八）「『喉音三行弁』と近世仮名遣い論の展開」『国語学』一九二
馬渕和夫・出雲朝子（一九九九）『国語学史――日本人の言語研究の歴史――』笠間書院
テニハ秘伝研究会編（二〇〇三）『テニハ秘伝の研究』勉誠出版
矢田勉（二〇〇五）「文字研究の歴史」『朝倉日本語講座』2（文字・書記）、朝倉書店
矢田勉（二〇〇六）「「国語学史」再考――概説的記述と専門的研究をめぐって――」『日本語日本文学の新たな視座』、おうふう

■国語史全般

山田孝雄（一九四三）『国語学史』宝文館
国語学会編（一九五一）『国語の歴史』刀江書院（三版、一九五五）
日本語の歴史編輯部篇（一九六三～五）『日本語の歴史』1～7・別巻、平凡社
松村明等編（一九七一～一九八二）『講座国語史』1～6、大修館書店
大野晋・柴田武編（一九七六～八）『岩波講座日本語』1～12・別巻、岩波書店
国語学会編（一九八〇）『国語学大辞典』東京堂出版

大野晋・丸谷才一編（一九八〇〜六）『日本語の世界』1〜16、中央公論社
春日政治（一九八三）『国語文体発達史序説』（春日政治著作集2）、勉誠社
吉田金彦等篇（二〇〇一）『訓点語辞典』東京堂出版
飛田良文他編（二〇〇七）『日本語学研究事典』明治書院

青木博史　あおき　ひろふみ
九州大学大学院人文科学研究院教授
主な業績
『ガイドブック日本語文法史』（共編著，ひつじ書房，2010）
『語形成から見た日本語文法史』（ひつじ書房，2010）
『日本語文法の歴史と変化』（編著，くろしお出版，2011）

森山由紀子　もりやま　ゆきこ
同志社女子大学表象文化学部教授
主な業績
「謙譲語から見た敬語史，丁寧語から見た敬語史―「尊者定位」から「自己定位」へ―」（『朝倉日本語講座』8〈敬語〉，朝倉書店，2003）
「『古今和歌集』詞書の「ハベリ」の解釈―被支配待遇と丁寧語の境界をめぐって―」（『日本語の研究』6-2，2010）
「源氏物語にみる「はべり」の表現価値試論―敬語形式の確立と意味の重層性―」（『源氏物語の展望』第10輯，2011）

山本真吾　やまもと　しんご
東京女子大学現代教養学部教授
主な業績
『平安鎌倉時代に於ける表白・願文の文体の研究』（汲古書院，2006）
「翻刻・翻字の限界―日本語史研究の立場から―」（『文学』11-5，岩波書店，2010）
「国語学史上の谷川士清」（『士清さん―谷川士清誕生三百年記念誌―』2011）

執筆者紹介（敬称略／執筆順）

木田章義　きだ　あきよし（「編者紹介」参照）

肥爪周二　ひづめ　しゅうじ
東京大学大学院人文社会系研究科教授
主な業績
『日本語史概説』（共著，朝倉書店，2010）
「日本漢字音における拗音・韻尾の共起制限」（『訓点語と訓点資料』第127輯，2011）

鈴木功眞　すずき　のりまさ
日本大学文理学部教授
主な業績
「延徳本倭玉篇と大広益会玉篇・音訓篇立・第四類本との関係に就いて」（『国語学』217，2004）
「倭玉篇類字韻永禄六年写本の構成ならびに詩作との関連性に就いて」（『訓点語と訓点資料』第130輯，2013）
「字鏡集と倭玉篇の境界と継承に就いて」（『国語語彙史の研究』33，2014）

大槻　信　おおつき　まこと
京都大学大学院文学研究科教授
主な業績
『高山寺』〔古寺巡礼　京都32〕（共著，淡交社，2009）
『平安時代辞書論考―辞書と材料―』（吉川弘文館，2019）
『抄物を読む―『黄氏口義』提要と注釈―』（京都大学黄氏口義研究会編，臨川書店，2024）

編者紹介

木田章義（きだ・あきよし）
京都大学名誉教授
主な業績
『注解千字文』（共著・岩波書店，1984）
『毛詩抄　詩経』（共著・岩波書店，1996）
「活用形式の成立と上代特殊仮名遣」（『国語国文』1988.1）
「日本語の音節構造の歴史」（『漢語史の諸問題』京都大学人文科学研究所，1988）
「散文の歴史」（『グローバル化時代の人文学』京都大学学術出版会，2007）

国語史を学ぶ人のために

2013年4月20日　第1刷発行
2024年4月20日　第6刷発行
定価はカバーに表示しています

編　者　木　田　章　義
発行者　上　原　寿　明

世界思想社
京都市左京区岩倉南桑原町56　〒606-0031
電話　075(721)6500
振替　01000-6-2908
http://sekaishisosha.jp/

（印刷　太洋社）

ISBN978-4-7907-1596-2